校企合作双元开发活页式教材
高等职业教育交通运输类技能型人才培养实用教材

高速铁路客运乘务实务
（活页式）

主　编　操　杰　　谢曼丽　　张　超
副主编　李　月　　陶雪艳
主　审　谭晓艳

西南交通大学出版社
·成都·

图书在版编目（CIP）数据

高速铁路客运乘务实务：活页式 / 操杰，谢曼丽，张超主编. --成都：西南交通大学出版社，2023.11
ISBN 978-7-5643-9540-7

Ⅰ. ①高… Ⅱ. ①操… ②谢… ③张… Ⅲ. ①高速铁路–客运服务–高等职业教育–教材 Ⅳ. ①U293.3

中国国家版本馆 CIP 数据核字（2023）第 209258 号

Gaosu Tielu Keyun Chengwu Shiwu (Huoye Shi)
高速铁路客运乘务实务（活页式）

主编　操　杰　谢曼丽　张　超

责任编辑	周媛媛
封面设计	何东琳设计工作室
出版发行	西南交通大学出版社 （四川省成都市金牛区二环路北一段 111 号 西南交通大学创新大厦 21 楼）
邮政编码	610031
发行部电话	028-87600564　　028-87600533
网址	http://www.xnjdcbs.com
印刷	四川玖艺呈现印刷有限公司
成品尺寸	185 mm × 260 mm
印张	15.75
字数	356 千
版次	2023 年 11 月第 1 版
印次	2023 年 11 月第 1 次
书号	ISBN 978-7-5643-9540-7
定价	48.00 元

课件咨询电话：028-81435775
图书如有印装质量问题　本社负责退换
版权所有　盗版必究　举报电话：028-87600562

PREFACE 前言

党的二十大报告指出，坚持把发展经济的着力点放在实体经济上，推进新型工业化，加快建设制造强国、质量强国、航天强国、交通强国、网络强国、数字中国。实施产业基础再造工程和重大技术装备攻关工程，支持专精特新企业发展，推动制造业高端化、智能化、绿色化发展。

随着高速铁路的迅猛发展，动车组列车开行比例越来越大，铁路运输企业对高铁乘务工作者的需求与日俱增，对其素质要求也在不断提高，而本书的编写正是为了满足不同类型的院校对培养高速铁路客运乘务专业人才的需求。

本书以铁路旅客运输有关规章为指导，对接铁路运输行业最新标准和国际先进职业标准，及时跟进现场新技术、新设备的运用成果和发展趋势，以"项目导向、任务驱动"为架构，基于满足高速铁路客运服务专业高级技能型人才需求，按新形态教材理念进行编写，全面介绍高速铁路动车组列车客运乘务工作。

本书由校企合作双元开发，集"教、学、做"于一体，教学内容和现场实际工作紧密结合，并融入课程思政元素，具有以下几个特点。

1. 校企合作，工学结合

本书在编写过程中，通过学校教师和企业专家的合作，将理论知识和岗位实际操作有机结合，有助于学生切实掌握岗位所需技能，并更好地满足岗位要求。

2. 任务驱动，理实一体

本书按照"项目引领，任务驱动"理实一体化的理念进行编写，每个任务包含"任务导入""知识讲解""任务实施""强化提升""课程思政""任务考评"六部分。

（1）任务导入：介绍与本任务相关的典型案例、新颖故事或热点新闻，可以让学生对所学知识的背景和相关情况产生初步认识，从而激发学生的学习兴趣。

（2）知识讲解：侧重讲解实际作业流程及标准，让"客运乘务工作"跃然纸上，帮助学生快速掌握客运乘务工作的流程和工作重点。

（3）任务实施：根据不同的任务灵活设置，其形式包括模拟演练、知识竞赛、案例分析等，使学生在实践中应用并巩固所学知识。

（4）强化提升：结合教材相关内容，查阅网络文字资料，读取视频资源，完成任务工单。

（5）课程思政：引入思政案例，强化学生思政教育，加强个人修养和职业道德培养。

（6）任务考评：依据工作任务完成情况，对学生进行综合考评。

本书全面介绍了高速铁路动车组列车的车内设备设施、动车组列车客运业务知识、高速铁路动车组列车乘务工作组织、高速铁路动车组客运服务等内容的基本概念和基础理论。全书共分为六个项目，主要内容包括：初识高铁客运乘务、高速铁路动车组列车客运业务、动车组列车乘务工作、高速铁路动车组列车客运服务、高速铁路动车组列车乘务风险控制及应急处理、高速铁路动车组列车卫生管理。

本书既可作为高等职业院校高速铁路客运乘务、铁道交通运营管理等相关专业的教材，亦可作为铁路相关专业职工的培训教材以及相关专业人员工作的参考资料。

本书由武汉铁路职业技术学院操杰、武汉交通职业学院谢曼丽、山东交通职业学院张超担任主编，武汉铁路职业技术学院李月、陶雪艳担任副主编。编写分工如下：操杰编写项目二，谢曼丽编写项目三，李月编写项目一、六，张超编写项目四，陶雪艳编写项目五。全书由襄阳客运段谭晓艳主审，在此表示衷心的感谢。

由于编者水平有限，书中难免存在不妥与疏漏之处，敬请读者批评指正。

编　者

2023 年 5 月

目 录
CONTENTS

项目一 初识高铁客运乘务 ········· 1
- 任务一　认识高速铁路列车 ··········· 2
- 任务二　了解动车组列车乘务 ··········· 20

项目二 高速铁路动车组列车客运业务 ········· 28
- 任务一　高速铁路旅客运输条件 ··········· 29
- 任务二　列车移动补票机使用 ··········· 48
- 任务三　客运记录编制 ··········· 68
- 任务四　铁路电报拍发 ··········· 79

项目三 动车组列车乘务工作 ········· 88
- 任务一　始发作业 ··········· 89
- 任务二　途中作业 ··········· 108
- 任务三　终到作业 ··········· 123

项目四 高速铁路动车组列车客运服务 ········· 137
- 任务一　高速铁路客运乘务服务礼仪 ··········· 138
- 任务二　高速铁路动车组列车重点旅客服务 ··········· 155
- 任务三　动车组列车乘务人员接待服务 ··········· 171

项目五 高速铁路动车组列车乘务风险控制及应急处理 ········· 180
- 任务一　高速铁路动车组列车乘务风险控制 ··········· 181
- 任务二　高速铁路动车组列车安全类突发事件应急处理 ··········· 190
- 任务三　高速铁路动车组列车乘务和治安类突发事件应急处理 ··········· 203

项目六 | 高速铁路动车组列车卫生管理 ·········· 219
  任务一　动车组列车日常卫生管理 ·········· 220
  任务二　动车组列车给水工作管理 ·········· 229
  任务三　动车组列车厕所卫生工作 ·········· 237

参考文献 ·········· 246

项目一 初识高铁客运乘务

项目描述

铁路旅客运输的基本任务是迅速、准确、舒适、安全地运送旅客,最大限度地满足广大旅客在旅行中的需要。为了向旅客提供舒适、安全的旅行条件,列车内部需要配备专门的服务及安全设备设施,列车乘务人员也要熟练掌握其所在岗位的工作内容,同时应具备良好的服务礼仪。本项目的主要内容是初识高铁客运乘务,包含以下 2 个任务:

任务一 认识高速铁路列车
任务二 了解动车组列车乘务

通过 2 个任务的学习,对旅客列车及其设备设施和动车组列车乘务组组成及工作进行初步探讨。

思政导读

党的二十大报告指出,坚持把发展经济的着力点放在实体经济上,推进新型工业化,加快建设制造强国、质量强国、航天强国、交通强国、网络强国、数字中国。实施产业基础再造工程和重大技术装备攻关工程,支持专精特新企业发展,推动制造业高端化、智能化、绿色化发展。

任务一 认识高速铁路列车

【任务导入】

任务名称		认识高速铁路列车		
姓　名		班　级		成　绩	
组　别		组　长		场　地	
日　期		学　时		指导教师	
任务目标	知识目标	1. 了解旅客列车的分类、车次及编号； 2. 熟悉旅客列车服务设备设施； 3. 熟悉旅客列车安全设备设施； 4. 初步认识旅客列车乘务工作			
	能力目标	1. 能够使用各种列车服务及安全设备设施； 2. 能够用认真、负责的工作态度对待铁路客运乘务工作			
	素质目标	1. 树立正确的世界观、人生观和价值观； 2. 培养6S现场管理意识； 3. 严格执行行业规范，培养职业素养； 4. 树立团队协作意识			
情景案例	小李在武汉上大学，她的家乡在成都。暑期放假前，她购买了一张从汉口站到成都东站的高铁票（G3463次列车）。出发当天她匆匆忙忙赶到汉口站，上车后，归置好随身携带的物品，舒舒服服地坐在座位上，拍了一张高铁票的照片发送给准备接站的妈妈。 　　小李妈妈来到成都东站，找了很久也没有找到有关G3463次列车的信息。她求助车站工作人员后，才得知刚到站的G3464就是小李说的G3463次列车。 请思考： 1. 你知道列车车次都包含哪些信息吗？ 2. 为什么G3463次列车会变成G3464次列车？				

【知识讲解】

一、旅客列车的分类、车次及车辆编号

（一）旅客列车的分类

旅客列车根据运行速度、运行范围、设备配置、列车等级等基本条件的不同，可分为两大类：普速旅客列车和高速旅客列车。其中，普速旅客列车主要包括普通旅客慢车、普通旅客快车、快速旅客列车、特快旅客列车、直达特快旅客列车等；高速旅客列车主要包括普通动车组列车、城际动车组列车、高速动车组列车等。

除了以上两大类列车外，还有一些特殊的旅客列车，如在客流高峰时段开行的临时旅客列车，根据季节性旅客旅行需求开行的临时旅游列车等。

1. 普通旅客慢车

普通旅客慢车分为跨局及管内两种，列车编组辆数多，定员多，速度较慢，列车基本上"站站停"。

2. 普通旅客快车

普通旅客快车分为跨局及管内两种，列车编组辆数和停站次数较多，运行于各大、中城市之间。

3. 快速旅客列车

快速旅客列车的运行速度一般为 120 km/h。这类列车常运行于大、中城市之间，经停地级行政中心或重要的县级行政中心。快速旅客列车一般采用 25G 型、25K 型车底，还有极小一部分列车采用 22 型和 25B 型车底。

4. 特快旅客列车

特快旅客列车是目前我国铁路运营线上速度较快的旅客列车，运行速度一般为 140 km/h，主要在首都与各大城市及国际间开行。特快旅客列车一般采用 25K 型、25T 型车底，也有部分列车采用 25Z 型、S25K 型、S25B 型、S25Z 型等车底。

5. 直达特快旅客列车

直达特快旅客列车是我国铁路 2004 年 4 月 18 日实行第五次大提速后开行的夕发朝至空调列车，其运行速度一般保持在 160 km/h。其中，部分直达特快旅客列车全程一站直达，也有部分列车会停靠起点站和终点站所在铁路局管内的大站，以及中途必须技术停车的车站。

6. 普通动车组列车

我国铁路自 2007 年 4 月 18 日第六次大提速后开始开行动车组列车。动车组列车由带动力的动车和不带动力的拖车组成。

目前，普通动车组列车（见图 1-1）在设计时速为 300 km 或 350 km 的线路（高速铁路）上运行时，最高运行速度为 250 km/h。

图 1-1 普通动车组列车

在设计时速为 250 km 或 200 km 的线路（快速铁路）上运行时，最高运行速度为 200 km/h。

7. 城际动车组列车

城际动车组列车是往返于相邻重要城市或城市群之间的动车组列车，一般全程运行距离较近，途经城市少，运行时间短，因此不配置卧铺车厢。城际动车组列车目前最高运行速度为 300 km/h。

8. 高速动车组列车

高速动车组列车主要运行于高速铁路（简称"高铁"），兼行于快速铁路（简称"快铁"），在高铁线上开高铁速度，在快铁线上开快铁速度。高速动车组列车的最高运行速度为 350 km/h。

9. 临时旅客列车

临时旅客列车是指根据市场需求，在春运、暑运、国庆长假等客流高峰期临时增开的旅客列车，一般停靠县级市和大部分县级中、大站点。这类列车采用备用客车编组。

10. 临时旅游列车

临时旅游列车是在节假日和暑期根据旅游客流的需要临时开行的列车，主要在名胜古迹、旅游胜地所在站和大、中城市之间开行。

（二）旅客列车的车次

全国有上千对不同种类、性质的旅客列车运行在各条线路上。为了便于旅客区分各种旅客列车的性质和种类，同时考虑到铁路行车部门组织列车运行和进行作业的需要，铁路部门采用了具有一定含义的阿拉伯数字编定列车车次。

列车车次具体包含以下含义：

1. 列车的种类

列车车次表明是客车还是货车，若是客车还可区分是直通的还是管内的。

2. 列车的等级

列车车次表明是快车还是慢车，若是快车还可区分是快速、特快还是直达特快。

3. 列车的去向

列车运行原则上以开往北京方向为上行，车次编为双数；远离北京方向为下行，车次编为单数。难以制定列车运行方向与开往或远离北京的关系的一些线路上，列车运行方向以规定为准。枢纽地区的列车运行方向由铁路局规定。

在支线上运行的列车以开往干线为上行，车次编为双数，以远离干线为下行，车次编为单数。

（三）动车组列车的车辆编号

动车组列车的车辆编号由车种代码、技术序列代码、制造序列代码和编组顺位代码组成，如图1-2所示。

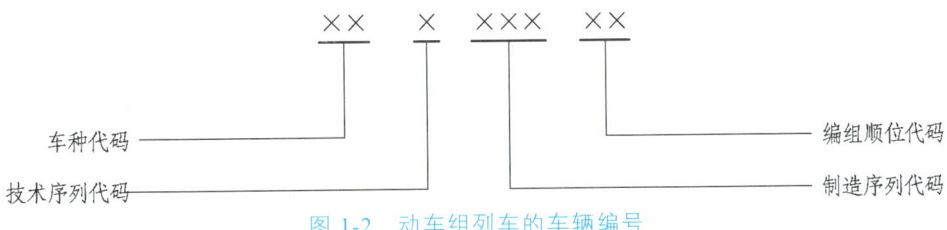

图 1-2　动车组列车的车辆编号

1. 车种代码

车种代码通常用2个或3个大写英文字母表示，是车种名称的汉语拼音缩写。

2. 技术序列代码

技术序列代码由一位阿拉伯数字表示，例如，BSP动车组为1，四方动车组为2，唐客动车组为3，CRH6型动车组为4，长客动车组为5，CRH380型动车组为6。

3. 制造序列代码

（1）第一代CRH动车组（CRH1、CRH2、CRH3、CRH5）车辆：制造序列代码用三位阿拉伯数字表示，由001～999依次排列。

（2）新一代CRH380型动车组车辆：制造序列代码用四位数字表示，以数字6开头。

（3）CRH6型动车组车辆：制造序列代码用四位数字表示，以数字4开头。

4. 编组顺位代码

编组顺位代码用两位数字表示，编号从首车起从"01"开始按顺序排列，尾车的编号为"00"。

二、动车组座席号编制规则

动车组采用数字和字母组合的方式表示座席号，数字表示排号，字母表示位置。

（一）座席排号规则

（1）以阿拉伯数字表示。
（2）商务座车从商务座端开始由 1 顺序编排。
（3）布设无障碍设施的车辆从远离无障碍卫生间的车端开始由 1 顺序编排。
（4）餐座合造车从非厨房端开始由 1 顺序编排。
（5）其他座车从 1 位端开始由 1 顺序编排。
（6）动车组定位示意如图 1-3 所示。

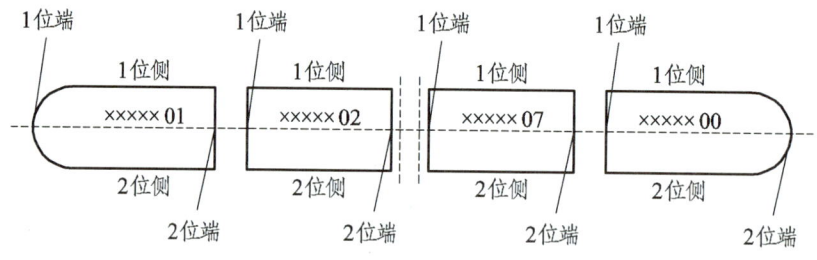

图 1-3　动车组定位示意图

（二）座席位置

座席位置用 A、B、C、D、F 共 5 个字母表示。

（1）"3＋2"座椅排列中，3 人座椅用 A、B、C 表示，分别代表靠窗、中间和靠走廊位置，2 人座椅用 D、F 表示，分别代表靠走廊、靠窗位置。

（2）"2＋2"座椅排列（包括二等座车/餐车的餐座）分别用 A、C 和 D、F 表示；"2＋1"座椅排列分别用 A、C 和 F 表示。

（3）"1＋1"座椅排列（包括二等座车/餐车的餐座）分别用 A 和 F 表示。无论是何种座席排列，A 和 F 均代表靠窗座席，C 和 D 均代表靠走廊座席。

座席编号构成示例如下：如 16A，16-排数代码，表示第 16 排；A-位置代码，表示靠窗座椅。

三、动车组列车构成

所谓动车组，就是由若干动力车和拖车或全部由动力车长期固定连挂在一起组成的车组。

动车组编组中的车辆全部或大部分为动力车，即牵引动力分散配置。高速动车组牵引动力的配置基本上有两种形式，即集中配置型和分散配置型。

动力分散方式动车组的动力配置也有两种模式，一种是完全分散模式，即动车组中的车辆全部为动力车；另一种是相对分散模式，即高速列车编组中部分是动力车，部分为无动力的拖车。

（一）车　体

动车组车体分为带司机室车体和不带司机室车体两种。它是容纳乘客和司机驾驶的地方，同时又是安装与连接其他设备和部件的基础。为使车体轻量化，高速动车组车体通常采用铝合金和不锈钢材料制造。

（二）转向架

转向架是保证列车运行品质和安全的关键部件。动车组转向架分动力转向架和非动力转向架。动力转向架的车轴可以是全动轴，也可以是部分动轴。转向架置于车体和轨道之间，用来牵引和引导车辆沿轨道行驶，承受和传递来自车体及线路的各种载荷，并缓和其作用力。转向架一般由轮对轴箱装置、构架、弹簧悬挂装置、车体支承装置和制动装置组成。对于动力转向架，还包括牵引电动机和传动装置。

（三）车辆连接装置

车辆编组成列车运行必须借助于连接装置，其中，机械连接包括车钩缓冲装置和风挡等；同时还有车辆之间的电气和空气管路的连接、高压电器连接、辅助系统和列车供电连接以及控制系统连接等。

制动装置是保证列车安全运行所必需的装置。动车组常采用动力制动与摩擦制动的复合制动模式，制动控制系统包括动力制动控制系统（再生制动）和空气制动控制系统。此外，还有电子防滑系统及基础制动装置等。

（四）车辆内部设备

车辆内部设备是指服务于乘客的车内固定附属装置，如车内电气、供水、通风、取暖、空调、座席、车窗、车门、行李架、旅客信息服务系统等。

（五）牵引传动系统

牵引传动系统包括主电路、高压设备、受电弓、主断路器、其他高压设备、主变压器、牵引变流器、牵引电机及电传动系统的保护等。

（六）辅助供电系统

辅助供电系统供电的设备包括空气压缩机、冷却通风机、油泵/水泵电机、空气调节系统、采暖设备、照明设备、旅客服务设备、应急通风装置及维修用电等。另外，辅助供电系统还具有应急供电功能，包括额定应急通风、应急照明、应急显示、维修用电、通信及其控制等。

四、动车组列车的服务设备设施

动车组列车的服务设备设施主要包括电茶炉，残疾人服务设施，婴儿护理台，影视、音乐播放系统，电子显示屏，电动内端门，照明灯、阅读灯及电源插座，旅客行李存放处，卫生系统，餐吧设备，多功能室等。

（一）电茶炉

电茶炉可为旅客提供饮用水。使用电茶炉时，需将按压开关按至底部（以防烫伤）。当缺水显示灯亮起时，表示水箱内缺水，此时应立即通知机械师关闭电茶炉电源开关。

（二）残疾人服务设施

列车内一般会设置残疾人专用区域（见图1-4）、残疾人卫生间及残疾人弯道。其中，残疾人卫生间设有内外触摸式自动门锁、残疾人紧急呼叫按钮及不锈钢扶手等。

图1-4　残疾人专用区域

（三）婴儿护理台

婴儿护理台一般设置在卫生间内，平时折叠放置。使用婴儿护理台时，应先抬起把手，将婴儿护理台打开，确定台面平稳后可进行婴儿护理工作，如图1-5所示。

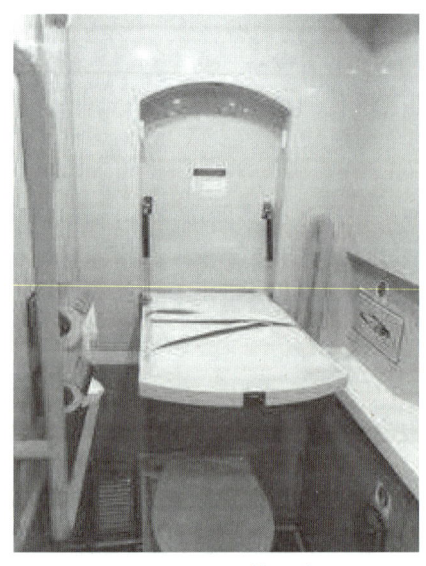

图1-5　婴儿护理台

（四）影视、音乐播放系统

动车组列车影视、音乐播放系统的功能会根据座席级别的不同有一定的差异。

1. 二等座席

旅客在二等座席能够通过车厢配置的电视收看指定播放的视频节目，能通过旅客区的扬声器收听视频伴音、背景音乐或收音机广播。

2. 一等座席

旅客在一等座席能够通过座椅上配备的音频娱乐单元手动选择 MP3、视频伴音、收音机广播等，还能通过车厢配置的电视收看视频节目。

3. VIP 座席

旅客在 VIP 座席能够通过 VIP 座椅扶手上的娱乐单元自主选择欣赏本机存储的音视频节目，还能通过该娱乐单元访问列车网络系统，进行信息查询、网页浏览。

（五）电子显示屏

电子显示屏（见图 1-6）一般用来显示列车运行日期、车次、时速、列车运行时间、列车编组、车厢号、车外温度、安全提示、投诉电话及服务设施介绍等信息。

图 1-6　电子显示屏

（六）电动内端门

动车组列车中，每节车厢两端各设有一个电动内端门，用于保持车厢温度并隔离列车运行中车厢连接处产生的噪声。

（七）照明灯、阅读灯及电源插座

（1）每节车厢均配有照明设备，由随车机械师统一操控。

（2）一等座车厢的行李架下方设有阅读灯，旅客可根据需要调整灯座角度。

（3）座席下方、卫生间、大件行李存放处及过道墙壁一般设有电源插座。

（八）旅客行李存放处

旅客行李存放处主要包括行李架和大件行李存放处，如图 1-7 所示。动车组列车行李架采用铝合金和夹层钢化玻璃作为主体结构,其负载能力较金属焊接结构的行李架差一些,因此行李架主要用于存放小件行李。位于通过台处的大件行李存放处,可用于放置大件行李。

(a)行李架　　　　　　　　　(b)大件行李存放处

图1-7　行李架及大件行李存放处

(九)卫生系统

(1)动车组列车卫生间设有蹲式和坐式便器两种,蹲式和坐式便器均采用真空集便系统,其内部设置了瓣间,以防臭味冒出。卫生间的门一般为拉门,设有内锁。另外,每个卫生间均设有洗手盆、感应水龙头、洗手液盒、烟雾感应装置、电源插座、扶手、垃圾箱、触摸式冲水按键、"SOS"紧急求助按钮等设施。

旅客在卫生间需要求助时,可按下卫生间内的"SOS"紧急求助按钮,紧急呼叫就会显示在机械室显示屏上,同时机械室和车厢内的扬声器会发出提示音,车内工作人员就可及时赶去处理。使用人再次按下按钮就可取消紧急呼叫。

(2)排污系统。排污系统采用真空集便系统收集来自便器的污物。按下冲便器冲洗按钮,真空集便系统就会开始工作。另外,车上的盥洗废水可经车底水封装置排至车外。

五、动车组列车的安全设备设施

动车组列车的安全设备设施主要包括灭火器、紧急逃生窗和紧急破窗锤、紧急制动装置、旅客乘降及换乘设备、车门安全设备、报警装置等。其中,动车组列车的报警装置可参考普速旅客列车的报警装置,这里不再赘述。

(一)灭火器

各动车组列车均配有干粉灭火器和水基型灭火器,如图1-8所示。每节车厢配备4具灭火器(干粉灭火器和水基型灭火器各2具),餐车后厨配备2具水基型灭火器,两端司机室各配备1具干粉灭火器。

图 1-8 动车组列车灭火器

（二）紧急逃生窗和紧急破窗锤

通常，每节车厢四角均设有紧急逃生窗，紧急逃生窗的上方设有圆形标记的击打位置，紧急逃生窗旁的车厢壁或行李架下设有紧急破窗锤，如图 1-9 所示。紧急逃生窗和紧急破窗锤仅限在紧急情况下逃生时使用。

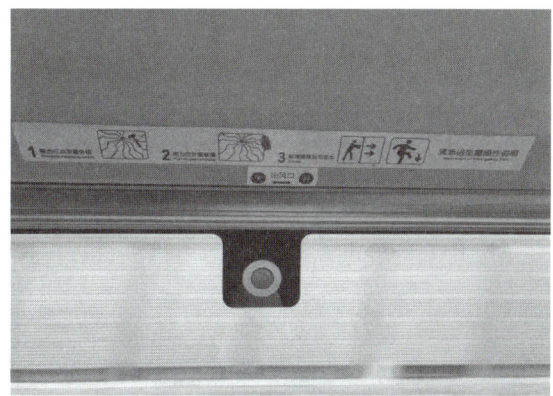

（a）紧急逃生窗

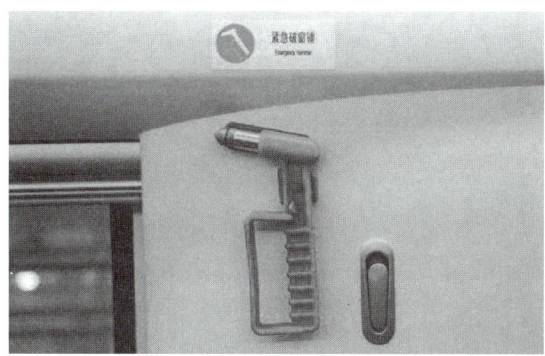

（b）紧急破窗锤

图 1-9 紧急逃生窗和紧急破窗锤

在动车组列车上，使用紧急破窗锤击碎紧急逃生窗并组织旅客有序逃生的步骤如下。

（1）提住紧急破窗锤把手，用力向外侧拔出。

（2）对准紧急逃生窗上圆形标记的击打位置，用力击打。

（3）击碎玻璃后，将未完全脱离的玻璃推向车体外侧，操作时注意手部的安全。

（4）推掉紧急逃生窗玻璃后，可组织旅客有序逃生。

（三）紧急制动装置

列车紧急制动装置主要包括客室紧急制动手柄、火灾按钮和紧急按钮、紧急制动阀及紧急制动拉手。

1. 客室紧急制动手柄

客室紧急制动手柄位于每列车的过道侧墙上。当列车发生火灾等紧急情况，需要停车处理时，拉动紧急制动手柄，列车控制系统会自动进入以下程序。

（1）司机室中"暂停乘客启动的紧急制动"按钮开始闪亮。

（2）紧急通话单元启动，司机可以和乘客或乘务员进行语音通话，以决定要采取的措施。

（3）如果司机在10s内按下"暂停乘客启动的紧急制动"按钮，并保持3s以上，紧急制动将被取消。

2. 火灾按钮和紧急按钮

列车上的火灾按钮和紧急按钮（见图1-10）位于车厢两端通道的门框上方。当列车发生火灾等紧急情况，需要停车处理时，按下火灾按钮或紧急按钮，蜂鸣器就会报警，同时司机室和乘务员室的显示屏显示报警信息，司机可根据情况进行停车处理。此外，各车厢的配电盘内设有复位开关，可继续行车时，司机可自行将按钮复位。

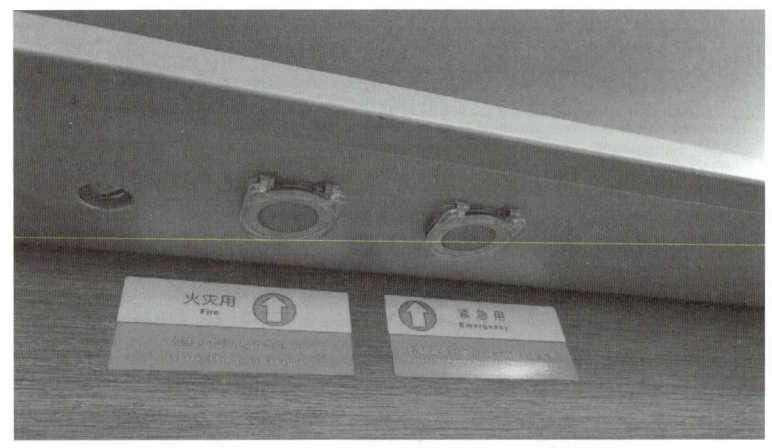

图1-10 火灾按钮和紧急按钮

3. 紧急制动阀

紧急制动阀（见图1-11）一般设在机械师室。某些动车组列车的观光室和乘务室也会各增设1个紧急制动阀。当发生紧急情况需要停车时，可使用紧急制动阀制动。使用时，先打开防护罩（有的列车没有），不必破封，直接将手柄向下拉至底部即可。

项目一　初识高铁客运乘务

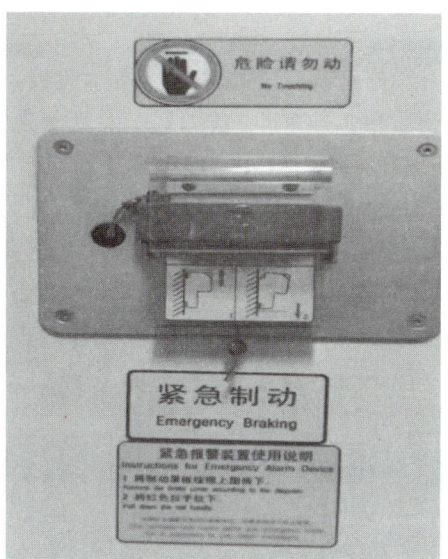

图 1-11　紧急制动阀

使用紧急制动阀时，在列车停稳后应及时将紧急制动阀上提复位。

4. 紧急制动拉手

紧急制动拉手（见图 1-12）一般设置在乘务室和机械师室。当列车发生紧急情况需要停车时，可拉下紧急制动拉手实施制动，要注意中途不能松手。

图 1-12　紧急制动拉手

（四）旅客乘降及换乘设备

旅客乘降及换乘设备主要包括应急梯和紧急渡板。

1. 应急梯

短编列车和长编列车一般分别配备 4 个和 6 个应急梯，如图 1-13 所示。车型不同，其放置位置有所不同，短编列车一般在 1 号、8 号车厢各放置 1 个应急梯，5 号车厢放置 2 个应急梯；长编列车一般在 1 号、4 号、8 号、10 号、15 号、16 号车厢各放置一个应急梯。

- 13 -

2. 紧急渡板

短编列车和长编列车一般分别设有 2 个和 4 个紧急渡板，如图 1-14 所示，短编列车的紧急渡板一般放置在 3 号和 7 号车厢；长编列车的紧急渡板一般放置在 4 号、8 号、10 号、15 号车厢，当列车运行途中因故障不能继续运行时，乘客可通过紧急渡板从故障列车进入相邻线救援列车上。

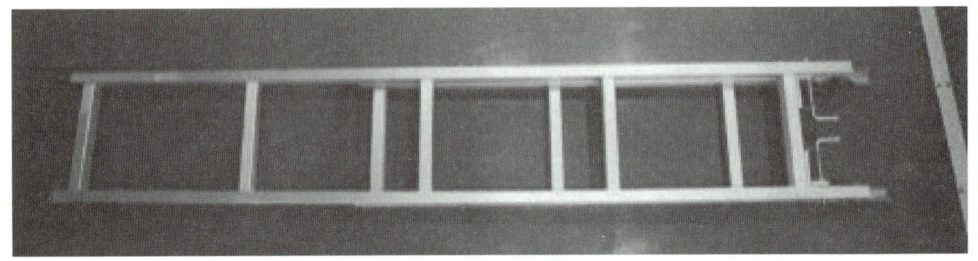

图 1-13　应急梯

图 1-14　紧急渡板

（五）车门安全设备

车门安全设备主要包括紧急开门阀、防火隔断门、站台补偿器及防护网。

1. 紧急开门阀

每节车厢设有 4 个紧急开门阀。在紧急情况下，可通过操作车内侧门上部的气阀，将侧门气缸里的空气强行排空，然后手动打开车门。

2. 防火隔断门

防火隔断门（见图 1-15）位于两车厢之间，平时是隐藏起来的。当发生火灾时，拉出防火隔断门，可将相邻两车厢隔断，以阻止或延缓火势蔓延，防火隔断门最长阻燃时间为 15 min。

项目一 初识高铁客运乘务

图 1-15　防火隔断门

3. 站台补偿器

站台补偿器（见图 1-16）一般设置在车门地板或翻板边缘。列车停稳开门后，站台补偿器自动落下，以补偿站台与车体之间的空隙，防止旅客下车时因踩空而发生意外。

图 1-16　站台补偿器

站台补偿器应随车门开启或关闭而自动落下或收起。当自动装置故障时，应使用手动开关落下或收起，手动落下补偿器时，需要使用钥匙打开补偿器；手动收起补偿器时，需要用手将补偿器搬起，且不得松手，同时用钥匙将手动开关关闭，此操作必须在车门关闭前完成，否则车门将无法关闭。

4. 防护网

防护网（见图 1-17）通常是在非正常情况下，列车需要开启车门运行时作为防护使用。一般情况下，短编列车配备 8 套（7 小 1 大），长编列车配备 16 套（14 小 2 大），短编列车的防护网一般放置在 3 号和 7 号车厢，各 4 套；长编列车的防护网一般放置在 4 号、8 号、10 号、15 号车厢，各 4 套。

图 1-17 防护网

【任务实施】

一、任务准备

分组：全班学生分为若干组，每组 5 人，分工协作，共同完成任务。

二、实施过程

探秘列车之"熟悉列车服务及安全设备设施"。

1. 探秘列车内部设备设施

（1）学生进入列车内部，分工考察各项服务及安全设备设施（普速列车和动车组列车均可）。

（2）以文字、画图、视频、照片等方式记录自己考察的内容，如设备设施的位置、数量、作用、使用注意事项等。

2. 制作报告或 PPT

（1）组内成员将各自考察内容汇总、整理在一起。

（2）将以上内容制作成报告或 PPT 交给老师。

3. 汇报

（1）老师选派 2 组报告或 PPT 具有代表性的小组在班里进行汇报。

（2）汇报过程中，其他学生可以进行提问，汇报人或其小组成员需要积极回答。

【强化提升】

请结合教材相关内容，查阅网络文字资料，读取视频资源，完成以下任务工单。

项目一　初识高铁客运乘务

认识高速铁路列车基础知识工单

1．知识强化

（1）普速旅客列车主要包括_____、_____、_____、_____、_____等。

（2）_____的运行速度一般为 120 km/h。

（3）_____是中国铁路在 2004 年 4 月 18 日实行第五次大提速后开行的夕发朝至空调列车。

（4）动车组列车由带动力的列车和不带动力的拖车组成，运行速度在_____以上。

（5）动车组列车的车辆编号是由_____、_____、_____和编组顺位代码组成的。

（6）普速旅客列车的车辆编号是由_____、_____、_____三部分组成的。

（7）在普速旅客列车的车辆编号中，_____表示列车的种类，通常用 2 个或 3 个大写英文字母表示。

2．技能训练

（1）所需工具、检具：

（2）小组成员分工：

（3）任务计划：

逻辑建议：①实战计划—②小组成员构成与分工—③所需工具、检具—④实战过程及结果。

【课程思政】

复兴号动车组

向学生展示复兴号动车组图片，播放复兴号动车组宣传视频，直观地让学生感受到我国高速铁路的快速发展。2017 年 6 月 25 日，由原中国铁路总公司牵头组织研制、具有完全自主知识产权、达到世界先进水平的中国标准动车组有了一个响亮的名号——"复兴号"。"复兴号"中国标准动车组的成功研制和投入运用，对于我国全面系统掌握高铁核心技术、加快高铁"走出去"具有重要战略意义。中国标准动车组让中国高铁总体技术水平跻身世界先进行列，部分技术甚至达到世界领先水平。"中国制造"和"中国标准"正在一步步走向世界。

引入厚植爱国主义情怀的思政内容，通过信息化手段（视频、图片等）的运用，感受我们国家改革开放以来，尤其是近十年来取得的一系列卓越成就，激发学生爱祖国、爱社会主义、爱行业的情怀，以高度的责任感、荣誉感，认真学习专业课程。

【任务考评】

项目	考核内容		考核评分		
	内容		配分	得分	批注
工作准备（25%）	能够正确理解工作任务内容、范围及工作指令		5		
	能够查阅和理解技术手册，确认技术标准及要求		5		
	能正确使用防护用品		5		
	准备工作场地及器材，能够识别工作场所的安全隐患		5		
	确认设备及工具量具，检查其是否安全及正常工作		5		
实施程序（60%）	服务设备设施考察详尽		20		
	安全设备设施考察详尽		20		
	报告或PPT完成度高		10		
	汇报人讲解流畅、清晰		10		
完工清理（15%）	对工具及设备进行清洁		10		
	按照工作程序，填写完成作业单		5		
考核评语			考核成绩		
	考核人员　　　　　　　　　年　月　日				

组内学生互评				
评价项目	评价内容			得分
	优秀（90~100）	良好（80~89）	加油（0~79）	
沟通交流能力	能够有效地运用多种交流形式	基本能运用多种交流形式	很难运用多种形式交流	
合作交往能力	尊重他人，能与他人良好合作交流	基本上能做到与他人合作交流	不能与他人良好的沟通交流	
观察事物能力	观察能力强，细致全面，观察深刻	按要求观察，能发现事物一些特征	无目的观察，不会把握事物特征	
动手操作能力	能积极主动按项目指引完成操作	能按要求完成操作	不能完成操作	
想象创造能力	能够有拓展性地完成工作任务	能够想到新的方式完成任务	按照课本要求完成基本工作	

小组评语	评价人签字：	年 月 日	互评成绩	
企业导师评价					
评价项目	评价内容	评价成绩		备注
工作准备	任务领会、资讯查询、器材准备	□A □B □C □D □E		
知识储备	系统认知、原理分析、技术参数	□A □B □C □D □E		
计划决策	任务分析、任务流程、实施方案	□A □B □C □D □E		
任务实施	专业能力、沟通能力、实施结果	□A □B □C □D □E		
职业道德	纪律素养、安全卫生、器材维护	□A □B □C □D □E		
其他评价				
导师签字		日期	年 月 日	

注：在选项"□"里打"√"，其中 A：90～100；B：80～89；C：70～79；D：60～69；E：不合格。

任务二 了解动车组列车乘务

【任务导入】

任务名称		了解动车组列车乘务	
姓 名	班 级		成 绩
组 别	组 长		场 地
日 期	学 时		指导教师
任务目标	知识目标	1. 了解乘务工作特点和乘务组工作制度； 2. 理解乘务工作任务； 3. 掌握动车组列车乘务组成及分工和乘务制度	
	能力目标	1. 能够熟悉乘务工作的任务，并能够运用乘务管理的知识进行乘务工时分析； 2. 具备区分乘务工作岗位分工的能力； 3. 具备进行乘务制度优劣分析的能力	
	素质目标	1. 培养学生积极向上的学习态度和良好的学习习惯； 2. 培养学生严谨、认真、细致的工作态度和良好的职业素质； 3. 培养学生树立"人民铁路为人民"的职业情操	
情景案例	随着我国高速铁路的迅猛发展，动车组列车开行数量剧增。与普速列车相比较，动车组列车因其快速性和舒适性，成为很多旅客出行的首选。在我国很多地区，动车组列车开行比例超过普速列车，成为铁路运送旅客的主力军。高速铁路动车组列车的乘务管理制度，不仅影响着动车组列车的运营效率和服务质量，还影响到运输企业的效益。 请思考： 1. 动车组列车客运乘务组由哪些人员组成？各岗位的人员分工是什么？如何配备？ 2. 乘务管理中运用哪些制度保证服务质量？		

【知识讲解】

一、动车组列车乘务组组成及工作概述

（一）动车组列车乘务组组成

动车组列车乘务组由列车长、列车员、乘警（或列车安全员）和随车机械师组成，列车保洁和餐饮服务人员由社会专业公司承担时，其员工视同列车乘务组成员。列车运

行时间在 8 h 内的动车组列车配备列车安全员，安全员隶属客运段管理，运行时间超过 8 h 的动车组列车由乘警值乘，不配安全员。

动车组列车上实行列车长领导下的各工种分工负责制，各工种在列车长的领导下，按岗位责任各负其责，相互协调，落实作业标准，有监督，有检查，有考核。

客运乘务组根据交路实际需要采用轮乘制或包乘制，8 辆基本编组的动车组列车乘务组由 1 名列车长、2 名列车员组成，动车组重联时，按两个乘务组配备。编组 16 辆的动车组按 1 名列车长、4 名列车员配备。对运行时间较长的动车组可适当增加客运乘务人员。

（二）动车组列车乘务组工作概述

1. 乘务组职责

动车组列车客运乘务组承担服务旅客、处理票务、检查列车保洁及餐饮工作质量等工作。发生影响旅客安全的问题时，客运乘务组应当立即采取有效措施，保护旅客安全。动车组列车乘务组如图 1-18 所示。

图 1-18　乘务组

2. 列车广播

运行时间在 3 h 以内的动车组列车，一般只播迎送词、服务设备介绍、安全提示、站名和背景音乐，运行时间超过 3 h 的列车，可在不干扰旅客休息的前提下，适当增加播放内容。列车旅客信息服务及影音播放系统播放的内容应由客运部门提供，由车辆部门录入。例如，京津城际动车组列车采取中英文广播形式，动车组列车在始发前 5 min 播放安全提示，始发后 5 min 播放欢迎词、安全提示及背景音乐，终到站前 5 min 播放终到告别词。列车广播内容由客运段提供，铁路局集团有限公司宣传部、客运部审定，车辆部门录入，始发前由随车机械师按规定操作自动广播装置。自动广播发生故障时，由客运人员人工广播。

3. 车门管理

动车组列车车门采用联控方式，由司机和随车机械师负责开启、关闭和监控。开车前，由列车长接到车站与客运有关的作业完毕通知后，根据车型不同按规定通知司机或机械师关闭车门，动车组重联运行时，由两组列车长互相确认旅客乘降情况后，运行前方第一组的列车长负责通知司机或机械师，动车组驶出动车段到达始发站后，应将车门保持关闭状态。司机或机械师根据列车长的通知开门，其他列车工作人员不得擅自开关车门。

动车组列车停靠低站台时，到站前乘务人员提前锁闭辅助板指示锁，开车后及时将翻板及辅助板指示锁复位。

餐车上货门仅供餐车售货人员补充商品、餐饮时使用，无旅客乘降。

列车运行中，要求车门、气密窗锁闭状态良好，定期巡视，保持通道畅通，发现车门未锁闭或锁闭状态不良时，指派专人看守，并及时通知随车机械师处理。

4. 资料台账

动车组列车客运乘务出乘时，按规定配置业务资料，除携带电报用纸、客运记录和必要的设备、资料外，其他纸质资料台账不携带上车。业务办理要符合规定，票据和台账、报表填写规范、内容准确、完整清晰。动车组列车上要配备保险柜，营运进款结算准确，票据、现金及时入柜加锁，到站按规定解款。

5. 通信联络

客运乘务人员配手持电台。动车组列车始发前，列车长的手持电台均应设置在频道1与随车机械师、乘警或司机进行通话联络。运行途中，列车长需与列车员通话时，转为各自的专门频道进行通话。通话完毕，应转回频道1进行守候。

6. 多功能室

列车多功能室只能用于照顾伤、病旅客，存放少量服务备品，由客运乘务人员管理，其他人员不得占用或改作他用。

7. 宣传揭示

动车组列车无招商广告的广告宣传框全部安装公益广告，具体包括失信人员限制购买车票、铁路乘意险、常旅客服务、互联网购票、文明乘动车、列车禁烟宣传和铁路局集团有限公司企业宣传等内容。框内宣传品制作应质量良好。

二、乘务组工作任务

动车组列车客运乘务组的主要任务如下：

（一）服务旅客

爱护动车组列车设备，充分发挥各种设备的效能，为服务旅客做好设备方面的保障；保持车厢内温度适宜，照明充足；做好重点旅客的服务工作。帮扶乘客如图1-19所示。

图 1-19　帮扶乘客

(二) 处理客运业务

正确执行规章制度,维护铁路正当收入,为旅客办理补票、改签、变更等级及其他特殊情况的车票业务;及时妥善地为旅客安排座席、铺位;正确掌握车内旅客及行包密度、去向,及时办理预报。

(三) 检查列车保洁

监督列车内保洁卫生工作,保持车内环境、服务备品的整齐、洁净。检查卫生如图 1-20 所示。

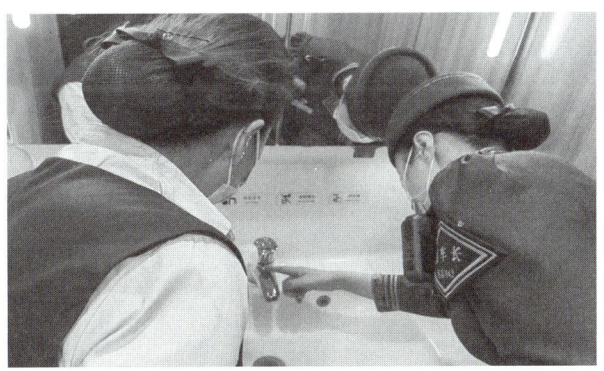

图 1-20　检查卫生

(四) 监督餐饮服务工作质量

监督餐服工作人员的工作,做好餐茶供应及文化服务工作。

(五) 其　他

动车组列车客运乘务人员在担当乘务工作的过程中需维护列车秩序,保证旅客上下车及旅途中的安全;同时还需保证行李、包裹安全并准确到达到站。

三、列车乘务组主要岗位职责

（一）列车长岗位职责

列车长工作是对旅客列车运行中服务质量、设备设施、饮食供应、治安秩序、车容卫生进行督导，及时解答旅客来访，及时解答旅客问询，并对旅客列车发生突发事件采取应急处理措施，妥善处置。其岗位职责如下。

（1）牢固树立"以服务为宗旨，待旅客如亲人"的服务理念，为旅客提供温馨服务，帮助旅客解决旅行困难，做到全面服务、重点照顾。落实"首问首诉"负责制，分析质量状况，不断改进服务工作。

（2）严格执行安全制度，经常进行安全教育，熟练掌握和运用应急预案，妥善处理各类突发事件，确保旅客、行包、国家财产的安全。

（3）严格执行路风管理卡控措施，经常对职工进行市场形势和职业道德的教育，树立良好的社会形象。

（4）组织乘务员做好列车服务、广播宣传、饮食供应和整容卫生工作，认真听取、正确处理旅客意见，做到全面服务、重点照顾。

（5）精通本职业务，组织乘务员练好基本功。根据上级命令、指示，及时修改规章制度。查验车票，正确填写票据、报表，妥善保管票款，妥善处理各种客运业务。掌握客流变化和行包运输规律，做好运输组织工作。负责与列车司机的协调联控，与车站办理交接。

（6）加强班组管理，发挥群管组织作用，认真组织服务技能及劳动竞赛，掌握评比资料，认真抓好典型，总结推广先进经验，密切劳协作。

（二）列车员岗位职责

列车员工作是在固定的旅客列车车厢为旅客进行服务及解答旅客问询，征询旅客需求，为旅客提供帮助，并将车内情况随时报告列车长处理，协助列车长妥善处置突发情况。其岗位职责如下。

（1）牢固树立"以服务为宗旨，待旅客如亲人"的服务理念，为旅客提供温馨服务，帮助旅客解决旅行困难，做到全面服务、重点照顾。

（2）严格执行安全制度和作业过程，根据线路特点做好安全宣传，及时通报站名，组织好旅客乘降和车内秩序。熟练掌握应急预案中的岗位要求，保障旅客安全，及时反馈信息。

（3）遵守各项规章制度，精通本职业务，执行作业过程，落实质量标准，执行车容卫生标准，搞好卫生宣传，经常保持内外整洁、空气新鲜、温度适宜，为旅客创造良好的旅行环境。

（4）精通本职业务，练好基本功。爱护设施、备品，加强管理，严格交接，及时反馈设施状况。确保客运备品齐全、作用良好。

（5）掌握旅客流量、流向、重点区段情况和异常旅客动态。落实"首问首诉"负责制，听取旅客意见，自觉接受旅客监督，不断提高服务质量。

【任务实施】

一、任务准备

（1）知识准备：动车组列车乘务组组成和人员分工的基础知识、列车乘务组工作的特点和任务等相关知识。

（2）人员准备：每小组做好人员分工。

二、实施过程

按步骤操作并填写任务工单，实训采取多次抽签的形式开展班组组建模拟实训。

（1）各组根据所抽到的运行时间，确定拟组建班组的岗位角色类型，班组内人员包括列车长、列车员、餐服人员、保洁员、安全员等。

（2）采用组内随机分配（抽签）的形式组建模拟乘务班组，每位同学根据自己抽到的角色，在规定时间内阐述该岗位角色的分工内容。

【强化提升】

请结合教材相关内容，查阅网络文字资料，读取视频资源，完成以下任务工单。

了解动车组列车乘务基础知识工单

1. 知识强化

（1）动车组列车乘务组由_____、_____、_____和_____组成。

（2）动车组列车上实行_____领导下的各工种分工负责制，各工种在列车长的领导下，按岗位责任各负其责，相互协调，落实作业标准，有监督，有检查，有考核。

（3）客运乘务组根据交路实际需要采用_____或_____，8 辆基本编组的动车组列车乘务组由 1 名列车长、2 名列车员组成，动车组重联时，按两个乘务组配备。

（4）动车组列车客运乘务组承担_____、_____及_____等工作。

（5）动车组列车车门采用联控方式，由_____和_____负责开启、关闭和监控。

（6）动车组列车客运乘务组的主要任务是_____、_____、_____、_____等。

2. 技能训练

（1）所需工具、检具：

（2）小组成员分工：

（3）任务计划：

逻辑建议：①实战计划—②小组成员构成与分工—③所需工具、检具—④实战过程及结果。

【课程思政】

抗洪抢险勇救旅客英雄列车

2010年8月19日15时15分，西安开往昆明的K165次旅客列车运行至宝成线德阳至广汉间，洪水致使石亭江大桥5、6号桥墩倒塌，7号桥墩倾斜，造成列车机后5～17位车辆脱线，1318名旅客的生命财产安全遭受严重威胁。危急时刻，K165次列车司机果断采取紧急制动措施，在最短的时间内将列车停稳；K165次列车乘务组临危不乱，迅速组织旅客有序撤离，在15 min内把所有旅客安全转移，随后列车15、16号车厢坠入江中。此次事故中，旅客和铁路职工无一人伤亡，创造了抢险救援的奇迹。原铁道部授予西安铁路局西安客运段K165次列车第二乘务组"抗洪抢险勇救旅客英雄列车"荣誉称号，记大功一次，同时授予火车头奖杯。

K165次乘务组面对突如其来的灾难，临危不惧，让我们看到了积极工作态度；临危不乱，让我们看到了高超职业水准。正是这个团队的团结协作如此紧密，才成就了奇迹创造者。当代铁路人，只有具备突发事件的应急处置能力，才能更好地为人民生命财产安全保驾护航。

 【任务考评】

项目	考核内容		考核评分		
	内容	配分	得分	批注
工作准备（25%）	能够正确理解工作任务内容、范围及工作指令	5		
	能够查阅和理解技术手册，确认技术标准及要求	5		
	能正确使用防护用品	5		
	准备工作场地及器材，能够识别工作场所的安全隐患	5		
	确认设备及工具量具，检查其是否安全及正常工作	5		
实施程序（60%）	正确确定岗位角色	20		
	正确确定岗位角色的分工内容	20		
	正确确定团队协作	10		
	安全无事故并在规定时间内完成任务	10		
完工清理（15%）	对工具及设备进行清洁	10		
	按照工作程序，填写完成作业单	5		
考核评语	考核人员　　　　　　　　　　　　　年　月　日		考核成绩		

组内学生互评				
评价项目	评价内容			得分
	优秀（90~100）	良好（80~89）	加油（0~79）	
沟通交流能力	能够有效地运用多种交流形式	基本能运用多种交流形式	很难运用多种形式交流	
合作交往能力	尊重他人，能与他人良好合作交流	基本上能做到与他人合作交流	不能与他人良好地沟通交流	
观察事物能力	观察能力强，细致全面，观察深刻	按要求观察，能发现事物的一些特征	无目的观察，不能把握事物特征	
动手操作能力	能积极主动按项目指引完成操作	能按要求完成操作	不能完成操作	
想象创造能力	能够有拓展性地完成工作任务	能够想到新的方式完成任务	按照课本要求完成基本工作	
小组评语	评价人签字：		年 月 日	互评成绩

企业导师评价			
评价项目	评价内容	评价成绩	备注
工作准备	任务领会、资讯查询、器材准备	□A □B □C □D □E	
知识储备	系统认知、原理分析、技术参数	□A □B □C □D □E	
计划决策	任务分析、任务流程、实施方案	□A □B □C □D □E	
任务实施	专业能力、沟通能力、实施结果	□A □B □C □D □E	
职业道德	纪律素养、安全卫生、器材维护	□A □B □C □D □E	
其他评价			
导师签字		日期	年 月 日

注：在选项"□"里打"√"，其中 A：90~100；B：80~89；C：70~79；D：60~69；E：不合格。

项目二
高速铁路动车组列车客运业务

📋 **项目描述**

本项目介绍了高速铁路客运运价的确定依据及票价计算方法;列车移动补票机和站车无线交互系统使用方法;客运记录及电报编制;高速铁路动车组列车广播;高速铁路动车组列车餐吧,包含以下 4 个任务:

任务一　高速铁路旅客运输条件
任务二　列车移动补票机使用
任务三　客运记录编制
任务四　铁路电报拍发

通过 4 个任务的学习,掌握高速铁路客运运价的计算方法、高速铁路动车组列车客运业务,能够掌握工作要求与规范。

📋 **思政导读**

党的二十大报告指出,加强重点领域安全能力建设,确保粮食、能源资源、重要产业链供应链安全,加强海外安全保障能力建设,维护我国公民、法人在海外合法权益,维护海洋权益,坚定捍卫国家主权、安全、发展利益。

项目二 高速铁路动车组列车客运业务

任务一　高速铁路旅客运输条件

【任务导入】

任务名称		高速铁路旅客运输条件			
姓　名		班　级		成　绩	
组　别		组　长		场　地	
日　期		学　时		指导教师	
任务目标	知识目标	1. 掌握高速铁路客运票价计算方法； 2. 掌握动车组乘车凭证			
	能力目标	1. 熟练计算高速铁路客运票价； 2. 正确查验动车组乘车凭证； 3. 能辨别铁路乘车种类			
	素质目标	1. 认真做人、做事、做业务； 2. 勇于克服困难挑战、不断攀登； 3. 为人正直，具有较高的道德水准和丰富的文化知识			
情景案例		"您好，请问您办理什么业务？""请问您买到哪里？几号的？几张？哪次列车？什么席位？""请问您选择哪种支付方式？"			

【知识讲解】

一、运价里程

（一）客运运价里程的确定

计算运价应用的里程称为运价里程，它是计算客运运价的依据。

确定客运运价里程的方法：根据旅客的乘车径路和乘坐列车车次，首先从《铁路客运运价里程表》汉语拼音或笔画站名首字索引表中，查出站名索引表的页数，再从站名索引表中查出发、到站的站名里程表页数，并从站名里程表中确认到站有无营业办理限制。然后根据规定的或旅客制定的乘车径路和乘坐列车车次，从《铁路客运运价里程表》中查出乘车里程或分段计算出全部乘车里程，如发、到站在同一线路上时，用两站到本线路起点或终点的里程相减，即可求出两站间的里程，如发、到站跨两条及其以上线路时，应按规定的接算站接算。

- 29 -

（二）接算站

1. 接算站的表示

接算站在《客运运价接算站示意图》中用红色圆圈表示，在《铁路客运运价里程表》中，站名用集体字印刷，站名下部印有 1 mm 宽的黑色横线，并在该站的第 13 栏印有"接××线"字样。

2. 接算站的种类

（1）大多数接算站是两条及其以上线路相互衔接的接轨站，如哈尔滨（见图 2-1）、株洲等站（见图 2-2），此类接算站，查找、计算里程都较为方便。

图 2-1　哈尔滨站示意图　　　　图 2-2　株洲站示意图

（2）部分接算站是接轨站附近的城市所在站。由于接轨站线路设置、车站设备、列车开行等都受到一定的限制，同时，多数旅客从附近大站乘车，因此，为了铁路工作及旅客乘车的方便，指定城市站为接算站。凡是这样的接算站，接轨站和城市站相互间的往返乘车称为折返区段（折返区段在《客运运价接算站示意图》中以红线表示），如陇海线与宝中线的接轨站是就镇站，但接算站规定为宝鸡站。

3. 个别接算站

个别接算站是在同一城市无线路衔接的车站作为零公里接算站（由于城市建设的关系，相互间未能铺轨连接），为计算里程的方便，特定该两站为同一接算的接算站。如昆明站与昆明北站，中间相隔约 5 km，即视为昆明站与昆明北站相互衔接，并指定为同一接算的接算站，如图 2-3 所示。

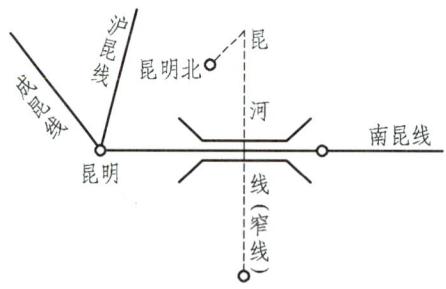

图 2-3　昆明站与昆明北站示意图

二、动车组公布票价

（一）普通动车组座车公布票价

普通动车组座车公布票价的计算公式为：

一等座车公布票价 = 0.3366 × (1 + 10%) × 运价里程
二等座车公布票价 = 0.2805 × (1 + 10%) × 运价里程

广深线上的动车组列车公布票价由企业在规定水平内自行确定。

（二）普通动车组列车特等座、商务座等席别公布票价

按不同席别占用面积和既有动车组列车票价，速度为 200～250 km/h 动车组列车特等座、商务座、一等包座、观光座公布票价的计算公式为：

特等座公布票价 = 0.2805 × (1 + 10%) × 1.8 × 运价里程
商务座公布票价 = 0.2805 × (1 + 10%) × 3 × 运价里程

一等包座、观光座按商务座公布票价执行。

（三）普通动车组软卧公布票价

普通动车组软卧公布票价的计算公式为：

软卧上铺公布票价 = 0.3366 × (1 + 10%) × 1.6 × 运价里程
软卧下铺公布票价 = 0.3366 × (1 + 10%) × 1.8 × 运价里程

（四）普通动车组高级软卧公布票价

普通动车组高级软卧公布票价的计算公式为：

高级软卧上铺公布票价 = 0.3366 × (1 + 10%) × 3.2 × 运价里程
高级软卧下铺公布票价 = 0.3366 × (1 + 10%) × 3.6 × 运价里程

（五）速度为 300～350 km/h 动车组列车票价

对速度为 300 km/h 及以上动车组列车实行票价浮动。

（六）动车组列车学生票价

学生票可享受动车组列车二等座票价优惠，动车组列车学生票票价按二等座公布票价的 75% 计算。

当计算出的动车组学生优惠票价高于动车组折扣票价时，动车组学生优惠票价按动车组折扣票价执行。

【例 2-1】 一学生持学生证（优待区间为北京西至汉口），要求购买 D123 次（北京西至汉口）学生票，请计算学生票价。

解： 北京西—汉口运价里程为 1205 km

动车组二等座票价 = 0.2805 × (1 + 10%) × 1205
= 371.802 75 ≈ 372.00（元）

学生票价：372.00 × 75% = 279.00（元）

（七）动车组列车儿童票价

按《铁路旅客运输规程》等有关规定享受减价优待的儿童、学生、伤残军人乘坐动

车组时，其票价均以公布票价为基础计算。

（1）动车组软座儿童票价按公布票价的50%计算。

（2）动车组软卧儿童票价计算公式为：

$$动车组软卧儿童票价 = 动车组软卧公布票价 - 动车组一等票价/2$$

在运价里程不足400 km时，公式中扣减的动车组一等座公布票价均按400 km处公布票价计算。

当计算出的动车组儿童优惠票价高于动车组折扣票价时，动车组儿童优惠票价按动车组折扣票价执行。

【例2-2】一旅客携带1.23 m儿童一名，要求购买D371次（北京南至福州）北京南到杭州动车软卧（下）两张，请计算该里程动车组（不打折）软卧（下）票价。（设北京南到杭州1624 km）

解：

（1）成人动车软卧下铺票价：$0.336\ 6 \times (1 + 10\%) \times 1.8 \times 1624 \approx 1082.34$（元）

（2）儿童动车软卧下铺票价（不打折）：$0.336\ 6 \times (1 + 10\%) \times 1.8 \times 1624 \approx 1082.34$（元）合计：$1082.34 + 1082.34 = 2164.68 \approx 2164.5$（元）

（八）动车组列车伤残军人票价

（1）动车组软座、软卧伤残军人票价按公布票价的50%计算。

（2）当计算出的动车组伤残军人优惠票价高于动车组折扣票价时，动车组伤残军人优惠票价按动车组折扣票价执行。

三、票价执行

（一）普通动车组座车票价打折

普通动车组座车票价可按公布票价打折，但应符合下列条件：

（1）根据不同区域、不同季节、不同时段的市场需求，实行不同形式的打折票价；

（2）二等座车公布票价打折后不得低于相同运价里程的新空软座票价。在短途，公布票价低于新空软座票价时，按公布票价执行。70 km及以下运价里程的动车组不进行任何形式打折优惠，一律按公布票价执行；

（3）经过相同径路、相同站间、相同时段，不同车次应执行同一票价；

（4）同一车次，各经停站的票价在里程上不能倒挂；

（5）一等座车与二等座车的比价在1：（1.2～1.25）。

（6）动车组特等座、商务座、一等包座、观光座票价可按公布票价打折，但特等座折后票价不应低于一等座公布票价，商务座、一等包座、观光座折后票价不应低于特等座公布票价。

（二）动车组软卧票价打折

动车组软卧票价可按公布票价打折，但打折后不得低于相同运价里程的新空软卧票价。

（三）动车组高级软卧票价打折

动车组高级软卧票价可按公布票价打折，但打折后不得低于相同运价里程的动车组软卧票价。

四、浮动票价

依据国家价格机制改革的有关要求，铁路运输企业正在逐步进行动车组票价的市场化改革，按照市场供需状况执行票价灵活浮动，将逐步实现"一日一价"。

票价浮动时动车组列车以公布票价，其他列车以《旅客票价表》公布的票价为基础，按下列公式计算：

$$浮动票价 = 公布票价 \times (1 + a)$$

其中 a 为上下浮动幅度，当下浮时，a 为负数。

五、动车组实名制有效身份证件

为确保动车组列车运输安全有序，动车组列车实行实名制，范围包括"C""D""G"字头车次的列车及其营业办理站。

（一）车票实名制有效身份证件

1. 有效身份证件

车票实名制有效身份证件包括居民身份证、临时身份证、户口簿、中华人民共和国旅行证、中国人民解放军军人保障卡、军官证、武警警官证、士兵证、军队学员证、军队文职干部证、军队离退休干部证、按规定可使用的有效护照、港澳居民来往内地通行证、中华人民共和国来往港澳通行证、台湾居民来往大陆通行证、大陆居民往来台湾通行证、港澳台居民居住证、外国人居留证、外国人出入境证、外交官证、领事馆证、海员证、外交部开具的外国人身份证明、地方公安机关出入境管理部门开具的护照报失证明、铁路公安部门填发的乘坐旅客列车临时身份证明（简称"临时身份证明"）、1.5 m 以上 16 岁以下未成年人有效身份证件，还包括学生证。

2. 中华人民共和国港澳台居民居住证

证件正面：在彩虹印刷花纹和写意长城的衬托下，国徽位于证件的左上角突出位置，证件名称分两行排列于国徽右侧证件上方。

证件背面：在彩虹印刷花纹衬托下登载持证人身份信息，如图 2-4 所示。

（二）铁路内部掌握的证件

旅客持公布的有效身份证件及

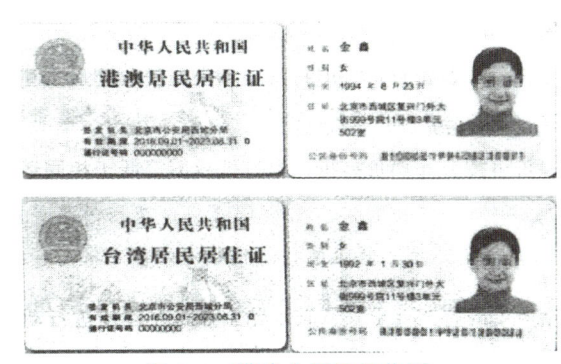

图 2-4 港澳台居民居住证

1.5 m 以上、16 岁以下未成年人学生证以外的证件，如机动车驾驶证、医疗保险卡和社会保障卡等证件购票乘车时，需要先到车站公安制证口制证，持铁路公安部门填发的乘坐旅客列车临时身份证明购票乘车。

（三）外宾乘车证管理办法

为促进中外铁路友好交往与合作，加强中国铁路对外宣传，展现中国铁路良好形象，方便受邀外宾乘坐铁路旅客列车，特制定外宾乘车证管理办法。外宾乘车证管理办法适用于中国国家铁路集团有限公司（以下简称国铁集团）所属铁路运输企业，国铁控股的合资铁路，委托国铁运营或与国铁线路办理直通运输的合资铁路、地方铁路。

外宾乘车证为有价证券，由国铁集团统一印制。

1. 外宾乘车证发放范围

外宾乘车证发放范围：按照对等原则，发放给外国铁路驻华机构人员、总公司邀请的重要外宾、总公司批准同意发放外宾乘车证的外宾及陪同人员。持外宾乘车证准乘《外宾乘车证管理办法》适用范围除国际列车、对港直通车以外的其他各种旅客列车。

2. 外宾乘车证准乘席位

持外宾乘车证准乘软席，包括：普速车软座、软卧，动车组列车一等座、卧铺及以下等级席位，不包含普速车高级软卧、动车组高级软卧、动车组商务座、动车组特等座。

3. 外宾乘车证类型

外宾乘车证分为全年定期乘车证和临时定期乘车证两种。

外宾全年定期乘车证可填发常驻地车站至全国各站，或常驻地车站至某铁路局管内（最多不超过 3 个铁路局），有效期为本年度 1 月 1 日至 12 月 31 日，可延期使用至次年 1 月 15 日；外宾临时定期乘车证可填发常驻地车站至全国各站，或常驻地车站至某铁路局管内（最多不超过 3 个铁路局），有效期最长为 3 个月，据实填写，不可延期使用。

证件编号增加"外"、防伪处理为 China railway 水印、中国国家铁路集团有限公司、外宾专用、路徽水印。

4. 外宾乘车证的管理

国铁集团运输局负责组织实施《外宾乘车证管理办法》及有关规定，负责审核外宾乘车证的请领；对外宾乘车证申报、请领、保管、资格审核、填发等日常管理进行监督检查，办理违章惩处事项。

国铁集团国际合作部负责外宾乘车证的印制、申报、请领、保管、资格审核、填发等日常管理，协助运输局办理违章惩处事项。

5. 外宾乘车证制发流程

外宾申请外宾乘车证，经国际合作部负责人审核，报国铁集团领导批准后，由专人登录国铁集团客运管理信息系统，使用"证件管理"子系统"外宾乘车证管理"功能申报；运输局通过系统审核后，由国际合作部通过系统制作、发放外宾乘车证。同时，国际合作部将经批准的纸质申请表汇总后报运输局存档，并报办公厅备案。

6. 外宾乘车证的使用

外宾乘车证仅限发放对象本人乘车使用，乘车证到期后不再收回，赠送外宾留念。

如遇有效期内外宾乘车证遗失，持用人须立即报国铁集团国际合作部声明，由国际合作部通知运输局作废处理。

各客运站、列车负责外宾乘车证的签证、进出站查验、列车查验，有权查扣违章外宾乘车证，按规定处理违章乘车事项，并按章补收票价和罚款。

7. 乘车查验

持外宾乘车证及身份证明进出站及乘车时，按规定办理验证、验票及检票。铁路站车工作人员可通过客运管理信息系统站车客户端、实名制验证系统联网查验外宾乘车证信息，查验不到时，应予收缴，并做好记录。

外宾乘车身份证件：外宾全年定期乘车证或外宾临时定期乘车证、护照或外籍人士在华居留证件、港澳居民来往内地通行证、台湾居民来往大陆通行证。

8. 乘车签证

乘车前，应持外宾乘车证在车站办理乘车签证，按日期、车次、席位号对号乘车。

9. 使用卧铺

持用外宾乘车证，以本人开始乘坐本次列车开车时刻计算，从 22:00 至次日 7:00，在车上过夜 6 h（含 6 h）或连续乘车超过 12 h（含 12 h）以上的，准予免费使用卧铺。

外宾乘车证不得转借、涂改、超期、超区间使用。

陪同人员持外宾乘车证乘车，需携带铁路工作证、二代居民身份证供站车工作人员查验；无外宾陪同任务时，陪同人员不得单独使用外宾乘车证，否则按无票处理。

10. 外宾乘坐进入西藏地区旅客列车

外宾乘坐进入西藏地区旅客列车前，应凭"进藏批准函"办理乘车签证，进站乘车时，同时核验乘车证、身份证件、进藏批准函。其他地区有相关规定的，按规定要求办理。

（四）铁路职工签证

办理铁路职工签证时，以下证件视为有效身份证件。

（1）铁路全年定期乘车证和铁路通勤乘车证。

（2）使用不带照片的铁路乘车证、各种特种乘车证和铁路专用定期票的，必须与工作证同时使用方视为有效身份证件。

铁路职工（含国铁控股合资铁路公司职工）可以持铁路乘车证乘坐动车组。其中，持软席全年定期乘车证、软席乘车证的人员可以乘坐动车组列车卧铺和一等座席，持硬席乘车证（含全年定期、临时定期乘车证）的人员可以乘坐动车组列车卧铺和二等座席。持其他铁路乘车证的人员可以乘坐动车组列车二等座席。

六、动车组乘车凭证

（一）车票

1. 车票的作用

车票的作用体现在以下几个方面：

（1）铁路旅客运输合同的组成部分。

（2）铁路旅客运输合同的书面形式。

（3）铁路旅客运输合同的凭证。

（4）旅客运输的凭证。

（5）资格证券。

铁路旅客运输合同的基本凭证是车票。车票主要应当载明发站和到站站名、座别、卧别、径路、票价、车次、乘车日期和有效期等内容。

根据铁路旅客运输工作的实际，铁路旅客运输合同的凭证除车票外，还包括铁路乘车证和特种乘车证。

2. 铁路乘车凭证

目前，铁路乘车凭证包括车票、列车移动补票机出具的车补票、客运运价杂费收据、中铁银通卡或广深铁路牡丹信用卡、铁路职工乘车证、餐饮、保洁添乘证、登乘证。

3. 铁路电子客票

（1）铁路电子客票的定义。

铁路电子客票是以电子数据形式体现的铁路旅客运输合同，与普通车票具有同等法律效力。电子客票也称作"无纸化"车票，是指旅客通过互联网订购车票之后，直接持二代身份证等有效身份证件通过火车站进站口和验票闸机乘车。

（2）铁路电子客票的时效。

在中国铁路客户服务中心网站（简称"12306.cn 网站"），购买铁路电子客票以确认交易成功的时间作为铁路旅客运输合同生效的时间，退票以网站确认交易成功的时间作为铁路旅客运输合同终止的时间，改签、变更到站按照购票、退票处理。

（3）铁路电子客票换票。

使用同行成年人有效身份证件信息购买儿童票和购买学生票、残疾军人票的，在购票后、开车前换取纸质车票后进站乘车。

4. 铁路 e 卡通

铁路 e 卡通是由中铁银通支付有限公司发行的新一代银通卡的实名制电子卡片产品，不配发实体卡片。客户通过线上渠道完成铁路 e 卡通的申请与开通，开卡完成后将获得账户账号。铁路 e 卡通产品为中铁银通支付有限公司联合中国银行进行运营和管理，账户采用中国银行Ⅱ类户。铁路 e 卡通支持铁路自助实名核验、扫码快速乘车等方便快捷的铁路特色应用，同时还具有银行账户功能。

（1）铁路 e 卡通乘车码。

客户使用铁路 e 卡通扫码乘车功能前，需通过铁路 12306 手机客户端生成乘车码，客户通过铁路 12306 手机客户端以外其他渠道开通铁路 e 卡通账户后，需与本人 12306 账户完成绑定方可生成乘车码。

① 在铁路 e 卡通首页点击【扫码进/出站】。

② 若客户首次办理该业务，则系统提示客户需首先进行人脸识别，并跳转到【人脸识别】页面。客户按照系统提示对准人脸识别区域。

③ 人脸识别成功后，系统即展示乘车二维码，该乘车码仅限本人使用。

（2）列车查验铁路 e 卡通。

① 客户需出示身份证，并向列车员出示 12306 App 的乘车记录。

② 列车员通过站车交互系统手持终端，输入旅客证件号码查询确认客户的进闸记录。

（二）铁路职工乘车证

铁路职工乘车证分为 9 类：硬席全年定期乘车证、软席全年定期乘车证、硬席临时定期乘车证、软席乘车证（含临时定期、往返、单程三个使用事由）、硬席乘车证、通勤乘车证（含定期通勤、通勤、通学三个使用事由）、便乘证、探亲乘车证、就医乘车证。

1. 铁路乘车证票种及颜色

铁路乘车证共分为九个票种，三种颜色。软席全年定期乘车证，浅粉色；软席乘车证（含单程、往返、临时定期），浅粉色；硬席全年定期乘车证，浅蓝色；硬席临时定期乘车证，浅蓝色；硬席乘车证（含单程、往返），浅蓝色；便乘证，浅蓝色；通勤乘车证（含通学、定期），浅黄色；就医乘车证（含往返，临时定期，全年定期），浅黄色；探亲乘车证（含单程、往返），浅黄色。

2. 铁路乘车证用途

按乘车的座席席别可分为硬席乘车证和软席乘车证两种。

按乘车的职能作用可分为公用乘车和生活乘车两个类别。其中，公用乘车证包括：软席全年定期乘车证、硬席全年定期乘车证、硬席临时定期乘车证、软席乘车证、硬席乘车证、便乘证。生活乘车证包括：定期通勤乘车证、通勤（学）乘车证、探亲乘车证、就医乘车证。

3. 乘车证的有效期

按乘车的有效期期限可分为：全年定期（为一个历年）、临时定期（不超过三个月）、往返和单程四个类别。

本年度的全年定期、定期通勤、通勤、定期就医、定期购粮乘车证，一年填发一次，有效期间为一个历年，可延期使用到次年的 1 月 15 日止。临时定期、软席、硬席、探亲乘车证的有效期间为 3 个月，可跨年填发。填发时应据实填写，不要一律都填 3 个月。

（三）特种乘车证

特种乘车证包括全国铁路通用乘车证、中央和各省、市、自治区机要部门使用的软席乘车证（限乘指定的乘车位置）、邮政部门使用的机要通信人员免费乘车证，包括押运员、检查员（只限乘坐邮车及铁路指定的位置）、邮局押运人员免费乘车证（只限乘坐邮车及铁路指定的位置）、邮局视导员免费乘车证（只限乘坐邮车及铁路指定的位置）、口岸站的海关、边防军、银行使用的往返免费乘车书面证明、我国铁路邀请的外国铁路代表团使用的中华人民共和国铁路免费乘车证、用于到外站装卸作业及抢险的调度命令。

1. 全国铁路通用乘车证

全国铁路通用乘车证是国铁集团根据国家公安、安全、司法和机要部门的特殊工作性质发售的特种乘车证。持此证可优先进站和乘坐全国各线、各次旅客列车（国际列车、广九直通车及联运车厢除外）软、硬座席和卧铺，但持证人还应出示相应的工作身份证件，发现不符的，站、车工作人员应收回并上报国铁集团。

全国铁路通用乘车证为有价凭证，其费用已由国铁集团和使用单位统一结清。持证可乘坐除国际列车、联运车厢以外的普速列车所有座席、卧铺以及动车组列车二等座。

全国铁路通用乘车证为不记名式，由国铁集团统一制发，加盖国铁集团印章，使用时必须同时出示使用者本人工作证方为有效。

持全国铁路通用乘车证签证时，车站在有能力的情况下，应优先予以安排。持《全国铁路通用乘车证》直接进站、乘车时，各车站、列车应尽力提供必要的方便。

2. 中华人民共和国铁路免费乘车证

为了加强对铁路运输企业执行国家政策法令的监督，国务院铁路主管部门邀请的其他政府部门和新闻单位检查铁路工作时，凭"中华人民共和国铁路免费乘车证"可乘坐除国际列车以外各种等级、席别的列车。铁路免费乘车证由国务院铁路主管部门印发和管理。

外宾及陪同外宾去外地执行任务的陪同人员使用外宾乘车证。

（四）添乘证

餐饮、保洁企业应当遵守站、车和动车段（所）有关管理制度，加强对现场服务质量的监督检查。登乘列车监督检查应持有"动车组餐饮、保洁专用添乘证"供站车查验。监督检查应有检查记录。遇特殊情况需要餐饮、保洁人员便乘接车时，应当由铁路局客运处添发"餐饮保洁人员便乘单"（见图2-5）乘车。持"餐饮保洁人员便乘单"乘车的人员不得与旅客争座位。

"动车组餐饮、保洁专用添乘证"限登乘本公司担当的列车。

（五）登乘证

为进一步规范动车组列车登乘人员管理，国铁集团明确以下要求。

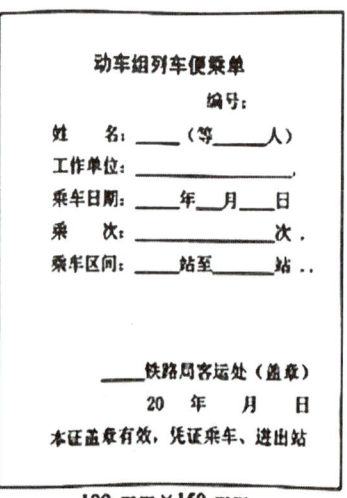

图2-5 便乘单

（1）各铁路局明确一名铁路局领导负责动车组列车登乘人员管理工作，审核动车组列车登乘人员，签发动车组列车登乘证，并指定相关部门备案。

（2）铁路运输各专业和安监、公安、卫生等各部门人员登乘动车组列车检查、试验时，必须办理由本局负责局领导签发的动车组列车登乘证，并主动向动车组列车乘务人员出示此证；动车组列车乘务人员必须严格查验动车组列车登乘证，登乘证不安排座席，无证不准登乘动车组列车。

（3）各铁路局自行设计动车组列车登乘证（定期、临时）式样，并及时送交相关动车组列车担当乘务单位，以便日常乘务管理，如图2-6所示。

图2-6　动车组列车登乘证

七、列车票务处理

列车验票时，对持实名制车票的旅客，同时核对旅客、其所持车票及票面所载的有效身份证件原件，票、证、人不一致的，按无票处理。成年人持儿童票的，视为票、证、人不一致。

列车通过站车交互系统终端，获取实名挂失车票信息，列车遇有实名挂失补办情况，要加强车票查验工作。列车上发现旅客丢失的车票被他人持有时，对持原票旅客，按无票处理收回原票。列车上发现办理车票挂失旅客本人持有原票，要求其出示挂失补车票，不能出示的按无票处理。旅客持新车票（即"挂失补"车票）乘车时，应向列车工作人员声明，到站前，列车长确认该席位使用正常的，开具客运记录交旅客作为到站退票的凭证。

列车上对票务的处理包括补票、误售误购车票、车票丢失、变更、越站、旅客分乘、乘车不符合等。列车上对票务处理的原则：该补收的票款要补收并核收手续费；该退还的退款，出具客运记录，旅客持客运记录和车票，在正当到站退还票款。

（一）列车补票作业

（1）在无人售票的乘降所上车的人员，可在列车内购票，不收手续费。

（2）列车补票最远补至本次列车终点站，在乘降所上车的学生（其减价优待证上注明上车地点为乘降所），可以在列车上售给其全程学生票，并在减价优待证相关栏内，由列车长注明"××月×日乘××列车"，加盖名章，作为登记一次乘车次数。

（3）当学生证减价优待证记载的车站是没有快车或直通车停靠的车站时，离该站最近的大站（可以超过减价优待证规定的区间）可以发售学生票。

（4）学生要求超过减价优待证上记载的区间乘车时，对超过区间按一般旅客办理，核收全价。

（5）符合减价优待条件的学生无票乘车时，除补收票款外，同时应在减价优待证上登记盖章，作为登记一次乘车次数。

（6）补票。

① 在下列情况下，补收车票票价或票价差额，核收手续费。

a. 应买票而未买票的儿童（身高在 1.2～1.5 m）、身高超过 1.5 m 的儿童使用儿童票乘车。

b. 持站台票上车送客未下车但及时声明时。

c. 主动补票或者经站、车同意上车补票的。

② 有下列行为时，除按规定补收票价（或票价差额）、核收手续费外，还必须加收已乘区段应补票价 50% 的票款。

a. 无票乘车时，补收自乘车站（不能判明时自列车始发站）起至到站止的车票票价。持失效车票乘车按无票处理。

b. 持用伪造或涂改的车票乘车时，除按无票处理外并送交公安部门处理。

c. 持站台票上车且在开车 20 分钟后仍不声明的，按无票处理。

（二）旅客在列车上要求越站的处理

越站乘车是指旅客原票到站即将到达，由于旅行计划的变更，要求超越原票到站至新到站的乘车。

旅客在到站前要求越过到站继续旅行时，在列车有能力的情况下应予以办理。办理时核收越站区间的票价，不足起码里程时，按起码里程计算；旅客同时提出变更座别、铺别和越站时，应先办理越站，后办理变更，使用一张代用票，核收一次手续费。

遇有下列情况不能办理越站。

（1）列车严重超员。

（2）乘坐卧铺的旅客买的是给中途站预留的卧铺。

（3）乘坐的是回转车，途中需要甩车。

越站乘车意味着另一个旅行计划的开始，所以，办理手续时，应换发代用票，补收越乘区段的票价（不足起码里程按起码里程计算），并核收手续费，但最远不能超过本次列车的终点站。

（三）列车办理变更

列车办理变更座别、卧别、等级，补收票价差额区间不能超过本次列车运行区间。

（四）乘车不符

车票未签证、未剪口的，应补签、补剪，并核收手续费，包括：

（1）旅客未按票面指定的日期、车次乘车（即提前乘车，含错后乘车 2 小时以内的），车票按失效处理。

（2）旅客所持车票日期、车次相符但未经车站剪口的应补剪；持通票的旅客中转换乘应签证而未签证的，应补签。补剪、补签应核收一次手续费。

属于有意取巧的，除按规定补收票价（或票价差额）、核收手续费外，还必须加收应补票价50%的票款，具体包括：

① 持用低等级的车票乘坐高等级列车、铺位、座席时，补收所乘区段的票价差额。

② 旅客持减价票没有规定的减价凭证或不符合减价条件时，补收全价票价与减价票价的差额。

（五）误售、误购车票和误乘

列车内发现误售、误购车票，应补收票价时，收回原票，换发代用票，补收票价差额；应退还票价时，列车应编制客运记录，连同原票交给旅客，作为乘车至正当到站退还票价差额的凭证，并应以最方便的列车将旅客运送至正当到站，在处理票价时，均不收手续费或退票费。

由于旅客没有确认车次或上、下行方向坐错了车，或乘车中坐过了站，统称为误乘。

旅客发生误乘时，列车和车站应认真妥善处理。列车长应编制客运记录交前方停车站，车站应在车票背面注明，"误乘"并加盖站名戳，指定最近列车（不办理一般旅客运输的国际列车除外）免费送回误乘站或正当到站。

误售、误购、误乘或坐过了站的旅客，在免费送回的区段，站、车均应告知旅客不得中途下车。如中途下车时，对往返乘车的免费区段，按返程所乘列车等级分别核收往返区段的票价，核收一次手续费。

（六）车票丢失

（1）非实名制车票在列车上丢失，应补票。补票时，注明丢失，自丢失站起（不能判明时从列车始发站起）补收票价，核收手续费。

旅客补票后又找到原票时，列车长应编制客运记录交给旅客，作为旅客在到站出站前向到站要求退还后补票价的依据。办理时核收退票费。

（2）电子车票在列车上丢失。由于电子票的载体为居民二代身份证，旅客因二代居民身份证丢失，不能证明自己有票，应补票。补票后又找到二代居民身份证的，列车长确认后开具客运记录交旅客，旅客持客运记录和二代居民身份证原件到下车站退票窗口，车站通过售票系统核实后退还后补车票，不收退票费。

（七）旅客分乘

凡两名以上的旅客使用一张代用票，要求分票乘车时，称为旅客分乘。站、车应从方便旅客的角度出发予以办理。

无论在发站、中途站或列车上，旅客提出要求办理分乘时，都应按照旅客提出分票乘车的张数，换发代用票，收回原票，并按分票的张数核收手续费。

团体旅客（有优惠的）分乘后，不够优惠条件的，应先补收优惠票价（变更手续），再办理分乘。

八、票务相关案例

以下是动车组列车常见票务案例解析。

【例2-3】动车组列车二等座变更一等座。

2015年8月30日，D2005次列车（北京西—临汾西）于保定东站开车后，1名旅客持当日当次保定东—石家庄无座票，要求换乘一等座去到站。列车有能力的情况下，应如何办理？

办理：《铁路旅客运输规程》（简称为《客规》）第三十五条相关规定，旅客办理中转签证或在列车上办理补签、变更席（铺）位时，签证或变更后的车次、席（铺）位票价高于原票价时，核收票价差额。

事由：升等。

保定东—石家庄：142 km

动车组二等座票价：43.5元

动车组一等座票价：69.5元

补差：69.5 − 43.5 = 26.00元

手续费：2.00元

合计：26.00 + 2.00 = 28.00元

【例2-4】越站。

2015年8月30日，D27次列车（北京—哈尔滨西）运行至沈阳北站前，1名旅客持当日当次北京—沈阳北二等座票，因行程变化要求继续乘车至哈尔滨西站。应如何办理？

办理：《客规》第三十八条规定，旅客在车票到站前要求越过到站继续乘车时，在有运输能力的情况下列车应予以办理，核收越站区间的票价和手续费。

事由：越站。

沈阳北—哈尔滨西：538 km

动车组二等座票价：166.00元

手续费：2.00元

合计：166.00 + 2.00 = 168.00元

【例2-5】升等、越站。

2015年8月30日，D2003次列车（北京西—运城北）于北京西开车后，1名旅客持当日当次北京西—保定东无座票找到列车长要求变更为一等座，列车有能力，办理补票手续时旅客要求继续乘车至石家庄，应如何办理？

办理：《客规》第三十八条规定，旅客在车票到站前要求越过到站继续乘车时，在有运输能力的情况下列车应予以办理，核收越站区间的票价和手续费。

《铁路旅客运输管理规则》（简称为《细则》）第三十四条规定，旅客在到站前要求越过到站继续旅行时，在列车有能力的情况下应予以办理。办理时核收越站区间的票价，不足起码里程时，按起码里程计算；旅客同时提出变更座别、铺别和越站时，应先办理越站，后办理变更，每使用一张代用票，核收一次手续费。

事由：越站、升等。

保定东—石家庄：142 km

动车组二等座票价：43.50 元

北京西—石家庄：281 km

动车组一等座与二等座票价差：138.50 – 86.50 = 52.00 元

手续费：2.00 元

合计：43.50 + 52.00 + 2.00 = 97.50 元

注：先办理越站，后办理升等，变更区间里程通算。

【例 2-6】持新空硬座票乘坐动车组列车。

2015 年 8 月 30 日，D2002 次列车（临汾西—北京西，太原南 9:22 开）石家庄站前验票时，发现 1 名旅客持当日 K374 次列车（太原—上海，新空，太原 16:54 开）太原—石家庄北硬座票。应如何处理？

办理：《客规》第四十四条相关规定，有下列行为时，除按规定补票、核收手续费以外，铁路运输企业有权对其身份进行登记，并须加收已乘区间应补票价 50% 的票款：持用低等级的车票乘坐高等级列车、铺位、座位时，补收所乘区间的票价差额。

事由：无补价。

太原南—石家庄：232 km

动车组二等座票价：68.00 元

太原—石家庄北：225 km

新空调硬座特快票价：37.50 元

票价差额：68.00 – 37.50 = 30.50 元

加收 50% 票款：30.50 × 50% = 15.25 元

手续费：2.00 元

合计：30.50 + 15.25 + 2.00 = 47.75 元

【例 2-7】持动车组二等座车票乘坐一等座。

2015 年 8 月 30 日，D19 次列车（北京—长春）于沈阳北开车后验票时，发现 1 名旅客持当日当次葫芦岛北—长春二等座票乘坐在一等座，办理补票手续时旅客提出返回二等座车应如何计费？

办理：《客规》第四十四条相关规定，有下列行为时，除按规定补票，核收手续费以外铁路运输企业有权对其身份进行登记，并须加收已乘区间应补票价 50% 的票款：持用低等级的车票乘坐高等级列车、铺位、座位时，补收所乘区间的票价差额。

事由：越席。

葫芦岛北—沈阳北：266 km

一等座与二等座票价差：93.50 – 77.50 = 16.00 元

加收 50% 票票款：16.00 × 50% = 8.00 元

手续费：2.00 元

合计：16.00 + 8.00 + 2.00 = 26.00 元

【例 2-8】持高速动车组二等座学生票无减价凭证。

2015 年 8 月 30 日，G508 次列车（汉口—北京西）郑州东站开车后验票时，发现 1

名旅客持当日当次许昌东—北京西学生票,不能出示学生证,应如何处理?

办理:《客规》第四十四条相关规定,有下列行为时,除按规定补票、核收手续费以外,铁路运输企业有权对其身份进行登记,并须加收已乘区间应补票价 50%的票款:旅客持儿童票、学生票、残疾军人票没有规定的减价凭证或不符合减价条件时,按照全价票价补收票价差额。

事由:减价不符。

许昌东—北京西:784 km

高速动车组二等座票价:347.00 元

高速动车组学生票价:260.50 元

票价差额:347.00 − 260.50 = 86.50 元

加收票款:许昌东—郑州东:91 km

全价与学生减价票价差额的 50%:(41.50 − 31.00) × 50% = 10.50 × 50% = 5.25 元

手续费:2.00 元

合计:86.50 + 5.25 + 2.00 = 93.75 元

注:一人同时发生两项以上违章,需加收票款时,将加收款额合并后再乘以 50%。

【任务实施】

一、任务准备

分组:全班学生分为若干组,每组 5 人,分工协作,共同完成任务。

二、实施过程

探秘列车之"熟悉列车服务及安全设备设施"。

1. 小组交流动车组公布票价是如何规定的

(1)根据动车组公布票价,计算动车组列车学生票价执行方式。

(2)根据动车组公布票价,计算动车组列车儿童票价执行方式。

2. 学习画铁路示意图

(1)组内成员对铁路示意图进行研究,思考如何能画出一张铁路示意图。

(2)小组分解内容,再汇总内容,整理完成一份铁路示意图交给老师。

3. 汇报

(1)老师选派 2 组具有代表性的铁路示意图在班里进行汇报展示。

(2)汇报过程中,其他学生可以进行提问,汇报人或其小组成员需要积极回答。

【强化提升】

请结合教材相关内容、查阅网络文字资料、读取视频资源,完成以下任务工单。

高速铁路旅客运输条件基础知识工单

1. 知识强化

（1）确定客运运价里程的方法：根据旅客的_____和_____车次，从《铁路客运运价里程表》中查出乘车里程。

（2）接算站在《客运运价接算站示意图》中用_____表示。

（3）普通动车组座车公布票价的计算公式为：

一等座车公布票价 = _____ × （　　） × _____

二等座车公布票价 = _____ × （　　） × _____

（4）速度为 200～250 km/h 动车组列车特等座、商务座公布票价的计算公式为：

特等座公布票价 = _____ × （　　） × _____ × _____

商务座公布票价 = _____ × （　　） × _____ × _____

（5）普通动车组软卧公布票价的计算公式为：

软卧上铺公布票价 = _____ × （　　） × _____ × _____

软卧下铺公布票价 = _____ × （　　） × _____ × _____

（6）普通动车组高级软卧公布票价的计算公式为：

高级软卧上铺公布票价 = _____ × （　　） × _____ × _____

高级软卧下铺公布票价 = _____ × （　　） × _____ × _____

（7）铁路乘车证共分为_____个票种，_____种颜色。

（8）软席全年定期乘车证，_____色；软席乘车证（含单程、往返、临时定期），_____色；硬席全年定期乘车证，_____色；硬席临时定期乘车证，_____色；硬席乘车证（含单程、往返），_____色；便乘证，_____色；通勤乘车证（含通学、定期），_____色；就医乘车证（含往返，临时定期，全年定期），_____色；探亲乘车证（含单程、往返），_____色。

（9）在无人售票的乘降所上车的人员，可在_____购票，_____手续费。

（10）旅客在到站前要求越过到站继续旅行时，核收_____的票价。

2. 技能训练

（1）所需工具、检具：

（2）小组成员分工：

（3）任务计划：

逻辑建议：①实战计划—②小组成员构成与分工—③所需工具、检具—④实战过程及结果。

【课程思政】

"强占高铁一等座"事件

通过观看新闻报道案例、图片，播放旅客强占高铁一等座与其他旅客和乘务人员发生争执的网络视频（3分钟），引出旅客乘车的基本条件及相关规定。列车上要求大家对号入座，客运工作人员有义务维持车厢内秩序良好，乘客除了享受乘车的权利外也需履行相应义务，遵守社会公德和社会秩序，引导出本次授课内容——旅客乘车基本条件，同时结合具体事件中的矛盾冲突，及工作人员的处理方法技巧说明在处理旅客矛盾冲突时的策略及客运人员应有的专业素养，既要知行合一、推己及人，又要坚持工作原则。

本次教学引入加强品德修养的思政内容，主要引导学生学会包容、理解、尊重，逐渐培养学生专业规范的职业素养。在处理相关问题过程中，要能够坚持规章制度中的相关规定，能够按照"全面服务，重点照顾"的规定严格要求自己，主动为旅客排忧解难、文明礼貌地处理违章情况。

 【任务考评】

考核内容		考核评分		
项目	内容	配分	得分	批注
工作准备（25%）	能够正确理解工作任务内容、范围及工作指令	5		
	能够查阅和理解技术手册，确认技术标准及要求	5		
	能正确使用画图用纸和文具用品	5		
	能掌握动车组公布票价是如何规定的	5		
	确认设备及工具量具，检查其是否安全及正常工作	5		
实施程序（60%）	动车组公布票价运算准确	20		
	动车组实名制有效身份证件了解详尽	20		
	图纸或PPT完成度高	10		
	汇报人讲解流畅、清晰	10		
完工清理（15%）	对工具及设备进行整理	10		
	按照工作程序，进行乘车查验	5		
考核评语	考核人员：　　　　　　　　　　　　　年　月　日	考核成绩		

组内学生互评				
评价项目	评价内容			得分
	优秀（90～100）	良好（80～89）	加油（0～79）	
沟通交流能力	能够有效地运用多种交流形式	基本能运用多种交流形式	很难运用多种形式交流	
合作交往能力	尊重他人，能与他人良好合作交流	基本上能做到与他人合作交流	不能与他人良好地沟通交流	
观察事物能力	观察能力强，细致全面，观察深刻	按要求观察，能发现事物的一些特征	无目的观察，不能把握事物特征	
动手操作能力	能积极主动按项目指引完成操作	能按要求完成操作	不能完成操作	
想象创造能力	能够有拓展性地完成工作任务	能够想到新的方式完成任务	按照课本要求完成基本工作	
小组评语	评价人签字：　　　　　　　　　　　　　年　月　日			互评成绩

企业导师评价			
评价项目	评价内容	评价成绩	备注
工作准备	任务领会、资讯查询、器材准备	□A □B □C □D □E	
知识储备	系统认知、原理分析、技术参数	□A □B □C □D □E	
计划决策	任务分析、任务流程、实施方案	□A □B □C □D □E	
任务实施	专业能力、沟通能力、实施结果	□A □B □C □D □E	
职业道德	纪律素养、安全卫生、器材维护	□A □B □C □D □E	
其他评价			
导师签字		日期	年　月　日

注：在选项"□"里打"√"，其中 A：90～100；B：80～89；C：70～79；D：60～69；E：不合格。

任务二 列车移动补票机使用

【任务导入】

任务名称		列车移动补票机使用		
姓 名		班 级		成 绩
组 别		组 长		场 地
日 期		学 时		指导教师
任务目标	知识目标	掌握动车移动补票机的操作方法		
	能力目标	1. 正确使用客运站车无线交互手持终端设备； 2. 规范使用列车移动补票机进行补票		
	素质目标	1. 具备沟通能力、分析问题能力、解决问题能力； 2. 具备处理突发事件的能力； 3. 能够主动热情地为旅客提供服务		
情景案例		"再和您核对一遍，由保定东到北京西，3车11B二等座一张，票价65.5元。""没错，就是这个！没想到在车上也能买到有座位的票！"		

【知识讲解】

一、铁路补票系统终端软件

（一）硬件和软件环境

手持终端设备：通用手机、一体机和补票机（安卓系统）（见图2-7）。支持GSM/GSM-R无线网络，支持GPRS数据通信；运行于Android 4.0及以上版本操作系统；显示屏为触摸屏，尺寸为4.3英寸以上；运行内存为1GB以上；可扩展存储空间为4GB以上；配备500万及以上像素摄像头等组件。

备注：设备必须有外置SD卡，2G以上。

图 2-7　列车补票系统终端

（二）安　装

1. A8 票机

橙色 A8 票机安装可以通过电脑上的支付产品应用，直接安装补票程序（见图 2-8）。

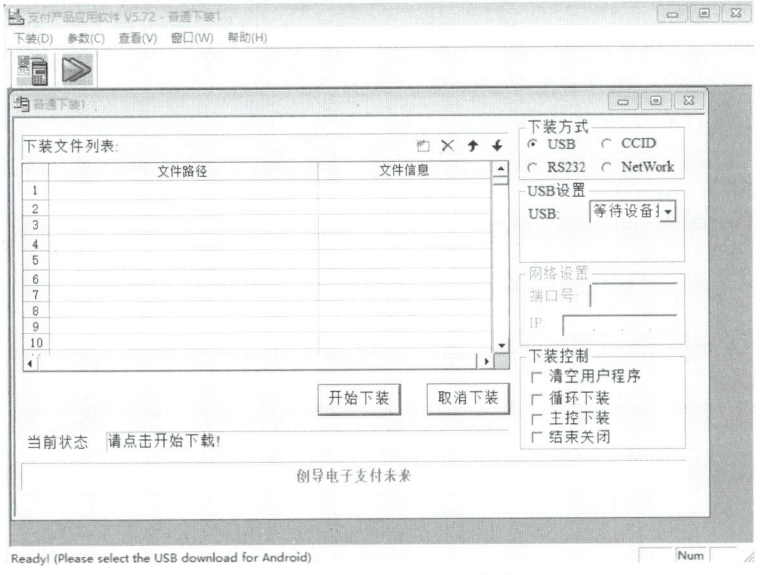

图 2-8　橙色 A8 票机安装

2. 黑色一体机（I9000S）

黑色一体机（I9000S），票机上有蓝牙应用，票机和电脑蓝牙配对后，即可通过地面系统补票机程序更新功能，并通过票机蓝牙通信安装补票程序（见图 2-9）。

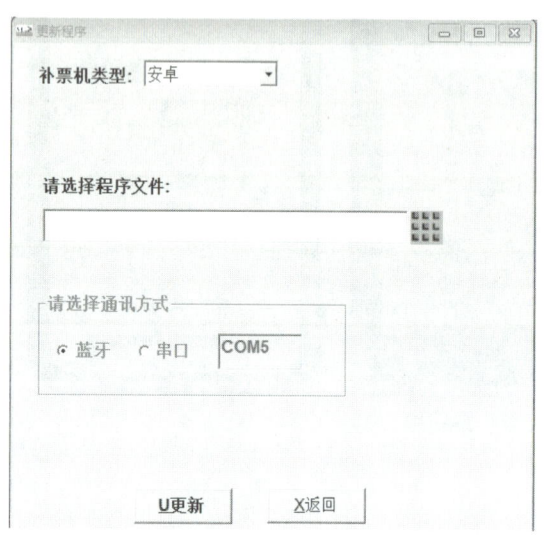

图 2-9 票机和电脑蓝牙配对

3. 通用手机

（1）蓝牙安装：电脑上选中补票程序，右键并发送到蓝牙设备，会显示已配对的所有设备（见图 2-10），找到并选择要安装补票程序的手机，点击下一步。手机收到信息后点击接收，接收完点击安装即可。

图 2-10 蓝牙安装

（2）文件管理器安装：将手机 SD 卡拿出来装到读卡器上，用读卡器连接电脑，在 SD 卡根目录下新建"车补"文件夹，将安装包拷贝到"车补"文件夹下，将 SD 卡重新放回手机里；在手机文件管理器中找到 SD 卡路径下"车补"文件中的车补软件，点击安装即可。

（3）蓝牙分享安装：此方法必须是已安装补票程序的手机，分享给其他手机。

操作方法：长按"补票程序"提示分享按钮（见图 2-11），点击【分享】弹出分享渠道界面（见图 2-12）；选择蓝牙，进入蓝牙搜索界面（见图 2-13），找到并点击分享目标手机的蓝牙名字即可向目标设备发送，目标手机收到信息后点击接收，接收完点击安装即可。

  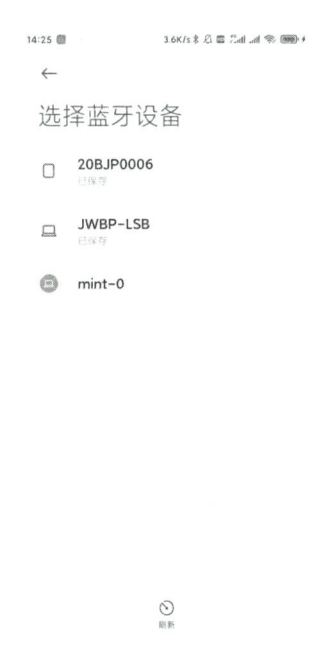

图 2-11　分享按钮　　　图 2-12　分享渠道界面　　　图 2-13　蓝牙搜索界面

（三）程序启动

准备工作：启动程序前，请安装 SD 卡、专用的移动 4G 物联卡或 GSM-R 卡，并确认本设备 IMEI 已经注册。

启动：点击【铁科院补票程序】图标启动程序。

权限：有系统权限提示选择允许（如图 2-14 所示）。

设备 ID：有图 2-15 提示则说明程序无法获取设备的 IMEI，如果是手机则点击【去获取】进入拨号界面，输入*#06#会显示 IMEI，长按即可复制，返回到补票程序会自动填上，点击【验证】既可。

如果是补票机，需要到设置—关于设备—状态信息—IMEI 信息查看，并输入到输入框中，点击"验证"即可。

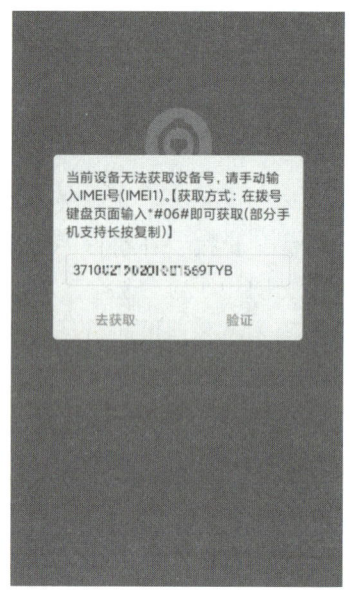

图 2-14　系统权限提示选择　　　　　图 2-15　输入验证码

（四）出　乘

出乘第一次打开补票软件，进入出乘界面，点击出乘按钮，会联网获取该票机设备 ID 对应的班组信息，并自动跳转到登乘界面，即表示获取班组信息且出乘成功（见图 2-16）。

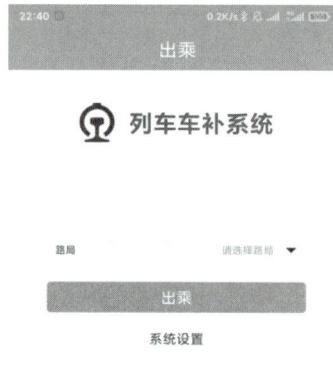

图 2-16　补票登乘界面

（五）登　乘

选择补票员工号，输入密码，点击登乘即登录成功，进入到班组交路界面。

说明：已出乘状态，打开程序后会直接进入登乘界面（见图 2-17）。

图 2-17　补票登录

（六）编辑班组交路

登乘成功后进入班组交路界面。

1. 添加交路车次

点击【添加交路车次】按钮，弹出添加车次弹窗，输入车次、始发日期，点击确认即可添加成功（如图 2-18 所示）。

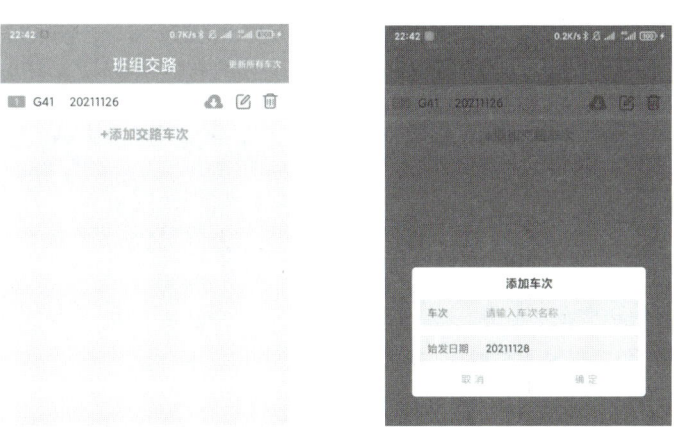

图 2-18　添加交路车次

2. 删除车次

点击车次条目中【删除】图标按钮，弹出是否删除确认窗，点击确认即可删除成功（如图 2-19 所示）。

3. 修改车次

点击车次条目中【铅笔】图标按钮，弹出修改车次信息弹窗，可修改车次名和始发日期，修改后点击确认即可修改成功（如图 2-20 所示）。

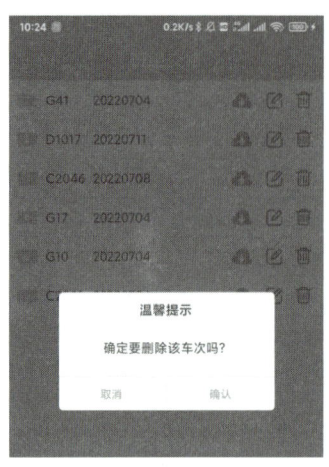

图 2-19　删除车次

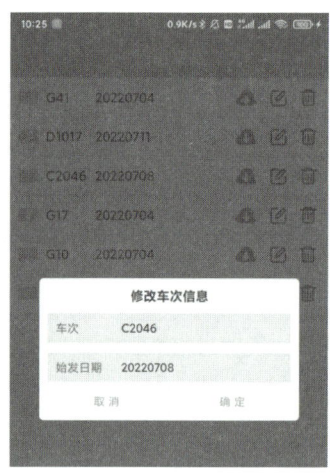

图 2-20　修改车次

4. 车次排序

长按车次条目，拖动到想要排序的位置即排序成功。

5. 更新/下载车次数据

（1）点击右上角【更新所有车次】，跳转到车次下载界面，自动下载/更新交路中所有车次信息（如图 2-21 所示）。

（2）点击车次条目中【下载】图标按钮，跳转到车次下载界面，自动下载/更新该车次信息（如图 2-22 所示）。

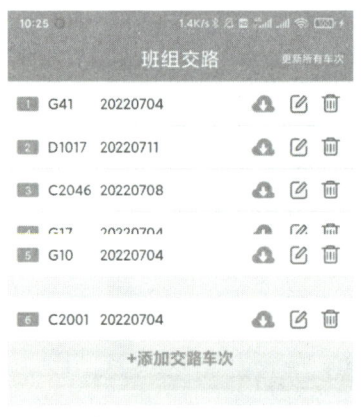

图 2-21　车次排序

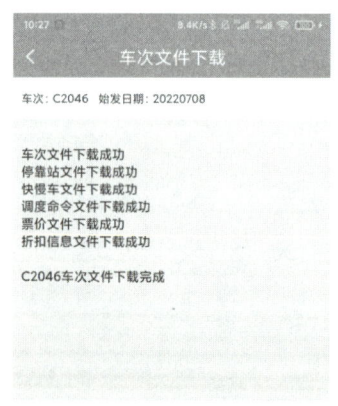

图 2-22　下载车次数据

（七）补票作业流程

1. 无原票

选择发站、到站、票种、席别、铺别、事由等进行补票操作，选择完支付方式，可选择只上传存根数据或者上传数据并打印凭条。

辅助功能：证件号查询姓名，点击证件姓名右侧图标按钮，查询证件号对应的名字并显示。

说明：上传成功后即可在后台看到该条存根（如图 2-23 所示）。

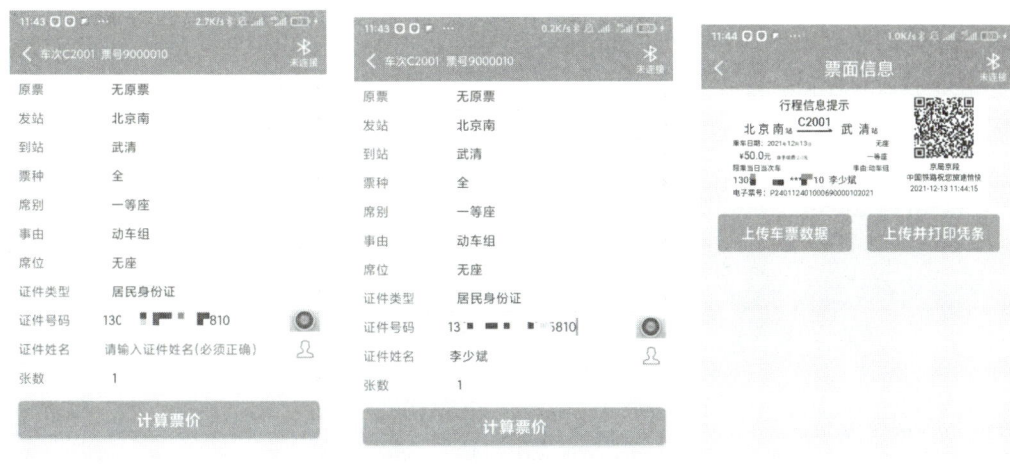

图 2-23　无原票补票操作

2. 本列票、非本列票

选择证件类型，输入证件号。

有网络：点击证件号码条目最右边的【搜索】图标按钮，查询原票信息。选择正确的原票并显示。选择发站、到站、事由等进行补票操作，选择支付方式支付。可选择只上传存根数据或者上传数据并打印凭条（如图 2-24 所示）。

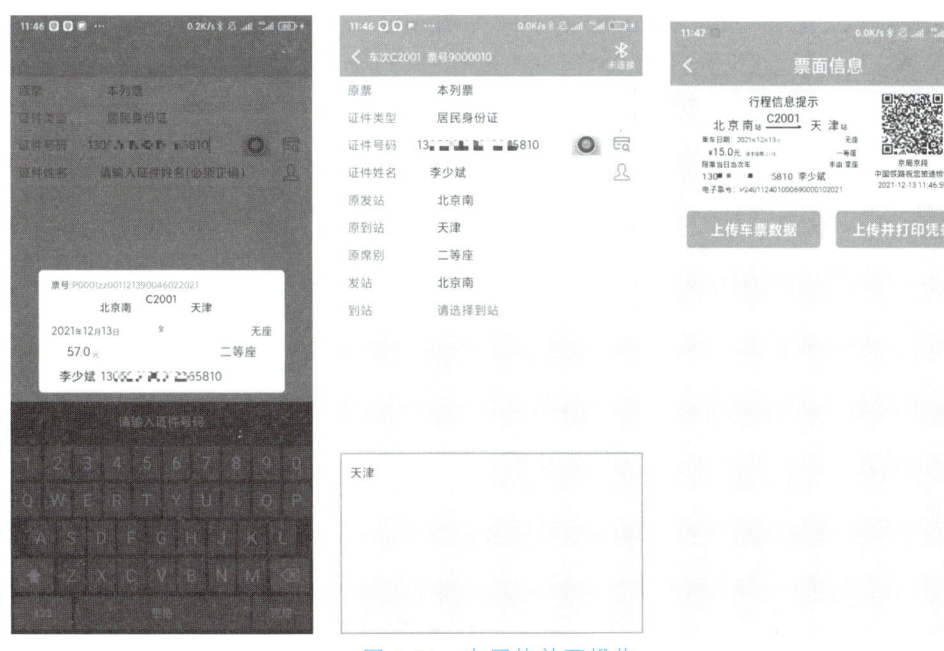

图 2-24　有网络补票操作

无网络：长按证件号码条目最右边的【搜索】图标按钮，进入原票信息界面，输入原票信息，点击【确认】，即可把原票信息带回到补票作业界面，选择发站、到站、事由等进行补票操作，选择支付方式支付，完成补票（如图 2-25 所示）。

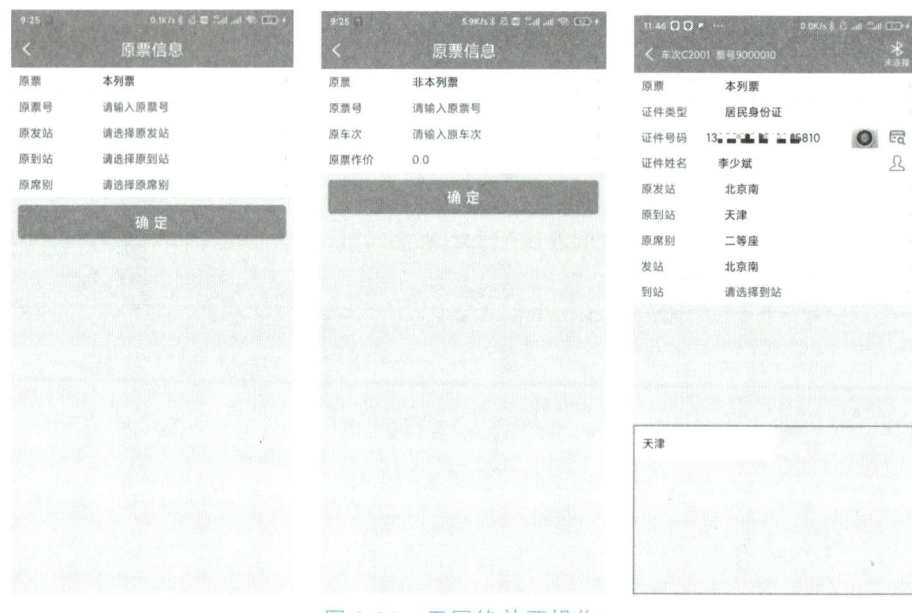

图 2-25　无网络补票操作

3. 公免签证

输入身份证号（一定是身份证号），点击公免条目右边的搜索按钮，即可搜索公免信息，并显示。也可以手动输入公免信息（如图 2-26 所示）。

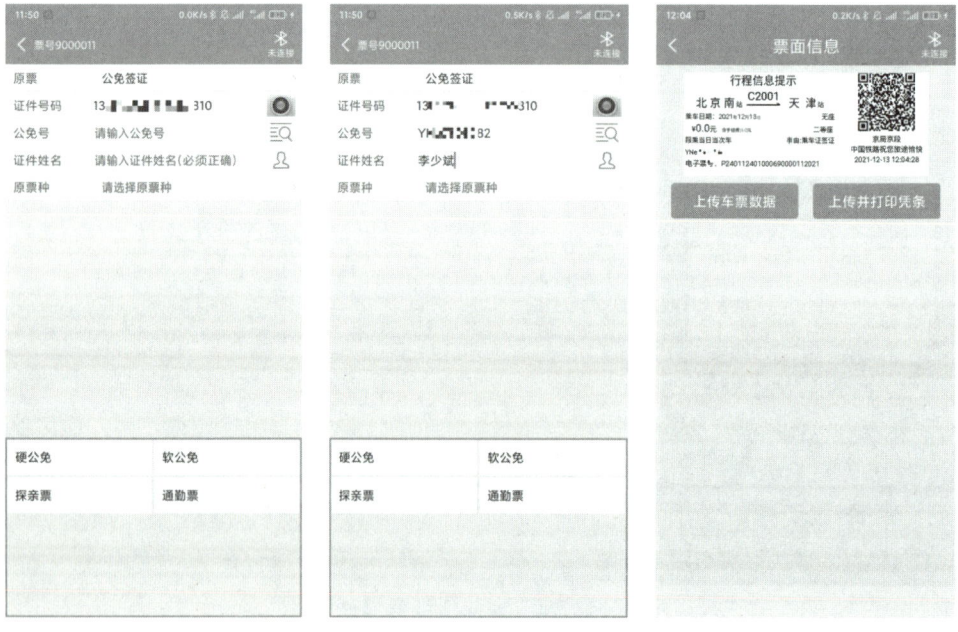

图 2-26　公免签证操作

（八）信息通知

上传存根信息时，必须输入旅客手机号（见图2-27），补票完成后根据该手机号关联的12306账户通知设置里绑定的渠道进行支付宝或微信通知，若未绑定，进行短信通知（见图2-28）。

图2-27 上传存根信息页面

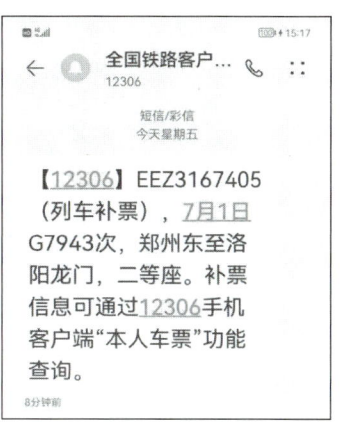

图2-28 短信通知

（九）查询存根、补打凭条

（1）进入存根查询界面（如图2-29），可以查询本趟车补票信息，并显示存根上传状态。存根已上传显示已上传（订单、PSR、存根）；未上传显示红色字未上传，并有上传按钮，可补传数据。

（2）点击存根条目，进入补打凭条界面，可以点击打印凭条（如图2-30）。

图2-29 补票存根上传状态

图2-30 补打凭条界面

（十）未完成交易

联网抢票未打印或保存上传会生成未完成交易，必须取消才能继续联网抢票。

点击补票作业页面的未完成交易，进入未完成交易界面，点击确认未完成交易，即可确认并取消（见图2-31）。

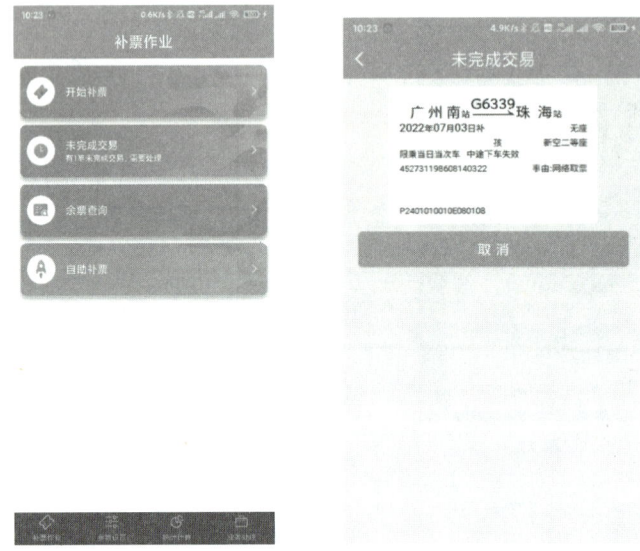

图2-31　确认未完成交易

（十一）余票查询

点击补票作业页面的余票查询，进入余票查询界面，选择发站和到站，点击查询按钮，如果有余票返回余票结果，如图2-32所示。

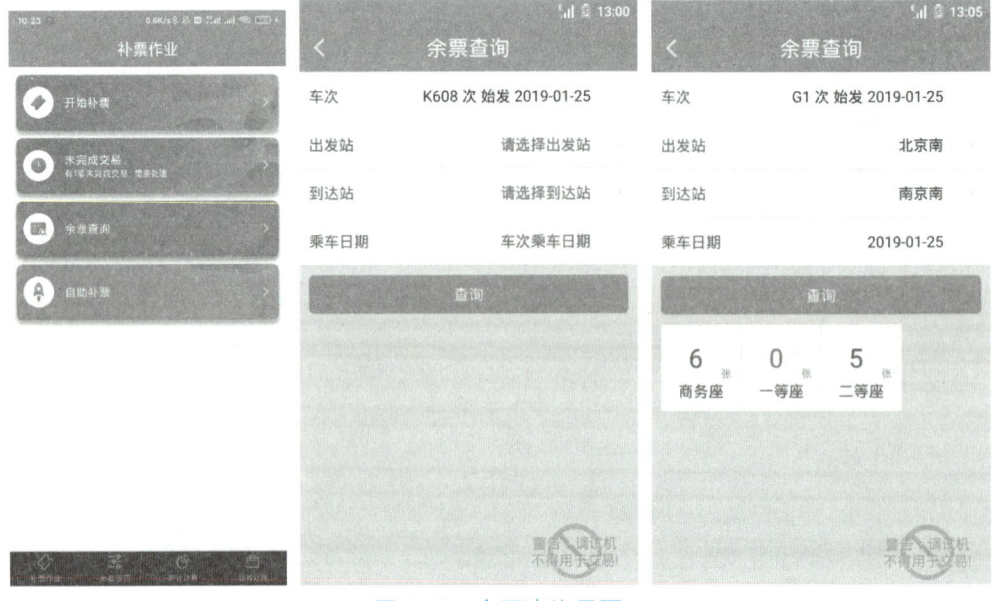

图2-32　余票查询界面

(十二) 取票号段

每个票机都有地面系统分配的票号段,在票号段内进行补票,用完需要向客运段申请。在登录界面会显示票号剩余张数(见图2-33)。

在用完后点击开始补票会弹窗提示(见图2-34)要向可申请。待发放成功后,点击确认按钮即可申请,也可以在业务处理面点击领取车票申请(见图2-35)。

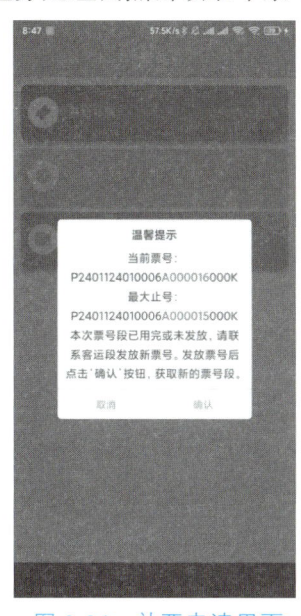
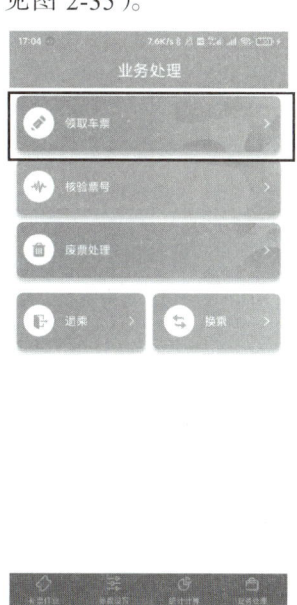

图 2-33　补票系统界面　　　图 2-34　补票申请界面　　　图 2-35　业务处理界面

(十三) 核验票号

在补票过程中提示出现票号异常不能补票,到业务处理界面点击核验票号,核验成功即可补票(见图2-36)。

图 2-36　核验票号按钮

（十四）作废票

业务处理界面有废票处理按钮（见图2-37），点击进入废票处理界面（见图2-38），可作废一定时间内的车票，一般是30 min。

图 2-37　废票处理按钮

图 2-38　废票处理界面

（十五）畅行码补票

畅行码补票是旅客扫码座位扶手上的畅行码，进入小程序提交补票需求，站车交互和车补程序会收到通知（见图2-39）。车长可进行查询补票需求、拒绝受理、受理、补票作业操作。

操作步骤：

（1）旅客提交需求：旅客在畅行码小程序填写并提交补票需求（见图2-40）。

图 2-39　补票需求弹窗通知

图 2-40　在畅行码小程序中填写并提交补票需求

（2）车长查看：点击图 2-41 中的自助补票进入旅客需求列表界面，自动查询并显示本趟车旅客提交的补票需求列表（见图 2-42），每个需求包含车次、发到站、乘车日期、席别、证件类型、证件号、旅客位置以及订单状态。

图 2-41　自助补票按钮　　　　图 2-42　补票需求列表界面

（3）拒绝受理：根据现场情况，例如运力不足、条件不符，可以点击【拒绝受理】按钮拒绝受理旅客补票需求订单（见图 2-43），旅客在小程序可查询订单状态。

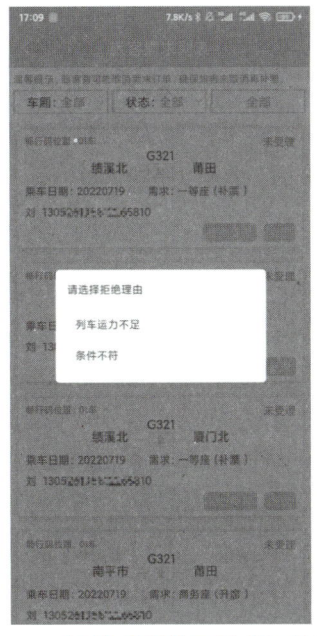

图 2-43　拒绝受理补票需求订单界面

（4）受理并补票：点击受理按钮，受理成功后自动跳转到补票作业界面，并把需求信息带过来。信息有误可点击修改，没有问题可继续操作进行补票（见图2-44）。

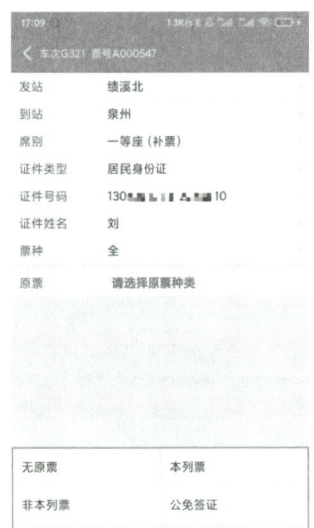

图 2-44　受理并补票流程

（5）完成订单：补票完成后订单即为完成状态，票机需求订单列表和旅客小程序旅客提交记录都会显示完成状态（见图2-45）。

图 2-45　补票完成界面显示

（十六）修改密码

修改密码是联网修改的，和账号一一对应，修改后一定要记住，只要不修改都是这个密码。修改密码界面如图2-46所示。

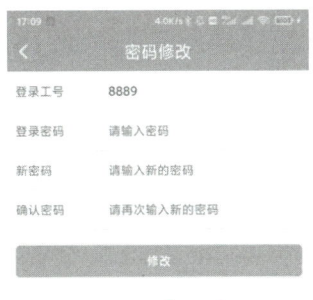

图 2-46　修改密码

（十七）退　乘

1. 检查是否有未上传存根

点击【退乘】会自动检查是否有未上传存根，并提示补传存根数据（见图 2-47）。

图 2-47　检查是否有未上传存根

2. 退　乘

存根都已上传，点击【退乘】有输入密码弹窗提示，输入校验码即退乘成功（见图 2-48）。

说明：一定要确保不再补票，准备到地面交款再退乘。

图 2-48　输入校验码退乘

【任务实施】

一、任务准备

分组：全班学生分为若干组，每组 5 人，分工协作，共同完成任务。

二、实施过程

高铁列车员的乘务箱里究竟藏着什么？

1. 模拟场景

高铁列车员每天都要面对成百上千的旅客，形象靓丽的她们拉着乘务箱，整齐划一地登上列车，俨然一道美丽的风景线，每组选派 1 名学生模拟列车员介绍她们箱子里装着哪些乘务用品。

（1）每组至少设计 2 组场景，在 2 组场景中，组内成员轮流扮演乘务人员和旅客。

（2）设计乘务人员在旅客服务过程中使用列调对讲机、客运站车无线交互系统手持终端、音视频记录仪、补票机等设备的场景。

2. 模拟练习

（1）每组学生根据自己设计的场景进行练习。

（2）老师在学生练习的过程中，进行观察和指导。

（3）练习时间可根据课程所学内容合理安排。

3. 表 演

（1）老师根据自己的观察，指定具有代表性的小组上台表演；学生也可主动要求上台表演。

（2）每组表演完成后，老师可让台下的学生发表观后感以及对表演的评价。

【强化提升】

请结合教材相关内容、查阅网络文字资料、读取视频资源，完成以下任务工单。

列车移动补票机使用基础知识工单

1. 知识强化 （1）手持终端设备：通用_____、_____和_____（安卓系统）。 （2）手持终端设备：支持_____无线网络，支持_____数据通信；运行于_____及以上版本操作系统。 （3）手持终端设备：显示屏为触摸屏，尺寸为_____英寸以上；运行内存为_____以上；可扩展存储空间为_____以上；配备_____及以上像素摄像头等组件。

（4）补票作业流程：选择发站、到站、_____、_____、_____、事由等进行补票操作，选择完支付方式，可选择只上传存根数据或者上传数据并打印凭条。

（5）余票查询：点击_____作业页面的余票查询，进入_____界面，选择_____和_____，点击查询按钮，如果有余票返回余票结果。

（6）标记重点旅客方法：在_____页面找到该旅客对应的席位；点击该席位，在弹出的对话框选择_____；在弹出的类型中选择_____的类型；弹出_____提示即代表标记成功。

2. 技能训练

（1）所需工具、检具：

（2）小组成员分工：

（3）任务计划：

逻辑建议：①实战计划—②小组成员构成与分工—③所需工具、检具—④实战过程及结果。

【课程思政】

匠师宁允展

在时速 300 km 的高铁上有一个重要部件——转向架。转向架的精度极大地影响高铁的运行与维修，且转向架的生产依靠手工研磨，而留给手工研磨的空间只 0.05 mm 左右。匠师宁允展在过去的十多年中，在这细如发丝的空间中施展了自身的绝技。他说过，在研磨空间到了 30.05 mm 时，别人都干不了，只有他能干。没有最好，只有更好，精益求精，这位铁路技校的高铁首席研磨师先后获得了 5 项国家专利，并在工作中不断开发新项目新工艺，为高铁的发展引入新动力。

通过匠师宁允展的事迹，让学生了解到在工作中要付出努力与艰辛，并且磨炼自己的意志精神，精益求精，追求完美，这是获得成功的最佳捷径。乘务工作也一样，看似没有技术含量，但是我们的每一次服务，每一次应急处置，也需要我们用工匠的标准去完成，才能得到旅客的认可，实现自身的价值。

【任务考评】

项目	考核内容		考核评分		
	内容		配分	得分	批注
工作准备（25%）	能够认识客运站车无线交互系统手持设备的操作设备		5		
	能够查阅和理解设备，确认技术标准及要求		5		
	能正确认识动车移动补票机的操作方法		5		
	能掌握客运站车无线交互系统手持设备的操作设备是如何规范操作的		5		
	确认设备及工具量具，检查其是否安全及正常工作		5		
实施程序（60%）	理解使用客运站车无线交互手持终端设备的方法		20		
	理解列车移动补票机规范使用方法		20		
	体现沟通能力、分析问题能力、解决问题能力		10		
	能够主动热情地为旅客提供服务		10		
完工清理（15%）	汇报人讲解流畅、清晰		10		
	对工具及设备进行整理		5		
考核评语	考核人员： 年 月 日		考核成绩		

组内学生互评				
评价项目	评价内容			得分
	优秀（90~100）	良好（80~89）	加油（0~79）	
沟通交流能力	能够有效地运用多种交流形式	基本能运用多种交流形式	很难运用多种形式交流	
合作交往能力	尊重他人，能与他人良好合作交流	基本上能做到与他人合作交流	不能与他人良好地沟通交流	
观察事物能力	观察能力强，细致全面，观察深刻	按要求观察，能发现事物的一些特征	无目的观察，不能把握事物特征	
动手操作能力	能积极主动按项目指引完成操作	能按要求完成操作	不能完成操作	
想象创造能力	能够有拓展性地完成工作任务	能够想到新的方式完成任务	按照课本要求完成基本工作	
小组评语	评价人签字： 年 月 日		互评成绩	

企业导师评价				
评价项目	评价内容	评价成绩		备注
工作准备	任务领会、资讯查询、器材准备	□A □B □C □D □E		
知识储备	系统认知、原理分析、技术参数	□A □B □C □D □E		
计划决策	任务分析、任务流程、实施方案	□A □B □C □D □E		
任务实施	专业能力、沟通能力、实施结果	□A □B □C □D □E		
职业道德	纪律素养、安全卫生、器材维护	□A □B □C □D □E		
其他评价				
导师签字		日期	年　月　日	

注：在选项"□"里打"√"，其中 A：90~100；B：80~89；C：70~79；D：60~69；E：不合格。

任务三 客运记录编制

【任务导入】

任务名称		编制客运记录			
姓名		班级		成绩	
组别		组长		场地	
日期		学时		指导教师	
任务目标	知识目标	1. 掌握客运记录的含义； 2. 掌握客运记录编制原则和范围； 3. 掌握客运记录编制方法			
	能力目标	能编制客运记录			
	素质目标	1. 具备标准的普通话、提高流利的口语表达能力； 2. 具备处理突发事件的能力； 3. 能够主动热情地为旅客提供服务			
情景案例		在广西桂平站，一个小男孩下车后迟迟不出站，身旁也不见家长身影，到底是什么情况？原来他的家人还在车上，只有他自己下了车。乘火车出行，这些环节要注意：旅途中不小心下错站怎么办？人下车了，行李还在车上怎么办？列车上供餐不足了怎么办？如何避免这类情况发生？同学们关心的此类问题，在本任务中可以找到答案			

【知识讲解】

铁路旅客或行李、包裹运输过程中，会发生一些特殊情况，站车均要编制客运记录，作为特殊情况的文字纪实或站车交接的凭证。

一、客运记录的含义与作用

（一）客运记录的含义

客运记录是指在旅客或行李、包裹运输过程中因特殊情况，承运人与旅客之间需要记载某种事项或车站与列车之间办理客运交接的文字凭证。

（二）客运记录的作用

（1）站车办理交接的依据。

（2）旅客至到站或有关站办理退票的凭证。

（3）办理行包事故记录的凭证。
（4）有关事件纪实的材料。
（5）其他情况需要说明的依据。

二、客运记录的编制要求

（1）据实编制，事项齐全，内容准确、具体、详细、齐全，如实反映情况，不得虚构、臆测、似是而非、含糊不清。

（2）记录措辞简明扼要、条理清晰、层次分明、叙事完整、说明问题、目的明确、字体清晰、书写工整。

（3）记录语句不应出现命令、质问以及不尊重对方的语言。

（4）记录中涉及票据、名称、单位、病情、伤势等应尽量准确；涉及旅客车票时应有票种、票号、发到站；涉及行李、包裹票时，除应由发到站、票号外，还应有旅客、托运人、收货人、单位、品名、数量、重量等，不得漏项。

（5）客运记录应有顺序号，加盖编制人名章。客运记录一式两份，一份交接收人，另一份由接收人签字后自己留存，对留存的应装订成册，妥善保管，以备存查。

三、列车编制客运记录的范围

（1）卧铺发售重号，列车应尽量安排同等席别的其他铺位，没有空位时，应编制客运记录交旅客。

（2）因承运人责任致使旅客不能按票面记载的座别、铺别乘车时，列车应重新妥善安排。重新安排的席别、铺位低于原票等级时，列车长编制客运记录交旅客，至到站退还票价差额。

（3）发生车票误购、误售，应退还票价时，列车长编制客运记录交旅客，作为乘车至正当到站并要求退还票价差额的凭证。

（4）旅客误乘列车或坐过了站，列车交前方停车站免费送回时应编制客运记录。

（5）持挂失补车票乘车的旅客，列车长确认席位使用正常，下车前编制客运记录，交旅客至到站办理退票。

（6）对无票乘车而又拒绝补票的人，列车长可责令其下车并编制客运记录交县、市所在地车站处理（其到站近于上述车站应交到站处理）。

（7）列车上旅客因病不能继续旅行，列车长编制客运记录交中途有医疗条件的车站转送医院治疗。

（8）因铁路责任，致使旅客在中途站办理退票，退还票价差额时应编制客运记录。

（9）发现旅客携带国家禁止或限制运输的物品、危险品乘车，交最近前方停车站或有关车站处理时应编制客运记录。

（10）旅客携带品超过规定范围（危险品除外），无钱或拒绝补交运费，移交旅客到站或换车站处理时应编制客运记录。

（11）发现旅客遗失物品应妥善保管，设法归还失主，无法归还时编制客运记录交下车站处理。无法判明旅客下车站时交列车终到站处理。

（12）旅客在列车内因病死亡，移交县、市所在地车站处理时应编制客运记录。

（13）列车内发现无人护送的精神病患者，移交到站或换车站时应编制客运记录。

（14）因意外伤害（包括区间坠车），致旅客伤亡，移交有关车站处理时应编制客运记录。

（15）发生违章使用铁路职工乘车证，上报铁路局集团有限公司收入部门处理时应编制客运记录。

（16）列车接到行李、包裹托运人要求在发站取消托运，将行包运回发站时应编制客运记录。

（17）列车接到行李、包裹运输变更（包括行李误运送）电报时，应编制客运记录，连同行李、包裹和运输报单，交前方营业站或运至新到站（需中转时，移交前方中转站继续运送）。旅客在列车上要求变更时，同样办理。

（18）列车上发现装载的行李、包裹品名不符，或实际重量与票面记载的重量不符，移交到站或前方停车站处理时应编制客运记录。

（19）列车对已装运的无票运输的行李、包裹，应编制客运记录，交到站处理。

（20）列车内发现旅客因误购、误售车票而误运行李时，如其托运的行李在本列车装运，应编制客运记录，交前方营业站或中转站向正当到站转运。

（21）行李、包裹在运输途中发生事故，移交到站处理时应编制客运记录。

（22）动车组列车办理高速铁路快运时，无押运员跟车作业的列车，发现高速铁路快运集装件短少或外包装、施封破损，列车长到场确认后，组织查找，必要时报警。上述异常情况列车长开具客运记录，载明现有集装件数量，编号或内装物品实际情况，到站时交快运公司工作人员处理。

（23）遇列车故障途中需更换动车组车底或终止运行时，无押运员的高速铁路快运，列车长报告被换乘车所在地铁路局集团有限公司高速铁路客服调度员（客运调度员）高速铁路快运装载情况，乘务组临时看管集装件。换乘地点在车站时，原列乘务组在车站协助下组织集装件换乘，不具备换乘条件时集装件随原列回程或交车站临时看管；换乘地点在区间时，集装件随原列回程；列车长在换乘或交车站前开具客运记录附于集装件上。

（24）其他应与车站办理的交接事项。

四、编写客运记录

（1）编号填在右上角，标明月份和顺号（如1月份第1张记录编号为0101）。

（2）事由栏：注明交接主要事项。

（3）受理单位：站名（或车次）。

（4）内容包括：

① 日期、车次；

② 运行区段、姓名、性别等；

③ 处理经过；

④ 落款（所属站、段、车次、列车长印章、日期）。

五、编写客运记录的注意事项

（1）内容要符合铁路的规章制度。
（2）移交人员附带材料、人民币、证件、档案材料时，一定要在记录上注明。
（3）凡是交接的记录一定要接受人签字。
（4）记录存根要根据需要保存备查。
（5）客运记录保管期限为1年。

六、动车组列车"客运记录"编写实例

【例2-9】旅客持挂失补车票乘车编制客运记录

2019年3月20日，G652次列车西安北站开车后，旅客张山，身份证号6101041975××××6027，持西安北站至北京西站二等座车挂失补车票，05车02A，票号Y046125，列车长核对"客运管理信息系统"中的挂失补信息，确认席位使用正常，编制客运记录，交旅客到北京西站办理退票。客运记录见图2-49。

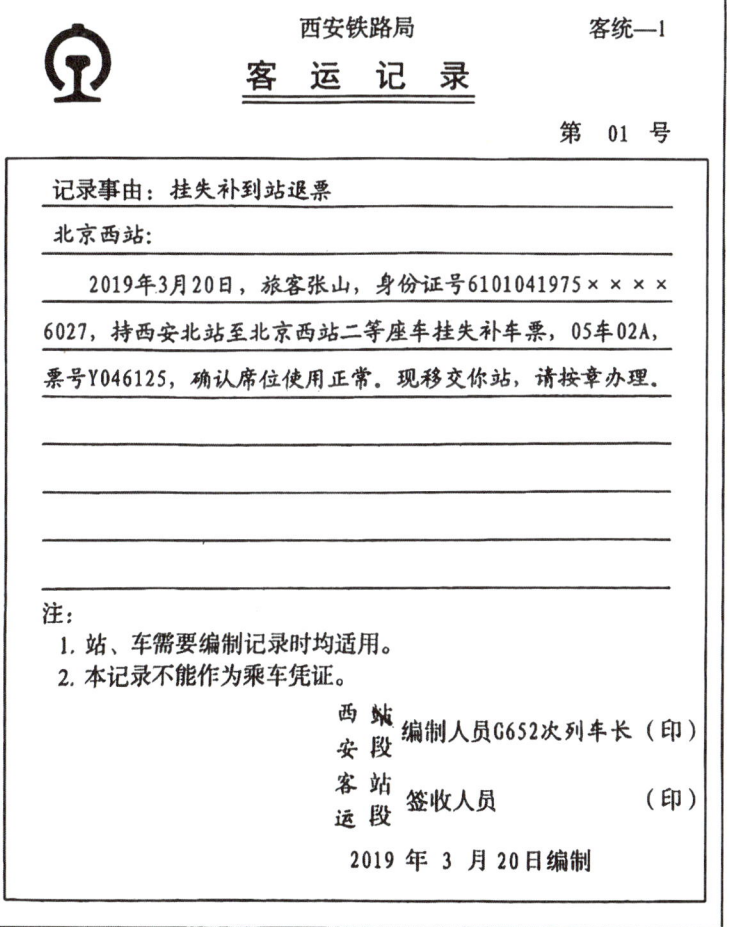

图2-49　持挂失补车票乘车办理退票客运记录

【例2-10】旅客误乘编制客运记录

2019年3月20日，G652次列车西安北站开车后，发现旅客张山，身份证号6101041975×××6027，持西安北至宝鸡南D6025次二等座车车票，票号A036753，误乘本次列车。列车长编制客运记录，将旅客在前方停车站渭南北交下。客运记录见图2-50。

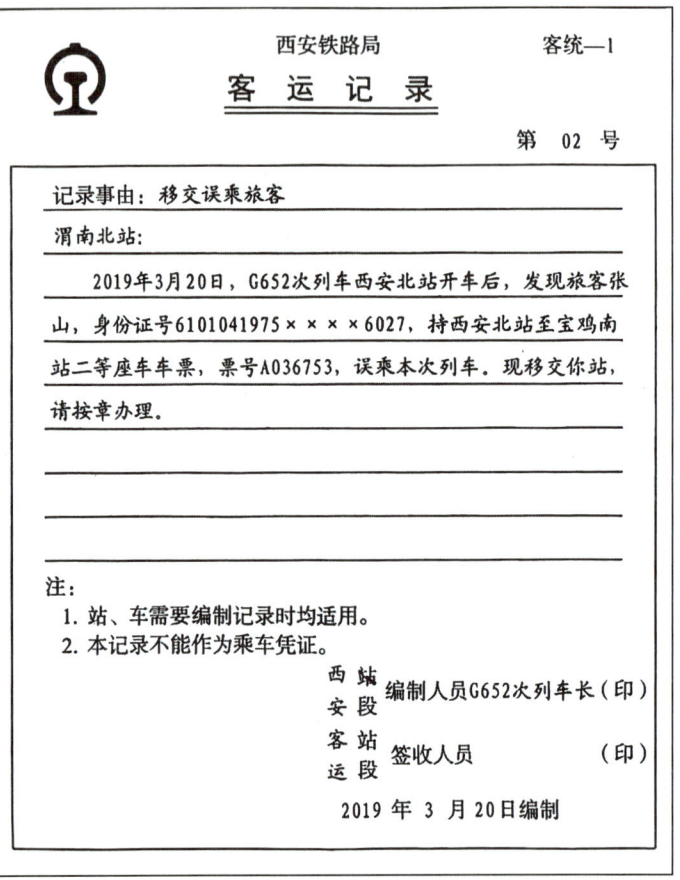

图2-50　列车向车站移交误乘旅客客运记录

【例2-11】旅客坐过站编制客运记录

2019年3月20日，G652次列车鹤壁东站开车后，发现旅客张山，身份证号6101041975×××6027，持本次列车西安北至郑州东二等座车车票，05车01A，票号E027187，旅客称坐过了站。考虑方便旅客返回，列车长编制客运记录，将旅客在前方停车站石家庄站交下。客运记录见图2-51。

【例2-12】无票乘车拒绝补票编制客运记录

2019年3月20日，G652次列车三门峡南站开车后，发现在二等座车05车01A座位上有一无票人员，张山，身份证号6101041975×××6027，经核实该无票人员从西安北站上车，拒绝补票。列车长编制客运记录，将旅客在前方停车站郑州东站交下。客运记录见图2-52。

```
           西安铁路局              客统—1
       客  运  记  录
                              第  03  号

记录事由：移交坐过站旅客
石家庄站：
    2019年3月20日，G652次列车鹤壁东站开车后，发现旅客张
山，身份证号6101041975×××6027，持本次列车西安北站
至郑州东站二等座车车票，05车01A，票号E027187，旅客称坐
过了站，现将该旅客移交你站，请按章办理。



注：
  1. 站、车需要编制记录时均适用。
  2. 本记录不能作为乘车凭证。
              西 城
              安 段  编制人员G652次列车长  （印）
              客 站
              运 段  签收人员              （印）

              2019 年 3 月 20日编制
```

图 2-51 列车向车站移交旅客坐过站客运记录

```
           西安铁路局              客统—1
       客  运  记  录
                              第  04  号

记录事由：移交拒绝补票人员
郑州东站：
    2019年3月20日，G652次列车三门峡南开车后，发现在二
等座车05车01A座位上有一无票人员，张山，身份证号
6101041975×××6027，经核实该无票人员从西安北站上车，拒
绝补票。现将该无票人员移交你站，请按章办理。



注：
  1. 站、车需要编制记录时均适用。
  2. 本记录不能作为乘车凭证。
              西 城
              安 段  编制人员G652次列车长  （印）
              客 站
              运 段  签收人员              （印）

              2019 年 3 月 20日编制
```

图 2-52 列车向车站移交拒绝补票旅客客运记录

【例 2-13】移交生病旅客编制客运记录

2019年3月20日,G652次列车三门峡南站开车后,旅客张山,身份证号6101041975××××6027,持本次列车西安北至北京西站二等座车车票,05车01A,票号E027187,突发疾病,列车通过广播找到医生进行诊断,旅客要求下车治疗。列车长编制记录,交前方停车站郑州东站。客运记录见图2-53。

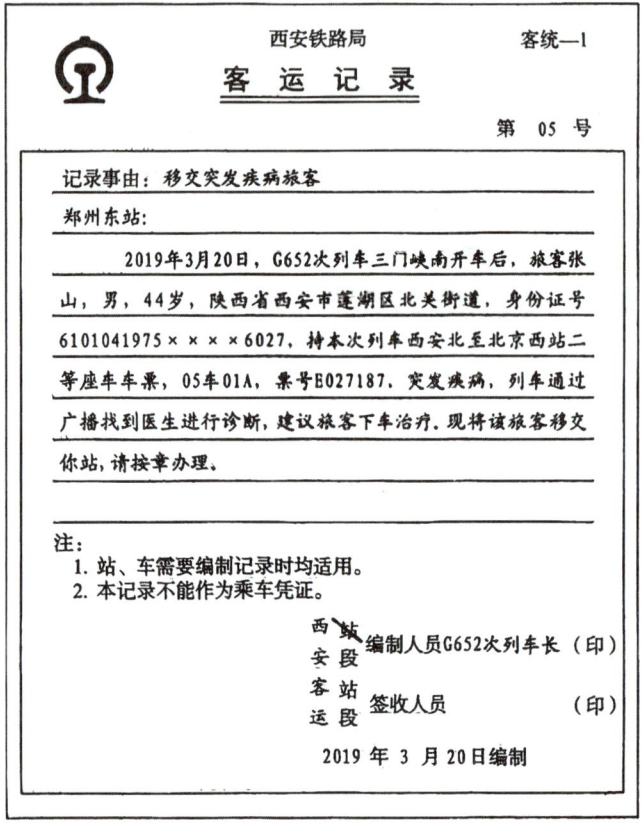

图 2-53 列车向车站移交突发疾病旅客客运记录

【例 2-14】移交死亡旅客编制客运记录

2019年3月20日,G652次列车三门峡南站开车后,旅客张山,身份证号6101041975××××6027,持本次列车西安北至北京西站二等座车车票,05车01A,票号E027187,突发疾病,列车通过广播找到医生进行抢救,无效死亡。列车长编制客运记录,交前方停车站郑州东站。客运记录见图2-54。

【例 2-15】移交精神异常旅客编制客运记录

2019年3月20日,G652次列车,旅客张山,身份证号6101041975××××6027,持本次列车西安北至北京西站二等座车车票,05车01A,票号E027187,三门峡南站开车后,该旅客突然精神异常。经核实,该旅客无同行人,随身携带双肩包一个,内装洗漱袋1个,衣服4件。列车长编制客运记录,交前方停车站郑州东站。客运记录见图2-55。

图 2-54 列车向车站移交突发死亡旅客客运记录

图 2-55 列车向车站移交精神异常旅客客运记录

【任务实施】

一、任务准备

分组：全班学生分为若干组，每组 6 人，包括 1 名列车长、2 名列车员和 3 名旅客。

二、实施过程

虚拟现实之"客运记录编制"。

1. 场景设计

（1）每组学生自行设计本组的模拟场景。

（2）每组至少设计 4 组场景，在 4 组场景中，组内成员轮流扮演乘务人员和旅客。

（3）设计的场景是对旅客的服务。

2. 模拟练习

（1）每组学生根据自己设计的场景进行练习。

（2）老师在学生练习的过程中，进行观察和指导。

（3）练习时间可根据课程具体情况合理安排。

3. 表演

（1）老师根据自己的观察，指定具有代表性的小组上台表演；学生也可主动要求上台表演。

（2）每组表演完成后，老师可让台下的学生发表观后感，以及对表演的评价。

【强化提升】

请结合教材相关内容、查阅网络文字资料、读取视频资源，完成以下任务工单。

编制客运记录基础知识工单

1. 知识强化 （1）编制客运记录要求：措辞_____、条理清晰、层次分明、_____、说明问题、_____、字体清晰、书写工整。 （2）编制客运记录要求：据实编制，事项齐全，内容准确，不得_____、_____、_____、含糊不清。 2. 技能训练 （1）所需工具、检具： （2）小组成员分工：

（3）任务计划：

逻辑建议：①实战计划—②小组成员构成与分工—③所需工具、检具—④实战过程及结果。

【课程思政】

第四届全国道德模范——孙奇

通过播放视频"孙奇——第四届全国道德模范",自然引入学习任务。孙奇参加工作以来,先后在呼和浩特铁路局呼和浩特工务段线路工、巡道工,呼和浩特站客运员、售票员等岗位工作。她长期学习雷锋、助人为乐,在售票岗位工作期间,售票百万张,加班千余小时,总结提炼出"七字售票作业法""十二句服务规范用语",被所在路局客运系统广泛推广,打造了以自己名字命名的"孙奇党员售票示范窗口"。她练就了"话音落、车票出"的硬本领,以日售车票 2430 张的优异成绩,刷新了全局单日售票纪录。2010 年底她被检查出卵巢癌晚期,却依然坚守在工作岗位上,在治疗期间,往返于呼和浩特和北京的铁路线上;在病情稍有好转时,就回到单位,活跃于自己最爱的售票窗口。她说:"真希望自己快点儿好起来,哪怕只给我一天,让我再坐在 13 号窗口前为旅客服务一次……"

以孙奇认真践行"以服务为宗旨,待旅客如亲人"的服务理念等为切入点,融入助人为乐、无私奉献、业务精湛的责任感和使命感,帮助学生塑造正确的世界观、人生观、价值观。

【任务考评】

项目	考核内容		考核评分	
	内容	配分	得分	批注
工作准备（25%）	能够正确理解工作任务内容、范围及工作指令	5		
	能够查阅和理解技术手册,确认技术标准及要求	5		
	能正确使用防护用品	5		
	准备工作场地及器材,能够识别工作场所的安全隐患	5		
	确认设备及工具量具,检查其是否安全及正常工作	5		
实施程序（60%）	设计的场景完整、真实	20		
	各小组成员参与度高	20		
	模拟练习时工作过程正确、流畅、态度热情	20		
完工清理（15%）	对工具及设备进行清洁	10		
	按照工作程序,填写完成作业单	5		
考核评语	考核人员： 年 月 日		考核成绩	

组内学生互评				
评价项目	评价内容			得分
	优秀（90~100）	良好（80~89）	加油（0~79）	
沟通交流能力	能够有效地运用多种交流形式	基本能运用多种交流形式	很难运用多种形式交流	
合作交往能力	尊重他人，能与他人良好合作交流	基本上能做到与他人合作交流	不能与他人良好地沟通交流	
观察事物能力	观察能力强，细致全面，观察深刻	按要求观察，能发现事物的一些特征	无目的观察，不能把握事物特征	
动手操作能力	能积极主动按项目指引完成操作	能按要求完成操作	不能完成操作	
想象创造能力	能够有拓展性地完成工作任务	能够想到新的方式完成任务	按照课本要求完成基本工作	
小组评语	评价人签字：		年 月 日	互评成绩

企业导师评价			
评价项目	评价内容	评价成绩	备注
工作准备	任务领会、资讯查询、器材准备	□A □B □C □D □E	
知识储备	系统认知、原理分析、技术参数	□A □B □C □D □E	
计划决策	任务分析、任务流程、实施方案	□A □B □C □D □E	
任务实施	专业能力、沟通能力、实施结果	□A □B □C □D □E	
职业道德	纪律素养、安全卫生、器材维护	□A □B □C □D □E	
其他评价			
导师签字		日期	年 月 日

注：在选项"□"里打"√"，其中 A：90~100；B：80~89；C：70~79；D：60~69；E：不合格。

任务四 铁路电报拍发

【任务导入】

任务名称		动力电池基础知识			
姓 名		班 级		成 绩	
组 别		组 长		场 地	
日 期		学 时		指导教师	
任务目标	知识目标	1. 了解铁路电报含义和分级； 2. 掌握列车电报拍发权限； 3. 掌握列车电报拍发范围			
	能力目标	能够正确拍发列车电报			
	素质目标	1. 树立安全意识； 2. 认真做人、做事、做业务； 3. 树立团队协作意识。遵守行业规范，培养职业素养			
情景案例	2019 年 3 月 20 日，G652 次列车三门峡南站开车后，旅客张山，身份证号 6101041973×××6027，持本次列车西安北至北京西路二等座车车票，05 车 01A，票号 E027187，突发疾病，列车通过广播找到医生进行抢救无效死亡，列车长编制客运记录，交前方停车站郑州东站协助处理。列车长同时应拍发电报，告知郑州局集团有限公司、西安局集团有限公司客运部以及担当乘务的西安客运段。 请思考：G652 次列车长应如何拍发电报？				

【知识讲解】

一、铁路电报的等级

铁路电报是铁路公文的一种形式，在处理紧急公务时使用。铁路电报等级按电报性质和急缓程度，分为以下七种。

（一）特提电报（TT）

特提电报指特别紧急的命令、指示，处置重大突发事件等性质的电报。受理后即行办理，从受理到送达用户原则上不超过 2 小时。

（二）特急电报（TJ）

特急电报指非常紧急的命令、指示，处置较大突发事件等性质的电报。从受理到送达用户原则上不超过 4 小时。

（三）加急电报（JJ）

加急电报指紧急命令、指示，时间紧迫的会议通知，列车改点，变更到站和收货人，车辆甩挂，超限货物运行及行车设备施工、停用、开通、限速的电报以及其他时间紧迫的电报。从受理到送达用户原则上不超过 8 小时。

（四）平急电报（PJ）

平急电报指一般性命令、指示、会议通知等性质的电报。从受理到送达用户原则上不超过 24 小时。

（五）限时电报（X）

限时电报指限定时间到达的电报。根据需要与收发报条件，由用户与电报所商定，在附注栏内填写送交收报单位的时间。

（六）列车电报（L）

列车电报指处理列车业务，必须在列车到达以前或在列车到达当时送交用户的电报。

（七）国际联运电报（G 或 C）

国际联运电报指处理国际铁路联运业务的电报，办理限时同特急电报。中朝报代码为 C，其他代码为 G。从受理到出口原则上不超过 4 小时。

二、发报权限和范围

（一）发报权限

国铁集团《铁路电报电话管理规则》规定，下列单位和人员有权制发电报。

（1）国铁集团及其机关各部门、各直属机构、驻外单位、控股公司。

（2）国铁集团所属单位，所属单位机关各部门、各直属机构、驻外单位、控股公司。

（3）铁路局集团有限公司所属站段或同级单位。

（4）站段与运输有直接关系的生产部门（车站、折返段、救援列车、商检、货运营业部、列检所、公寓等）制发电报权限，由铁路局集团有限公司批准。

（5）执行列车乘务工作的负责人员，包括列车长、车辆乘务员、随车机械师等。

（6）铁路公安系统各单位（公安局、公安处、公安派出所、乘警队等）。

（7）执行公务的各级监察、稽查、审计人员。

（二）发报范围

（1）国铁集团（包括国铁集团机关各部门、各直属机构）发报范围不限。

（2）国铁集团所属单位可向国铁集团所属其他同级单位及其所属站段发报，但不得发至全路各站段。

（3）铁路局集团有限公司所属站段（或同级单位）可向本局集团有限公司或外局集团有限公司同级单位发报，基层站段向所属车间、班组（工区）制发电报权限由铁路局集团有限公司规定。

（4）站段（或同级单位）所属机构可向本局集团有限公司和外局集团有限公司与其有直接工作关系的运输生产单位或其所属机构发报。

（5）担当列车乘务的负责人员（列车长、乘警长、车辆乘务员等工作人员）执勤时，根据工作需要，可向有关站段、车站、铁路局集团有限公司调度和公安部门发报。

（6）铁路公安系统各单位（公安局、公安处、公安派出所、乘警队等）根据工作需要可向有关单位发报。

（7）拍发给铁路乘务人员的电报，必须指定能够代其负责收转的铁路单位。

三、用户制发电报的具体要求

（1）用户制发铁路电报应符合国铁集团公文管理的有关规定。

（2）电报稿应符合铁路传真电报办事要求，报文内容一般采用3号仿宋体字，特定情况可适当调整字号，线条宽度一般不小于0.25 mm。

（3）报文报稿应做到：收报单位明确，拟稿人姓名和电话号码齐全，文字简练、准确、通顺。无歧义，报文清晰，标点符号完整、准确，收报单位栏主送单位以冒号作为结尾，中间不得使用冒号；抄送单位以句号作为结尾，中间不得使用句号，未纳入铁路电报所投送范围的收报单位，拟稿时应在主送单位和抄送单位名称后标记"（自办）"字样，由发报单位自行办理电报投送。

（4）发报单位应编制电报发电编码，格式为"单位代字（年份）序号"，其中单位代字在本单位公文代字后加"电"字；年份用全称，使用阿拉伯数字，用六角括号围括；序号由发报主办单位编制流水号。

（5）报文可使用下列文字、符号、记号：

① 汉字、英文单词。

② 汉语拼音字母。

③ 阿拉伯、罗马数字。

④ 通用的符号、记号。

⑤ 图、表。

（6）电报稿应加盖电报专用章或单位公章。使用电报专用章单独发报时，电报专用章应加盖在电报稿首页左上角发报单位处。使用单位公章单独发报时，单位公章应加盖在电报稿末页发报单位名称和成文日期上，居中下压，不得压正文。多个发报单位联合发报时，原则上应使用单位公章，一律加盖在电报稿末页发报单位名称和成文日期上。

（7）发报单位公章或发报专用章应事先向电报所办理印鉴登记，留存印鉴图样。以传真、电话方式办理电报业务的单位，应指定发报经办人员，并持单位证明、单位印鉴、个人有效工作证件向电报所办理备案手续，留存相关资料。

（8）非常设机构或临时机构制发电报时，可由日常主管单位（部门）加盖单位（部门）公章或电报专用章，按用户提供的机构名称拍发。

（9）下列情况不准拍发电报：

① 处理个人私事的电报。

② 已经有文电的重复通知。

③ 由于工作不协调，互相申告（执行列车乘务工作的负责人，在列车运行中向上级领导汇报列车运行中发生的问题不在此限）的电报。

④ 不符合规定的电报版式或书写格式的电报。

⑤ 未签订服务协议的非铁路单位制发的电报。

⑥ 非铁路单位超出服务协议规定的业务范围的电报。

四、受理电报

（1）以传真、话传方式受理的电报，报务员应核对该单位备案人员信息，非备案人员制发的电报不予受理，受理后报务员应将电报号码和受理时间通知发报单位，互报姓名或代号，通电应全程录音。

（2）用户可自行配备电报终端（以下简称用户终端）办理电报业务。使用用户终端发送电报时，应符合铁路传真电报的相关规定，将发报原稿发送至电报所，电报所终端收到用户电报后，报务员应按受理电报流程，审核用户电报原稿，确认符合发报要求后，将受理印鉴、受理时间、报文等级等受理信息反馈给用户。

（3）列车乘务人员值乘期间需拍发电报时，可委托经停车站代发电报，并在电报原稿空白处填写证件名称、号码或加盖证明发报人身份、职位的印章。委托车站转交拍发的电报，如有不符合规定或内容有疑问时，由被委托的车站工作人员解释或处理。

（4）执行非图定列车乘务工作的负责人拍发电报时，应写明经由区间，并在附注栏内注明本次列车在发报站的开车时间。

五、高速铁路动车组列车业务电报的拍发范围

（1）列车发生旅客人身伤害时，可用电话向所在单位或上级主管部门报告概况；但发生重伤以上旅客人身伤害时，应在第一时间以短信方式向所属铁路局集团有限公司主管部门报告，随后向有关铁路局集团有限公司主管部门拍发速报，并逐级向上级主管部门和宣传部门报告。

报告（含速报）内容主要包括：

① 发生日期、时间、车次、地点、车站、区间里程。

② 伤亡旅客的姓名、性别、年龄、国籍、民族、职业、单位、有效身份证件号码、

联系方式、住址以及车票种类、号码、发站、到站、车厢、席位等基本情况。

③ 发生经过、旅客伤亡及现场处理简况。

（2）遇特殊情况，途中发生餐料不足，应向前方客运段拍发电报，请求补充，并抄送其主管铁路局集团有限公司。

（3）列车超员，发电报通知前方停车站采取控制客流措施，并抄送主管铁路局集团有限公司，必要时抄送国铁集团。

（4）列车发生爆炸、火灾及重大刑事案件等突发事件，应向国铁集团、所在地铁路局集团有限公司、公安部门、铁路派出所拍发电报，抄送列车配属铁路局集团有限公司公安局、乘警支队。

（5）列车内发生运输收入现金、客票票据丢失、被盗和短少等事故，应向铁路局集团有限公司收入部门和公安部门拍发电报报案，并通知有关单位协助查扣。

（6）列车有关业务声明澄清责任时，应向有关站（段）发电报，抄送国铁集团、主管铁路局集团有限公司业务部门。

（7）因误售、误购车票而误运送行李，行李又未在本列车装运，应向原到站拍发电报，要求将行李向新到站转运。

（8）列车空调故障不能修复，应电告前方各停车站，并抄送上级部门。

（9）列车上发生旅客食物中毒，应电告所属铁路局集团有限公司及前方局相关部门。

（10）其他紧急情况，需迅速报告时。

六、列车电报编写实例

【例2-16】××年×月×日G7598次列车（无锡东—宁波），8节编组，无锡东站开车后，车厢内旅客共计789人，旅客列车严重超员，列车如何拍发铁路电报？

拍发电报样例如图2-56所示。

电报统-1						
发报所	电报号码	组数	等级	日期	时分	附注

主送：上海虹桥站至宁波站G7598次各停车站
抄送：上海铁路局客运处、客调、南京客运段
××年×月×日G7598次列车，无锡东站开车后，车厢内旅客共计789人，超出规定人数，为确保行车及人身安全，望上述各站见电后停止剪售车票（固定票额除外）。

G7598次列车长于镇江南站
××年×月×日

（上局 ××× 南客）

图 2-56 超员电报

【例 2-17】××年××月××日，G129 次列车（北京南—上海虹桥，上海铁路局上海客运段担当乘务工作）济南西站开车后，旅客张××，身份证号 2105221968××××6789，持北京南站至上海虹桥站的高铁车票，06 车 08A 号二等座，票号 Y069346，不慎烫伤，伤势较重，旅客要求下车治疗，列车如何拍发铁路电报？

拍发电报样例如图 2-57 所示。

电报统-1						
发报所	电报号码	组数	等级	日期	时分	附注

主送：徐州东站
抄送：济南西、北京铁路局客运处、上海客运段
××年×月×日，G129 次列车济南西站开车后，旅客张××，身份证号 2105221968×××6789，持北京南站至上海虹桥站的高铁车票，06 车 08A 号二等座，票号 Y069346，在为同行儿子张×，男，3 岁，泡面时，不慎将面碰倒，造成其子大腿内侧烫伤，伤势较重，旅客要求下车治疗，列车编制了××号客运记录将旅客移交德州东站，特此电告。

G129 次列车长于徐州东站
××年×月×日

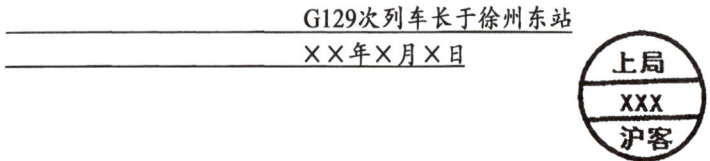

抄收时分号

图 2-57　旅客要求下车治疗电报

【任务实施】

一、任务准备

1. 物品准备

《铁路传真电报》纸质样张若干，计算机及《铁路传真电报》电子模板，列车长印章。

2. 情境准备

教师给定具体列车车次、停车站信息，以文字形式设定各种情境，要求学生完成《铁路传真电报》的编写。

3. 人员准备

每小组做好人员分工。

4. 实训要求

（1）电报的主送，抄送单位正确，无遗漏。

（2）报文简洁明了，叙述清晰。

（3）编制人姓名、日期填写正确。
（4）电报版面工整。

二、实施过程

1. 填写电报

（1）发生线路中断，旅客要求中途下车退票时拍发电报。
（2）列车途中空调发生故障不能修复时拍发电报。
（3）列车超员时拍发电报。
（4）发生旅客疾病或死亡时拍发电报。
（5）行李架物品掉落砸伤旅客时拍发电报。
（6）旅客携带危险品时拍发电报。

2. 汇　报

（1）老师选派 2 组具有代表性的铁路示意图在班里进行汇报展示。
（2）汇报过程中，其他学生可以进行提问，汇报人或其小组成员需要积极回答。

【强化提升】

请结合教材相关内容、查阅网络文字资料、读取视频资源，完成以下任务工单。

铁路电报拍发基础知识工单

---

1. 知识强化

（1）什么是列车客运电报？可以向哪些部门拍发？

（2）列车业务电报的拍发范围有哪些？

2. 技能训练

（1）所需工具、检具：

（2）小组成员分工：

（3）任务计划：
逻辑建议：①实战计划—②小组成员构成与分工—③所需工具、检具—④实战过程及结果。

【课程思政】

吕玉霜问事处

吕玉霜在问事处这一平凡的服务岗位上工作了20多年，共接待南来北往的旅客400多万人次，没有一次错误回答，没有接到一个旅客投诉电话，被人民群众称为"滨城天使"，先后荣获全国劳动模范等20多个荣誉称号。她是爱岗敬业的典范。长期在服务岗位工作，她无怨无悔，恪尽职守，甘于奉献；她业务技能强，能够熟练掌握全国14条主要铁路干线5000多个车站的上百对旅客列车的到发时间、中间站换乘时间及旅客须知，熟记大连及周边地区的各大企事业单位的方位和公共汽车线路，对旅客的提问总是对答如流。20多年来，她为旅客做的好事难以计数，人们不约而同地把她比作当代的"活雷锋"。

通过这一案例，引导学生在以后的工作中，严守行为规范、爱岗敬业、遵章守纪。只要爱岗敬业，脚踏实地，苦干实干，自觉奉献，每一名铁路窗口员工都能够在岗位上立业，在岗位上成才，在岗位上为企业、为社会、为国家多作贡献。

【任务考评】

项目	考核内容		考核评分		
	内容		配分	得分	批注
工作准备（25%）	能够正确理解工作任务内容、范围及工作指令		5		
	能够查阅和理解技术手册，确认技术标准及要求		5		
	能正确使用画图用纸和文具用品		5		
	能掌握动车组公布的票价是如何规定的		5		
	确认设备及工具量具，检查其是否安全及正常工作		5		
实施程序（60%）	动车组公布票价运算准确		20		
	动车组实名制有效身份证件了解详尽		20		
	图纸或PPT完成度高		10		
	汇报人讲解流畅、清晰		10		
完工清理（15%）	对工具及设备进行整理		10		
	按照工作程序，进行乘车查验		5		
考核评语			考核成绩		
	考核人员： 年 月 日				

组内学生互评				
评价项目	评价内容			得分
	优秀（90~100）	良好（80~89）	加油（0~79）	
沟通交流能力	能够有效地运用多种交流形式	基本能运用多种交流形式	很难运用多种形式交流	
合作交往能力	尊重他人，能与他人良好合作交流	基本上能做到与他人合作交流	不能与他人良好地沟通交流	
观察事物能力	观察能力强，细致全面，观察深刻	按要求观察，能发现事物的一些特征	无目的观察，不能把握事物特征	
动手操作能力	能积极主动按项目指引完成操作	能按要求完成操作	不能完成操作	
想象创造能力	能够有拓展性地完成工作任务	能够想到新的方式完成任务	按照课本要求完成基本工作	
小组评语	评价人签字：　　　　　　　　　　　　年　月　日			互评成绩

企业导师评价			
评价项目	评价内容	评价成绩	备注
工作准备	任务领会、资讯查询、器材准备	□A □B □C □D □E	
知识储备	系统认知、原理分析、技术参数	□A □B □C □D □E	
计划决策	任务分析、任务流程、实施方案	□A □B □C □D □E	
任务实施	专业能力、沟通能力、实施结果	□A □B □C □D □E	
职业道德	纪律素养、安全卫生、器材维护	□A □B □C □D □E	
其他评价			
导师签字		日期	年　月　日

注：在选项"□"里打"√"，其中 A：90~100；B：80~89；C：70~79；D：60~69；E：不合格。

项目三　动车组列车乘务工作

📋 项目描述

　　动车组列车是我国铁路网上一道靓丽的风景线，动车组列车乘务人员的高品质乘务工作更是体现动车组列车风貌的窗口。本项目是动车组列车的乘务工作，包含以下3个任务：

任务一　始发作业

任务二　途中作业

任务三　终到作业

通过3个任务的学习，对动车组列车的乘务工作进行深入探讨。

📋 思政导读

　　党的二十大报告指出，坚持创新在我国现代化建设全局中的核心地位。完善党中央对科技工作统一领导的体制，健全新型举国体制，强化国家战略科技力量，优化配置创新资源，优化国家科研机构、高水平研究型大学、科技领军企业定位和布局，形成国家实验室体系，统筹推进国际科技创新中心、区域科技创新中心建设，加强科技基础能力建设，强化科技战略咨询，提升国家创新体系整体效能。深化科技体制改革，深化科技评价改革，加大多元化科技投入，加强知识产权法治保障，形成支持全面创新的基础制度。培育创新文化，弘扬科学家精神，涵养优良学风，营造创新氛围。扩大国际科技交流合作，加强国际化科研环境建设，形成具有全球竞争力的开放创新生态。

任务一 始发作业

【任务导入】

任务名称		始发作业			
姓 名		班 级		成 绩	
组 别		组 长		场 地	
日 期		学 时		指导教师	
任务目标	知识目标	掌握动车组列车列车长和列车员始发作业内容			
	能力目标	能够在动车组列车的始发作业阶段做好所在岗位的工作			
	素质目标	树立团队协作意识			
情景案例	某列动车还有半小时就要发车了,该列车的列车长早早就守在了值守车厢的门口处。几分钟后,车站值班员推着一位腿部打着石膏、坐着轮椅的旅客向这节车厢走来。列车长立刻上前迎接,他帮助旅客顺利上车,并将其妥善安置到了为他准备好的专区。这样的服务让这位旅客非常感动,连连称赞动车组列车的服务到位。 原来列车长提前掌握了该趟列车重点旅客的情况,了解到有一位腿部骨折的旅客要从始发站上车,所以早就做好了交接准备工作。 请思考: 动车组列车的始发作业包括哪些内容?				

【知识讲解】

一、出乘作业

(一)列车长出乘作业

1. 到派班室报到

列车长应提前 2~4 h 到派班室报到,接受命令,听取重点工作,填写或录入乘务日志,具体作业内容如下。

(1)摘抄命令及相关内容,确保命令准确、无遗漏。

(2)听取派班员对重点工作的布置。

(3)核对乘务名单,核实当趟考勤情况。

(4)在乘务日志上填写本趟重点工作要求及安全预想。

(5)在客运管理信息系统中登记出乘。

- 89 -

2. 召开出乘会

列车长在出乘阶段需要召开出乘会,其具体作业内容如下。

(1)检查乘务人员的仪容、服饰和对讲机,确认其仪容、服饰符合要求,对讲机佩戴位置统一。

(2)布置当趟计划和安全预想,应做到命令传达准确,任务布置清楚。

(3)结合当趟计划重点对乘务人员进行试问。

(4)针对业务学习计划进行试问。

(5)收取乘务人员的手机。

3. 请领票据及备品

列车长应到票据室请领票据和移动补票机、GSM-R 手持终端、站车无线交互系统等备品。GSM-R 手持终端具有组内呼叫、广播呼叫、铁路紧急呼叫、铁路通信功能号管理、应急区间移动公务通信、铁路通信拨号等功能。

列车长出乘前作业标准如表 3-1 所示。

表 3-1 列车长出乘前作业

项目		作业内容	质量标准
出乘准备	报到请示	车间报到、请示工作、领取文件资料,填写台账及资料	出乘前按车间规定时间到车间报到,着装统一规范,标志佩戴齐全,向车间请示工作,掌握当趟工作重点及人员调整情况。领取班组所需的备品及资料,正确填写台账
	组织学习	组织全班人员按规定的时间参加出乘学习。列车长提前 10 min 进行点名,确保班组人员齐全。第一项为形体训练,时长 40 min,由参加学习的车班组号最小的车长负责组织,值班干部随机抽查和点评;第二项为值班干部组织传达相关文电精神和重点事项,在规定区域进行点名试问;第三项为各车班列车长组织召开班组出乘会,布置重点工作,完成相关业务学习内容和作业,与在线班组联系了解车上药品、备品情况,商务座备品使用情况	按规定着装,佩戴职务标志,仪容整洁,整齐规范。严格执行考勤管理制度,认真组织学习,做好学习笔记,学习做到有计划、有重点,确保学习有效果。组织职工到规定区域进行集中点名,组织礼仪形体、服务用语、场景模拟等训练并简要布置本趟车重点工作。各类证件携带齐全,记录完整。药品、备品按定额配齐,专人负责
	公寓待班	上午 9 点之前始发的出乘车班,出乘前一日统一在襄阳东站综合楼公寓休息,按规定时间车长组织本班组乘务员在指定地点集合,由车间值班干部进行点名	严格遵守公寓的管理规定;按时就寝,睡眠充足,不得饮酒、赌博,私自外出,有损坏公寓设施等行为,确保出乘时精神饱满

续表

项目		作业内容	质量标准
出乘准备	出乘报到	按照规定的时间列队整齐，指定线路行走至动车派班室出乘报到，着装统一，仪容整洁，佩戴职务标志，对讲机、耳麦佩戴整齐	出乘前应充分休息，8 h 不食用葱、蒜等异味食品，严禁饮酒，保证良好的精神状态。按要求穿着规定的服装，帽徽和职务标志按规定佩戴一致，精神饱满，仪容整洁。按规定落实禁用手机管理制度，不得携带两部手机或交"僵尸机"
	摘抄命令	车班学习当天出乘时，按规定的时间到安全指挥中心或动车派班室摘抄有关命令、电报、规定和通知等。接受任务，了解掌握文电、调度命令，值乘动车组车型、车号	严守纪律不迟到；摘抄时做到不简化、不漏项、无错误，摘抄齐全，字迹清楚，并签字确认。接受任务时，做到接受命令指示准确，无遗漏，乘务任务明确
	考勤录入	组织本班乘务员在考勤机上录入本趟考勤，接受酒精测试	正确使用考勤机，记录实际出乘情况。按规定操作测酒仪器进行酒精测试
	领取备品	列车始发前 1 h 内，领取票据、票机、保险柜钥匙等物品，检查核对票机和票卷，核对无误后在《车班出退乘票据票机交接本》上办理签字手续。指派专人领取补充专项服务备品、报纸、药箱、视频记录仪等车用设备及相关补充备品，填写交接清单	请领手续符合规定，检查核对认真仔细。专项服务备品按定额配齐，专人负责。药箱药品齐全有效，车用设备性能良好
	注册终端	开车前，按照担当车次在 GSM-R 手机上进行个人信息注册。手持对讲机均设置在（467.200 MHz）频道	注册准确，保持畅通
	列队进站	组织乘务人员列纵队按规定的行走线路进站，过安检时将箱包放于安检机上，接受安检人员检查。进站后列队到站台待班室	按照安全员、列车员、列车长的顺序列纵队按规定的安全线路行走，队列整齐，姿态端正，在旅客多的地方行走时应先示意后通行，与旅客走对面时应主动让路，不得与旅客抢道，行进中不讲话，不左顾右盼，不得途中离队；右手拖箱，除列车长左肩背票包、列车员左手携带列车红十字药箱、安全员左手携带视频记录仪箱、保洁员左手拖保洁工具箱外，不再携带其他物品。上下电梯时，乘务箱包统一放在右手边，列车红十字药箱、保洁工具箱放置左手边，摆放整齐，右手扶箱，左手扶梯，全体人员面向前方。遇车站放行时不得乘坐电梯

续表

项目	作业内容	质量标准
出乘准备 / 检查机证	检查列车员、安全员、保洁员、餐服员的上岗证、健康证和客运的职业鉴定证书等是否相符并按规定携带；检查对讲机、GSM-R手机、站车客运信息无线交互系统手持终端（含配件）等是否齐全、电量充足、作用良好；检查每名列车员、餐服员、保洁员的携带物品是否符合规定；检查随车保洁和餐饮人员是否携带《任务书》。检查乘务人员手机是否关机，手机集中收取并装入手机套内	证件齐全有效，规定的纸质台账（客运记录、电报、票务处理等必要的资料）配备齐全，数量充足；对讲机、GSM-R手机、站车信息交互系统列车手持终端机等能按规定正常使用；手机除列车长、餐服长外，乘务员、安全员、保洁员手机集中收取并装入手机套内，统一保管。餐服员手机由餐服长收取，妥善统一保管存放，严禁随身携带。按规定落实禁用手机管理制度，并使用视频仪记录收取过程
出乘准备 / 开出乘会	召开车班出乘会（列车员、乘警或安全员、保洁员、餐服员），布置当趟乘务计划，提出工作重点和具体目标	布置计划重点突出，措施具体，人人清楚

（二）列车员出乘作业

列车员应提前2~4 h到派班室报到，接受命令指示，具体作业内容如下。

（1）参加出乘会，接受列车长布置本趟计划重点工作。

（2）参加业务学习，接受列车长试问。

（3）主动上交手机。如图3-1上交手机。

图3-1　上交手机

（4）检查对讲机、移动补票机、GSM-R 手持终端、站车无线交互系统等设备的电量是否充足，状态是否良好。

（5）整理仪容、服饰和对讲机，确保仪容、服饰符合要求，对讲机佩戴位置统一。

（6）列队集合。

列车员出乘前作业标准如表 3-2 所示。

表 3-2　列车员出乘前作业标准

项目		作业内容	质量标准
出乘准备	学习点名	出乘前按规定的时间到车间参加学习和形体训练。学习上级文电及有关业务知识，做好笔记	学习时人员齐全，提前到位，仪容整洁、着装统一，遵守纪律秩序好，认真学习勤思考，做好笔记记得牢，掌握当趟重点工作；认真参加点名试问，进行礼仪培训，形体训练动作整齐、规范。协助列车长整理台账
	公寓待班	列车于上午 9 时之前始发的出乘班，在出乘前一日按车间规定的时间到公寓待班	在列车长带领下到公寓指定铺位休息，休息期间遵守公寓管理制度，严禁酗酒、赌博、私自外出、损坏公寓设施等行为，按时就寝，睡眠充足，出乘时精神饱满
	出乘报到	列车始发前按规定时间列队到安全生产指挥中心点名，着装统一，仪容整洁，佩戴职务标志，在列车长的带领下向派班员出乘报到。协助车长请领对讲机、记录仪、GSM-R 手机、站车客运信息无线交互系统、车厢视频记录器等设备	出乘前应充分休息，8 h 不食用葱、蒜等异味食品，严禁饮酒，保证良好的精神状态。按要求穿着规定的服装，帽徽和职务标志按规定佩戴一致，精神饱满，仪容整洁。对讲机、耳麦、记录仪、GSM-R 手机、站车信息交互系统列车手持终端机、车厢视频记录器等能按规定正常使用，办理交接签字
	考勤录入	在列车长的带领下录入本趟考勤、接受酒精测试	正确使用考勤机，记录实际出乘情况。按规定操作测酒仪器进行酒精测试
	领取备品	检查列车红十字药箱内诊疗用具、药品、用药登记本是否齐全、作用良好（如图 3-2 检查红十字药箱）。领取补充专项服务备品、报纸等车用备品。一名列车员陪同列车长一起到下载室领取票据、钥匙、电子移动补票机	动车组红十字药箱按甲类药箱标准配备，缺失及时补充，确保出乘时药械齐全，无过期药品和诊疗用具。备品数量核对一致，齐全良好，领取手续有签认
	列队进站	列纵队按规定线路行进，过安检时将箱包放于安检机上，接受安检人员检查。进站后列队到站台待班室	按照安全员、列车员、乘服员、保洁员、列车长的顺序列纵队，按规定的安全线路行走，队列整齐，姿态端正，在旅客多的地方行走时应先示意后通行，与旅客走对面时应主动让道，不得与旅客抢道，行进中不讲话，不左顾右盼，不得途中离队；右手拖箱，除指定列车员左手拎红十字药箱外，安全员携带视频仪转换箱，不再携带其他物品。上下电梯时，乘务箱包统一放在右手边，列车红十字药箱放置左手边，摆放整齐，右手扶箱，左手扶梯，面向前方。遇车站放行时不得乘坐电梯

续表

项目		作业内容	质量标准
出乘准备	交检机证	按规定携带上岗证、健康证、职业鉴定证书等,送交列车长检查(学习当天出乘的学习时检查)。将携带的乘务工作物品和日常生活用品送交列车长检查。手机关机集中上交。打开对讲机,调至2频,与列车长进行对讲机频道调试和时间校对	各类证件齐全有效。携带物品符合规定和要求。按规定落实禁用手机管理制度,不得携带两部手机或交"僵尸机"。对讲机等设备电量充足,作用良好;时刻与列车长保持一致,并确认车次,携带物品符合规定和要求
	参加会议	参加出乘会,听取列车长传达命令指示,布置当趟乘务计划	按时参会,认真听讲,记录重点,明白计划

图 3-2 检查红十字药箱

二、接车作业

(一)列车长接车作业

1. 组织乘务人员接车

列车长应在列车始发前 40 min 组织乘务人员列队到站台接车,具体作业内容如下。

(1)分别向餐饮、保洁人员传达命令、文件及重点工作安排,检查其健康证、上岗证携带情况。

(2)全体佩戴制帽,统一右手拉箱,右肩背包,列车长走在其他乘务人员的前面,列纵队进站台接车。

(3)在站台指定位置(一般是列车中间车厢相应的位置),组织乘务人员面向站台或线路方向,乘务箱包统一放置于每人右侧,以立岗迎客的标准站姿迎接列车进站,列车进站时面带微笑行注目礼。

（4）列车进入站台停稳开门后，使用对讲机按规定用语通知司机打开站台一侧车门，组织乘务人员集体登车。

2. 交接及检查

（1）在餐吧车门处与终到班组列车长进行交接。

（2）与司机、随车机械师、乘警核对通信设备号码、时间及对讲机频道。

（3）核对票据、备用金，并放入保险柜内加锁加密。

（4）组织乘务人员按值乘车厢安装视频记录仪，确保其安装牢固、运行正常。

（5）按规定交接、放置反恐备品。

（6）进行广播测试。

（7）检查列车整备情况，组织各岗位乘务人员按分工区域，对服务及安全设备、设施，车厢卫生，书刊、清洁袋摆放等进行检查。

列车长接车作业标准如表 3-3 所示。

表 3-3 列车长接车作业标准

项目		作业内容	质量标准
站台接车	列队接车	列车到站前 15 min（开车前 45 min），组织全体人员列队到达站台，在规定车厢车门[CRH380AL 型动车班组在 8 号（靠 9 号）号车厢车门；CRH380A 型动车班组在 4 号车厢（重联时后组在对应车厢）门口]距站台盲道内沿 2 m 处列横队站立，列车长位于列车进站方向，全体保持站姿标准	距站台盲道内沿 2 m 处列车员、餐服员、保洁员列三队横队站立，站立时，女性乘务人员双脚并拢右脚略向后，脚尖分开成"丁"字形，双手四指并拢，交叉相握，右手叠放在左手之上，自然垂于腹前。男性乘务人员双脚分开，与肩同宽，脚尖略向外张，双手放在身前，左手半握拳，右手握左手腕处。乘务箱包统一放在右手边，列车红十字药箱、保洁工具箱放在左手边，摆放整齐。列车进站时全体人员行注目礼
	登乘车底	列车停稳后，使用对讲机频道 1（467.200MHz）通知司机（或机械师）开启站台侧车门，联控用语为："高、城××××次司机，我是接车列车长，请开启靠站台一侧车门。"CRH380AL 型动车组组织全体乘务人员列纵队从 8 号车厢车门上车。CRH380A 型动车组组织全体乘务人员列纵队从 4 号车厢（重联时后组从对应车厢）车门上车	停稳上车，呼叫及时，用语规范；顺序依次上车，动作迅速，不磕不碰，保持队形
	存放票包	上车后，列车长开启保险柜，存放好票机、票据	票机、票据首先入保险柜加密存放，填写《动车、高铁班组存取票据登记卡》，柜门双锁不遗忘

续表

项目		作业内容	质量标准
站台接车	设备交接	与随车机械师办理应急备品交接，领取应急备品柜及车门钥匙，并签字确认	备品交接手续齐全，应急备品作用良好，定位摆放
	整理定型	按规定的定型定位标准对乘务室进行整理	乘务室按车辆设计功能使用，物品定位摆放。将客运记录、卫生鉴定、上岗证放入第一层抽屉指定位置；列车长手包定型于第二层抽屉；其他客运备品放第三层抽屉。不得放置除指定物品外的私人物品。药箱定位于乘务室座椅右侧靠壁板放置

（二）列车员接车作业

列车始发前 40 min，列车员应列队由列车长带领到站台接车，具体作业内容如下。

（1）迅速将乘务箱按规定定位，对紧急破窗锤、安全乘降梯、过渡板等设备、设施进行检查。

（2）检查灭火器铅封、指针、有效期。

（3）检查垃圾箱、卫生间、盥洗间、座检下、行李架上、大件行李处的卫生状况。

（4）检查车内清扫备品定位，检查坐便垫、消毒条、服务指南、清洁袋、洗手液等消耗品的配备数量和定位情况。

（5）整理座椅靠背上的头枕片，将网袋内的杂志、服务指南、清洁袋等物品摆放整齐。

（6）负责商务座、特等座、一等座车厢的列车员应与餐服人员清点专项服务饮品、休闲食品及服务备品数量，检查定位摆放情况，并向列车长报告。

（7）在高铁快件办理站检查车站装卸人员装卸、码放作业情况，确认外包装、施封及件数没有问题，并向列车长报告。

列车列车员接车作业标准如表 3-4。

表 3-4 列车员接车作业

项目		作业内容	质量标准
站台接车	列队接车	全体人员列队到达站台，在规定车厢车门[CRH380AL 型动车班组在 8 号（靠 9 号）号车厢车门；CRH380A 型动车班组在 4 号车厢（重联时后组在对应车厢）门口]距站台盲道内沿 2 m 处列横队站立，列车长位于列车进站方向，全体保持站姿标准	距站台盲道内沿 2 m 处列车员、安全员、餐服员、保洁员列三列横队站立，站立时，女性列车员双脚并拢右脚略向后，脚尖分开成"丁"字形，双手四指并拢，交叉相握，右手叠放在左手之上，自然垂于腹前。男性列车员双脚分开，与肩同宽，脚尖略向外张，双手放在身前，左手半握拳，右手握左手腕处。乘务箱包统一放在右手边，列车红十字药箱、保洁工具箱放在左手边，摆放整齐。列车进站时全体人员行注目礼

续表

项目		作业内容	质量标准
站台接车	登乘车底	列车停稳后，CRH380AL 动车组组织全体乘务人员列纵队从 8 号车厢车门上车。CRH380A 型动车组组织全体乘务人员列纵队从 4 号车厢，重联时后组从对应车厢车门上车	停稳开门上车，顺序依次上车，动作迅速，不磕不碰，保持队形
	存放物品	上车后，3 号列车员将医药箱定位于 9 车广播室，乘务箱包定位在 8 车储藏柜指定位置。安全员协助将乘务箱包、医药箱定型在储藏柜及乘务室指定位置	箱包、药箱定位摆放整齐

三、始发前作业

（一）列车长始发前作业

1. 了解旅客情况

列车长在列车始发前应在餐吧门口与车站客运值班员办理交接，掌握客流情况。具体作业内容如下。

（1）向车站客运值班员了解本次列车的客流情况，并掌握重点旅客乘车信息。

（2）做好重点旅客的交接和引导工作，应做到引导有序、妥善安排、通报及时。

（3）始发前 15 min 组织乘务人员在所值乘车厢车门处立岗，迎接旅客上车。如图 3-3。

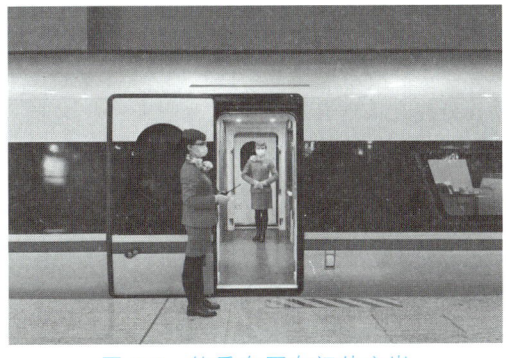

图 3-3　值乘车厢车门处立岗

（4）解答旅客问询，处理突发事件。

2. 执行发车程序

（1）与司机对时后，立即与列车员对时，确保各自设备的显示时间准确、一致。

（2）开车前 5 min，督促列车员通过广播提醒非本次列车旅客下车，宣传安全注意事项。

（3）开车铃响登车，加强瞭望，与列车员确认旅客乘降情况。铃停后，通知司机或随车机械师关闭车门，行注目礼立岗出站。

当动车组重联运行时，两组列车长应先互相确认旅客乘降情况，再由前进方向的第一组列车长负责通知司机关闭车门。

列车长始发前作业标准如表3-5所示。

表3-5 列车长始发前作业标准

项目		作业内容	质量标准
放前准备	全面检查	CRH380AL型动车组按照9车→1车→16车的顺序全面巡视车厢；CRH380A、CRH380A型动车组按照4车→1车→8车的顺序（重联时后组按对应顺序）全面巡视车厢；检查车内卫生情况、整备情况、检查安全备品、服务设施设备（重点检查车厢视频记录器）和列车揭挂情况；检查广播视频情况；检查各岗位服务准备工作情况；检查餐车食品配备情况并抽查食品质量	按序巡视不漏车，检查全面不漏项，督促及时抓重点，尽快达标迎旅客。检查易耗品数量和定型情况，及时要求补充并登记；检查洗脸间水温、电茶炉水温；检查垃圾袋是否湿润，保洁卡是否定型、填写；检查上部设施设备（灭火器、紧急按钮、烟雾报警器、防火隔断门、紧急破窗锤、厕所紧急呼叫按钮、防护网、应急梯、渡板）、服务设施设备（含车厢视频记录器）和列车揭挂情况；检查车厢内外显示屏、车厢顺号是否正确；检查广播、视频系统性能良好，播放内容符合规定；督促保洁人员补做车内卫生，督促列车员整理车厢报纸杂志及清洁袋；一等座、商务座备品配备齐全，按规定定型；餐车食品配备充足，确保在保质期内，密封良好；广播语音清晰，音量适宜，用语准确，不干扰旅客正常休息，自动广播系统播报正确
	餐营检查	对餐车工作进行检查，检查情况记录在《列车长写实本》上。 1. 检查餐车（微波炉）油垢清理情况； 2. 对照上料单检查餐食配送情况（含防洪、应急物资）； 3. 检查餐营人员手机集中管理情况； 4. 检查餐车供应品种及小商品价格（价目表）； 5. 检查餐车食品、商品、售货车的定位存放情况； 6. 检查食品安全制度落实情况。 7. 对检查出的餐服及卫生整备问题要求及时整改，并督促落实； 8. 对设备设施问题及时报机械师进行处理	1. 餐车人员按规定清理工作台（微波炉）的油垢，清理彻底，保持干净； 2. 上车货物与上货（料）单相符，严禁经营人员私上货物。防洪应急食品按规定数量、品种配备齐全； 3. 餐车经营人员手机实行集中管理，除餐服长外，其他人员手机由餐服长收取集中存放； 4. 餐车有高中低不同价位商品供应，商品经营项目符合规定，有经营单位审定的价目表，质价相符，明码标价，一货一签，提供发票；餐车卫生许可证、承诺书真实有效，悬挂显目； 5. 食品应统一存放在餐车储藏柜内，售货车规范定位，制动存放； 6. 存放的餐料、商品定位放置，生熟分开，储藏柜加锁；餐车无"三无"产品（生产单位、生产日期、保质期）； 7. 发现问题及时落实、迅速整改；设备问题报告及时准确，客观详尽

项目		作业内容	质量标准
放前准备	听取汇报	使用对讲机接听取列车员"(G、C)××次列车1、2、3、4号整备完毕"列车员的汇报,用语标准:"G××次车长明白。"	接听及时,收听认真,对整备发现问题及时处理
	卫生检查	把列车保洁质量和整备质量发现的问题记录在《列车长写实本》上,并督促站台补强保洁和随车保洁人员及时补充	对出库卫生及整备质量不达标或出现重要问题时,列车长及时上报车间,并使用巡视记录仪留取视频资料
	填写台账	与机械师办理安全备品交接并签字确认,将接车检查出的问题情况填写在《列车长写实本》上,并与机械师交接,将未修复的设备故障情况填写在《动车组固定服务设施状态检查记录》上	内容准确,表述清楚,字迹清晰
	通话实验	通话实验:使用手持对讲机规定的频道分别与司机、乘警(安全员)、随车机械师进行通话联络试验,及时核对	注册准确,通话试验用语标准,与司机、机械师、乘警互留姓名及GSM-R号码,并做好登记
	通知准备	使用对讲机通知列车员整理仪容着装,做好放行准备。用语标准:"高(城)××次列车员,请整理仪容着装,做好放行前准备。"	用语规范、吐字清晰。按规定统一着装,制服干净平整,不得佩带任何饰物,按规定佩带职务标志,纽扣和拉链等应扣好、拉紧,衬衣扎在裤子内,女列车员化标准淡妆,确保仪容整洁,干净大方。列车巡视记录仪应佩戴于制服左肩处上,并保持在最佳部位,以保证摄录效果
放行作业	立岗放行	列车长在指定车厢[CRH380AL型动车班组在8号(靠9号)车车门处立岗值守,如2名列车长时2号列车长在列车尾部车厢门口立岗;CRH380A型动车班组在4车车门处立岗值守(重联时前组列车长在7车车门处立岗,后组列车长在10车车门处立岗)],距车外皮50 cm处,面向列车运行方向立岗,迎接旅客上车,解答旅客问询,办理客运业务	站立位置正确,立岗姿势标准,面带微笑,做好安全提示,解答问询耐心,办理业务认真
	办理交接	与车站客运值班员办理各项事务交接签字手续,掌握车站上水、吸污、高铁快运业务情况,做好站车交接。办理高铁快件交接	交接内容清楚,有记录、有签收,通知事项及时明确。站车联控用语标准,应答及时。始发站应在旅客开始上车前完成装车,列车长根据乘务人员汇报情况与快运公司作业人员办理交接,手续齐全,数量准确,包装完好

续表

项目		作业内容	质量标准
放行作业	组织乘降	协助车站组织旅客乘降，引导、安排重点旅客入座，通知进行重点照顾	旅客乘降秩序良好，重点旅客安排妥当
	下载数据	开车前 5 min 利用站车信息交互系统列车手持终端下载担当车次客流数据	登录准确，下载及时
	通知关门	1. 接到车站通知客运有关的作业完毕后，及时通知列车员汇报乘降并通知 2 号列车员广播全列关门前的安全提示两次，再使用 1 频道（467.200 MHz）通知司机："高（城）××次司机，××次列车请关门。" 2. 两组动车组重联时，由前进方向后组动车组列车长确认本组旅客上下完毕，使用对讲机频道 2（457.950MHz）向前组动车组列车长汇报。前组动车组列车长在确认全列客运作业完毕后通知前组 2 号列车员广播全列关门前的安全提示两次，再通知司机关门	按时接收通知；认真确认旅客上车完毕；列车长通知司机关闭车门，呼叫 5 s 后，未得到司机应答时，应再次呼叫。通知司机用语规范、清晰，不多、不少、不错、不漏

（二）列车员始发前作业

（1）在始发站旅客放行前 5 min，在车门处立岗，迎接旅客上车。遇旅客问询时，应保持微笑、耐心解答，对重点旅客应妥善安排。

（2）与列车长对时，确保各自设备的显示时间准确、一致。

（3）引导旅客就座，发现问题及时处理。

（4）及时劝告送客人员下车，不能处理时应向列车长报告。

（5）提示并帮助旅客将大件行李安放在大件行李处。

（6）开车前 5 min，广播提醒送客人员及时下车。

（7）向列车长报告值乘车厢的旅客乘降情况。

（8）列车启动时，行注目礼立岗出站。

列车员始发前作业标准如表 3-6 所示。

表 3-6 列车员始发前作业标准

项目	作业内容	质量标准
始发准备 / 全面整理	1. CRH380AL 型动车组 4 名列车员值乘时：1 号列车员按 1→4 车厢、2 号列车员按 8→5 车厢、3 号列车员按 9→12 车厢、4 号列车员按 16→13 车厢的顺序全面巡视车厢，检查补充车内卫生情况、整备情况；检查安全备品、服务设施设备和列车揭挂情况，1、4 号列车员清点定型商务座备品； 2. CRH380AL 型动车组 3 名列车员值乘时：1 号列车员按 5→1 车厢、2 号列车员按 11→6 车厢、3 号列车员按 12→16 车厢的顺序全面巡视车厢，检查补充车内卫生情况、整备情况；检查安全备品、服务设施设备和列车揭挂情况，1、3 号列车员清点定型商务座备品； 3. CRH380AL 型动车组 3 名列车员 2 名商务专职值乘时，2 号列车员按 3→6 车厢、3 号列车员按 10→7 车厢、4 号列车员按 14→11 车厢的顺序全面巡视车厢，检查补充车内卫生情况、整备情况；检查安全备品、服务设施设备和列车揭挂情况，2 号列车员协助清点定型一等座备品； 4. CRH380A 型动车组 2 名列车员值乘时：1 号列车员按 4→1 车的顺序、2 号列车员按 5→8 车的顺序（重联时后组按对应顺序）全面巡视车厢，检查补充车内卫生情况、整备情况；检查安全备品、服务设施设备和列车揭挂情况； 5. CRH380A 型动车组 3 名列车员值乘时：1 号列车员按 1→2，2 号列车员按 5→3，3 号列车员按 8→6 车的顺序（重联时后组按对应顺序）全面巡视车厢，检查补充车内卫生情况、整备情况；检查安全备品、服务设施设备和列车揭挂情况	按序巡视不漏车，检查全面不漏项，督促及时抓重点，尽快达标迎旅客。检查易耗品数量并协助保洁补充定型；检查洗脸间水温、电茶炉水温，调整洗手池水温（根据季节调整，40℃左右为宜）；检查垃圾袋是否湿润，保洁卡是否定型、填写；检查上部设施设备（灭火器、紧急按钮、烟雾报警器、防火隔断门、紧急破窗锤、厕所紧急呼叫按钮、防护网、应急梯、渡板）、服务设施设备和列车揭挂情况；检查车厢内外显示屏、车厢顺号是否正确；车厢视频记录器安装牢固，能正常录制；检查广播视频系统性能良好，播放内容符合规定；督促保洁人员补做车内卫生，整理车厢报纸杂志及清洁袋；一等座、商务座备品配备齐全，按规定定型；餐车食品配备充足，确保在保质期内，密封良好
主动汇报	将列车检查整备情况向列车长汇报。用语标准："高（城）××××次列车长，#至#号车厢整备完毕。"	汇报语言清晰，用语规范，重点突出
整理妆容	放行前接列车长通知后再次整理个人着装和仪容仪表	按规定统一着装，制服干净平整，不得佩带任何饰物，按规定佩戴职务标志，纽扣和拉链等应扣好、拉紧，衬衣扎在裤子内，穿着外套大衣时必须佩戴工作帽。女列车员化标准淡妆，确保仪容整洁，干净大方

续表

项目	作业内容	质量标准
放行作业 / 立岗迎客	1. CRH380AL 型动车组 4 名列车员值乘时，1 号列车员在 1 号车厢门内、2 号列车员在 8 车（靠近 9 号车）门内、3 号列车员在 10 车（靠近 9 号车）门内、4 号列车员在 16 车厢门内立岗；3 名列车员值乘时，1 号列车员在 1 号车厢门内、2 号列车员在 10 车（靠近 9 号车）门内、3 号列车员在 16 车厢门内立岗；3 名列车员 2 名商务专职值乘时 2 号列车员在 3 号（靠近 4 号）车厢门内、3 号列车员在 9 号（靠近 10 号）车厢车门内、4 号列车员在 14 号（靠近 13 号）车厢门内立岗； 2. CRH380A 型动车组：1 号列车员在 1 号车厢，重联后组在 9 号车厢门内立岗，2 号列车员在 6 号车厢门内站岗。 3. 立岗时，距开门一侧边门约 200 cm 处面向站台站立，运用规范用语，微笑鞠躬迎接旅客上车	接到列车长通知后及时到岗，在规定位置按标准站姿立岗，做好车门口扶老携幼及宣传服务，为旅客指引时手势标准，语言规范，保持微笑、鞠躬姿势（30°）标准规范，目光亲切，使用规范用语
放行作业 / 加强宣传	对大件行李、乘降安全及车门口禁烟进行宣传，必要时给予协助	用语规范、主动协助，提示将大件行李，铁器，锐器等不适宜放在行李架上的物品放在指定的大件行李存放处。提示旅客注意脚下缝隙，雨雪天气注意路滑
放行作业 / 掌握重点	掌握老、幼、病、残、孕等重点旅客情况，引导有需求的旅客就座，必要时给予协助，并上报列车长。遇高铁快件及时报告车长，协助车长交接	做到扶老携幼，知道重点旅客是谁、坐哪，有何困难。高铁快件数量准确，包装完好
放行作业 / 播报广播	CRH380AL 动车组 3 号列车员负责在开车前 5 min 进行开车前通告；CRH380A 动车组 2 号列车员负责在开车前 5 min 进行开车前通告	读音标准、播音流畅、音量适中，播报准确。遇突发情况，根据列车长通知，做好临时应急广播
放行作业 / 乘降汇报	接到列车长通知车站客运作业完毕后，列车员确认本岗位客运作业完毕后用对讲机频道 2（CH2:457.950MHz）向列车长汇报，用语标准："×××次×号乘降完毕，门槽无杂物。"列车长回复"收到"	认真确认旅客上车完毕，按小号至大号顺序通知汇报，通知时用语规范、清晰，不多、不少、不错、不漏

四、始发后作业

（一）列车长始发后作业

（1）自小号车厢开始进行全面巡视，对列车安全重点部位、设备设施、消防器材进行检查。

（2）检查行李、物品摆放情况，提醒旅客将大件行李及铁器、锐器等不适宜放在行李架上的物品放在指定位置并自行看管。确保行李物品摆放平稳，通道保持畅通。如图3-4所示为整理行李架。

图 3-4　整理行李架

（3）查验旅客车票及相关证件，并解答旅客问询。

（4）掌握车内旅客动态，了解重点旅客服务需求，检查其他乘务人员对重点旅客的服务是否到位。

（5）检查各车厢卫生间、盥洗间、通过台卫生，并根据查出的卫生问题及时提示保洁人员进行快速清洁和恢复。

（6）检查商务座、一等座旅客服务情况，巡查设备、设施使用状态。

（7）检查保洁人员对卫生间、盥洗间、通过台卫生的恢复情况。

（8）检查餐吧工作人员落实作业程序的情况，以及电器设备安全状态。

（9）从大号车厢起，核对空余座位，组织乘务人员查验车票，办理补票业务。

列车长在执行上述作业时，应态度亲切，执行规章时应熟练准确，尽量减少对旅客的干扰。

（二）列车员始发后作业

（1）列车出站后检查车门关闭状态。

（2）检查车厢视频监控设备的使用状态及电量情况。

（3）播放欢迎词，介绍列车设备、设施及列车服务。

目前，动车组列车多用车内显示屏按时段固定播放提示内容，已很少使用到人工广播，所播放的广播也多为提前录制好的内容。

（4）巡视车厢，检查行李摆放情况，并将露出行李架过多的部分或未摆放好的行李摆放好。

（5）提醒旅客将大件行李及锐器等不适宜放在行李架上的物品放到指定位置，确保行李物品摆放平稳，通道保持畅通，且不存在物品掉落伤人等安全隐患。

（6）协助列车长查验车票。

（7）掌握车内旅客动态，积极做好服务工作，耐心解答问询，落实"首问首诉"负责制，积极响应旅客诉求，遇到重点旅客主动提供帮助，做到"三知三有"。

（8）为符合规定的商务座、一等座旅客提供免费饮品、休闲食品和专项服务备品。

【任务实施】

一、任务准备

分组：全班学生分为若干组，每组10人，包括1名列车长、4名列车员和5名旅客。

二、实施过程

虚拟现实之"模拟动车组列车始发作业"。

1. 场景设计

（1）每组学生自行设计本组的模拟场景。

（2）每组至少设计2组场景，在2组场景中，组内成员轮流扮演乘务人员和旅客。

（3）设计的场景是列车始发前后各乘务人员的作业和服务等，包括检查仪容和服饰，到队接车，检查车厢设备、设施状况和备品摆放情况，立岗，引导旅客上车，确认旅客上车情况后关门开车，开车后检查行李摆放等工作。除了常规的作业外，还可以在场景中设计各种特殊情景，如交接重点旅客、提醒旅客将不规范的行李摆放好、制止旅客抽烟等，乘务人员应根据不同的情景进行不同的应对。

2. 模拟练习

（1）每组学生根据自己设计的场景进行练习。

（2）老师在学生练习的过程中，进行观察和指导。

（3）练习时间可根据课程具体情况合理安排。

3. 表　演

（1）老师根据自己的观察，指定具有代表性的小组上台表演；学生也可主动要求上台表演。

（2）每组表演完成后，老师可让台下的学生发表自己的观后感，以及对表演的评价。

【强化提升】

请结合教材相关内容、查阅网络文字资料、读取视频资源，完成以下任务工单。

始发作业基础知识工单

1. 知识强化

（1）列车长应提前_____到派班室报到，接受命令，听取重点工作，填写或录入乘务日志。

（2）列车长在出乘阶段需要召开出_____。

（3）列车长应在列车始发前_____组织乘务人员列队到站台接车。

（4）列车长在列车始发前应在_____与车站客运值班员办理交接，掌握客流情况。

2. 技能训练

（1）所需工具、检具：

（2）小组成员分工：

（3）任务计划：

逻辑建议：①实战计划—②小组成员构成与分工—③所需工具、检具—④实战过程及结果。

【课程思政】

最美列车员

1月28日上午，有网友@小鱼儿与小渔上传了几张照片，有列车员背着老人上火车的，还有列车员帮着抱孩子的，本以为他们天天跟火车全国到处跑挺美的，没想到挺不容易的！网友说道："那天我坐火车去南宁，火车走到河北省境内时，停靠了一个小站，那个站的站台很低，需要通过火车的梯子才能上车。"小于说，"站台上的人不多，火车停靠时，人们背着包裹上下车。当时我无聊地望着窗外，正看到一个列车员背着一个旅客上火车，我以为那旅客认识铁路的人，就随手拍了一张照片。"小于说，"我一直觉得，列车员和空姐差不多，天天跟着火车到处跑，服务方面比空姐要差一些，没想到他们服务做得这么好！"接下来每次火车停靠的时候，她发现列车员都不闲着，不是帮乘客抱孩子，就是帮乘客拿包裹、搀扶老人，"后来我发现，其他的男列车员也是那么做的，真是好样的！"

以此案例让学生认识到个人社会价值的实现、科技的突飞猛进、国家的快速发展，都离不开爱岗敬业、精益求精、持之以恒的"工匠精神"，而当代大学生肩负实现中华民族伟大复兴的历史使命，更要注重培养他们的"大国工匠"。

【任务考评】

考核内容		考核评分		
项目	内容	配分	得分	批注
工作准备（25%）	能够正确理解工作任务内容、范围及工作指令	5		
	能够查阅和理解技术手册，确认技术标准及要求	5		
	能正确使用防护用品	5		
	准备工作场地及器材，能够识别工作场所的安全隐患	5		
	确认设备及工具量具，检查其是否安全及正常工作	5		
实施程序（60%）	设计的场景完整、真实	20		
	各小组成员参与度高	20		
	模拟练习时工作过程正确、流畅、态度热情	20		
完工清理（15%）	对工具及设备进行清洁	10		
	按照工作程序，填写完成作业单	5		
考核评语	考核人员：　　　　　　　　　　　年　月　日	考核成绩		

组内学生互评				
评价项目	评价内容			得分
	优秀（90~100）	良好（80~89）	加油（0~79）	
沟通交流能力	能够有效地运用多种交流形式	基本能运用多种交流形式	很难运用多种形式交流	
合作交往能力	尊重他人，能与他人良好合作交流	基本上能做到与他人合作交流	不能与他人良好地沟通交流	
观察事物能力	观察能力强，细致全面，观察深刻	按要求观察，能发现事物的一些特征	无目的观察，不能把握事物特征	
动手操作能力	能积极主动按项目指引完成操作	能按要求完成操作	不能完成操作	
想象创造能力	能够有拓展性地完成工作任务	能够想到新的方式完成任务	按照课本要求完成基本工作	
小组评语	评价人签字：　　　　　　　　　　年　月　日		互评成绩	

企业导师评价			
评价项目	评价内容	评价成绩	备注
工作准备	任务领会、资讯查询、器材准备	□A □B □C □D □E	
知识储备	系统认知、原理分析、技术参数	□A □B □C □D □E	
计划决策	任务分析、任务流程、实施方案	□A □B □C □D □E	
任务实施	专业能力、沟通能力、实施结果	□A □B □C □D □E	
职业道德	纪律素养、安全卫生、器材维护	□A □B □C □D □E	
其他评价			
导师签字		日期	年 月 日

注：在选项"□"里打"√"，其中 A：90～100；B：80～89；C：70～79；D：60～69；E：不合格。

任务二 途中作业

【任务导入】

任务名称		途中作业			
姓 名		班 级		成 绩	
组 别		组 长		场 地	
日 期		学 时		指导教师	
任务目标	知识目标	掌握动车组列车列车长和列车员途中作业内容			
	能力目标	能够在动车组列车的途中作业阶段做好所在岗位的工作			
	素质目标	树立安全意识			
情景案例	某日,一列高铁从廊坊站开出。列车员小丁在核对车票时,发现6号车厢有位旅客有无票的嫌疑。因为这位旅客被查到已越站时,虽声称自己要办理延长票,却再三拖延不补。 小丁将这一情况通知了列车长小钱。小钱赶到后,凭多年乘务的经验感觉这位旅客想长乘短补,钻铁路的空子。但话留余地、礼让三分,小钱婉转地问他:"先生是否因公临时改变行程?"该旅客连声说是,并爽快地把票办到了前方的济南西站。 列车在济南西站开车后,小丁再次巡视车厢、核对车票时,发现一个熟悉的身影起身离开了座位。这一举动没有瞒过小丁,她追了上去,叫住了该旅客,此时越站旅客才尴尬地抬头看向小丁。小丁严肃地问他:"先生,您为什么又越站了?"该旅客百般辩解,且拒绝再次补票。 小丁迅速将此事报告了列车长小钱,小钱赶来后,将该旅客引导至周围没有其他人的地方,悄声对旅客说:"先生,您好,是不是您的行程又出现了变化?如果是这样,每站开出您都需要补票到下一站,那每次都会产生手续费,这可比一次性补票贵不少,请问您是要到杭州站吗?" 该旅客发现列车长识破了自己的意图,却每次说话都给自己留有余地,没有伤他的面子,便不好意思地笑着把票补全了。 请思考: (1)动车组列车的列车员在列车运行途中都需要完成哪些工作? (2)如何做好列车运行途中的各项工作?				

【知识讲解】

一、运行途中作业

(一)列车长运行途中作业

1. 检查保洁作业

在列车运行途中,列车长应负责检查保洁作业情况,并根据检查出的卫生问题及时提醒保洁人员进行快速恢复,具体作业内容如下。

(1)督促保洁人员及时清理车内的垃圾,并更换满溢的垃圾袋,将其定位摆放。

(2)随时检查卫生间及盥洗间的卫生情况。

(3)督促保洁人员对卫生间、盥洗间、通过台随时进行清洁。

2. 检查餐饮供应情况

列车长在列车运行途中,应严格把控食品卫生关,并确保旅客餐饮供应,具体作业内容如下。

(1)核对售货品种和价目表,检查食品包装、生产日期等信息。

(2)检查餐服人员着装、服务、用语等是否符合工作标准,了解旅客对饮食供应的满意程度。

(3)检查餐吧电器设备的使用及安全状态。

(4)供餐时间检查餐吧卫生清理及保持情况。

(5)巡视和检查商务座、一等座旅客服务落实情况,掌握商务座、一等座旅客动态。

3. 巡视车厢

在列车运行途中,列车长应每1~2 h巡视车厢一次,掌握车内旅客动态,处理服务过程中遇到的各类问题,为重点旅客提供相应服务。

列车长运行途中作业标准如表3-7所示。

表3-7 列车长运行途中作业标准

项目		作业内容	质量标准
通用项目	单机作业	途中司机换乘后列车长要与接班司机互留姓名、GSM-R号码并再次核对时间记录在《列车长写实本》上;遇就餐时间,督促餐服人员为司机送餐;司机需用厕所时,通知保洁员到站前按规定锁闭预留厕所	核对及时,内容填写清晰准确;按照规定提前准备,及时送餐;预留厕所按规定及时锁闭,保持清洁
	安检查危	列车长组织乘警(安全员)对全列各重点部位进行检查,由负责管理相应车厢的乘务员配合,对可疑行李开包检查;列车运行途中及中途客流密集的车站,由列车长在巡视中进行抽查,乘警(安全员)和相应车厢乘务员配合	采取始发全面检查,途中重点抽查,关键车站集中检查的方式。单程全面检查不少于1次,进京列车途中有停站的不少于2次。进行安检查危时,列车长应在《列车长写实本》上记录检查时间、相关区段、检查(抽查)件数。如查出危险品交乘警(安全员)处理,并做好记录

续表

项目		作业内容	质量标准
通用项目	卫生检查	对厕所卫生状况进行检查督促，检查厕所卫生监督卡签阅情况	列车长每半小时检查一次，检查不漏项，并将检查结果问题填写在《列车长写实本》上。督促列车员、保洁员整改，并每 1 h 签字一次
	核验车票	始发核验车票时，播放查票广播，面向旅客核验车票。查验 1~8 车厢车票时，由列车长分别带领 1 号、2 号乘务员和安全员，核验 9~16 车厢车票时，由列车长分别带领 3 号、4 号乘务员和安全员。原则上乘务员核票不离开其值乘区域。车厢内核票时，口播查票宣传词。其他站（时段）查验车票按站车客运信息无线交互系统手持终端机提供的信息，组织列车员对空余座位进行核对，对旅客实名制车票及相关证件进行核对，需补票旅客及时补票	列车内的验票工作由列车长负责组织实施，由列车员、安全员配合。验票原则上动车组列车运行时间超过 2 h 的，始发后全面验票验证 1 次，途中由列车长根据站车交互系统手持终端机数据组织精准验票验证；运行时间不足 2 h 的由列车长根据站车交互系统手持终端机数据组织抽验，特殊区段由列车长决定查验次数的增减。核对正确，要求票、证、人相符，严格堵漏，抓好补票收入，结算准确，及时入柜加锁加密。启用第二部票机时，办理交接签认手续
	填写实本	将作业及检查情况填写在《列车长写实本》上	填记翔实，责任明确
	就餐间休	1. 按规定的就餐时间安排乘务人员分批就餐，安排保洁员交错就餐。早餐 07:30—7:50 分、中餐 12:30—12:50 分、晚餐 19:30—19:50 分，列车长合理安排用餐时间，如遇晚点、在折返站、站台班组交接、途中停车站等情况，可提前或推后。 2. 如遇非就餐时间，跨局动车组列车单程运行时间超过 5 h，全程运行时间超过 10 h，折返时间不超过 40 min，在完成本岗位各项工作的前提下可实行间休。间休期间，作业标准、作业程序由原来 1（2）长 2（4）员变更为 1 长 1（3）员（间休地点根据车型由各车间制订）	1. 错开旅客就餐高峰，根据线路运行特点定时定点分批用乘务餐，每班用餐时间不超过 20 min。其他时段不在旅客面前吃食物和出现其他不文明、不礼貌的行为，接班前和工作中不食用异味食品。 2. 动车组列车乘务途中间休原则上单程依次安排一次，每次间休 1 h。列车在始发后 1 h 内，终到前 1 h 内均不得安排间休。其他工作人员分别承担就餐/间休人员车厢工作，确保车厢乘务工作正常进行
	协助供餐	遇经停站需配送互联网餐食时，列车长应关注餐食数量，如餐服人员在 30 min 内确实无法完成送餐工作时，餐服长应及时报告列车长请求协助，列车长安排乘务人员协助餐车做好互联网送餐工作	在不影响必要乘务作业、处置突发事件等情况下，接到餐服长请求时，列车长应安排乘务人员积极配合做好互联网送餐工作，在 30 min 内将餐食送到旅客手中

续表

项目	作业内容	质量标准
业务办理	做好需要与车站办理交接的各项准备工作： 1. 做好重点旅客交接准备工作； 2. 编制挂失补、越站、误乘等客运记录，做好交接准备； 3. 做好旅客遗失物品交接准备工作； 4. 联系机械师统计车内水箱、集便器使用情况，有需要时联系车站做好列车上水、吸污准备	各项手续、资料齐全，提前通知到位
通用项目 巡视车厢	1. 开车后列车长(分别)对全列进行巡视。每 30 min 巡视 1 次，运行区间不足 30 min 的进行重点巡视：(1)检查车内行李摆放及车内整容；(2)检查车厢卫生保持情况，督促随车保洁人员、列车员做好车内卫生工作；(3)检查工作人员作业程序和标准的落实情况；(4)检查餐车饮食供应、商品经营情况，加强对商品销售人员经营行为的盯控；(5)检查指导列车员对重点旅客的服务情况。安排、照顾重点旅客；(6)检查一等座"六个一"及商务座专项服务落实情况；(7)检查列车服务设备设施和安全设备情况；(8)督促落实各项禁烟工作，对发现在车厢内吸烟的旅客及时制止；(9)督促易耗品补充情况；(10)督促落实卫生质量监督卡填写情况；(11)对检查出的卫生整备问题及时整改，督促落实；(12)对途中设备设施问题及时报机械师进行处理；(13)遇就餐时间安排工作人员交错就餐；(14)根据车内旅客动态，适时宣传旅行须知，随时处理列车事务，接待来访，受理投诉。 2. 每次巡视车厢的顺序及值守位置：(1) CRH380A：列车长在 4 车车门处立岗值守，列车出站台后，按 4 车→1 车→8 车（重联时前组列车长在 7 车车门处立岗，按 8 车→1 车；后组列车长在 10 车车门处立岗，按 9 车→16 车）的顺序全面巡视车厢。(2) CRH380AL：列车长在 8 车（靠 9 车）车门处立岗值守，列车出站台后，按 9 车→1 车→16 车的顺序全面巡视车厢（2 名列车长时，2 号列车长在 2 车门处立岗值守，开车后 1 号、2 号列车长分别对 1 至 8 号和 9 至 16 号车厢进行巡视。）	1. 按规定的车厢顺序巡视车厢：(1)行李架、衣帽钩上物品摆放符合规定，行李架和走道上无大件行李；(2)对厕所、废物箱、洗脸间、车门口、电茶炉、风挡连接处等部位进行重点检查；(3)工作人员按标准落实作业程序，工作人员坚守岗位，服务用语规范；(4)做好旅客供餐及乘务餐供应准备。下车厢销售时，主动避让旅客，售卖价格适中，经营规范，无旅客不良反映；(5)做到全面服务、重点照顾，帮助旅客解决旅行困难。为有需求的老、幼、病、残、孕旅客提供帮助。尊重民族习俗和宗教信仰；(6)一等座、商务座备品配备齐全，按规定定型；(7)检查车内温度、洗脸间水温、电茶炉水温是否在规定范围。检查灭火器、紧急按钮、烟雾报警器、紧急破窗锤是否齐全。检查车厢内显示屏、视频电视、广播、列车揭挂是否正确良好；(8)严格落实厕所垃圾袋注水、保洁卡巡视签字制度并督促列车员加强禁烟广播和车内禁烟宣传工作；(9)易耗品补充及时，足量够用；(10)卫生质量监督卡填写规范，不提前、不滞后；(11)发现问题及时落实、迅速整改；(12)设备问题报告及时准确，客观详尽；(13)就餐时要坐姿端正，咀嚼食物要慢，不发出声音，每班用餐时间不超过 20 min；(14)接待旅客热情，解答问询耐心，处理问题细心，按规定及时填写《列车长写实本》。编制记录和拍发电报准确及时、内容简练、符合要求。 2. 按规定的车厢顺序巡视车厢及归位值守，动作标准规范，目光亲切，面带微笑。途中遇旅客时不得抢道，侧身避让，使用规范用语

（二）列车员运行途中作业

1. 核对席位

在列车运行途中，列车员应根据售票信息，从小号车厢起，核对分管车厢的空余席位，统计乘车人数，对持电子客票旅客的乘车信息进行核实，发现需要办理挂失补业务或乘车条件不符的旅客，应通知列车长处理。

2. 清理并检查卫生

列车员应检查、督促、协助保洁人员做好卫生保持，具体作业内容如下：

（1）随时检查卫生间及盥洗间的卫生情况、消耗品的使用情况，保证列车卫生质量和消耗品的正常供应。

（2）检查途中保洁作业情况，并督导保洁人员落实半小时巡视、清理卫生间工作，并在"卫生明示卡"上签字。

（3）及时整理车容卫生。清理小桌板、座椅面、地面上的杂物。

（4）将空座位的小桌板、遮光帘、杂志、座椅扶手、脚蹬等及时复位，及时清理空座位上的杂物。

（5）及时更换满溢垃圾袋，将其系紧扎严，防止液体外漏，放于非乘降车门侧，不得放在车厢连接处或车门翻板上。

3. 巡视车厢

列车员在列车运行途中应每 30 min 巡视车厢一次，巡视时，具体工作内容如下：

（1）加强设备、设施检查，做好爱车宣传，发现问题及时向列车长报告。

（2）及时制止旅客在车厢内大声喧哗、脚搭桌板、鞋踩座椅等不文明乘车行为。

（3）随时解答旅客问询，向旅客介绍设备、设施的使用方法，适时对旅客进行安全提示、禁烟宣传。

（4）在用餐时间协助餐服人员做好供应。

（5）有旅客点餐时，要及时通知餐服人员。

（6）监控广播、电子屏、视频播放器的播放内容及显示情况，发现异常及时报告列车长。

列车员运行途中作业标准如表 3-8 所示。

表 3-8 列车员运行途中作业标准

项目		作业内容	质量标准
通用项目	巡视车厢	1. 列车员开车后每 30 min 巡视全列至少 1 次，运行区间不足 30 min 进行重点巡视：（1）调整行李架，整理衣帽钩，保持车容整齐；（2）协助保洁对车内卫生进行补充，保持车容整齐；（3）对重点旅客有针对性地提供相应服务及帮助；（4）加	1. 行李架上的物品摆放符合规定，行李架和走道上无大件行李，车容整理达到标准； 2. 连接处、洗脸间、厕所、通过台等处所卫生干净清洁，废物箱内清扫用具清洁、摆放整齐；垃圾袋安放牢固，更换及时。严格落实厕所垃圾袋注水、保洁卡巡视签字；

续表

项目		作业内容	质量标准
通用项目	巡视车厢	强巡视,严格落实禁烟制度,做好车内禁烟宣传;(5)清理擦抹座椅背后的托板,及时整理置物袋内书报杂志,补充清洁袋,还原座椅;(6)协助一等座车厢餐服人员提供"六个一"服务。维持列车秩序,及时劝阻持二等座车票的旅客进入一等座、商务座车厢(配有专职服务员时2号列车员在完成一等座专项服务工作后,协助商务座专职完成专项服务工作);(7)负责车厢内广播工作(CRH380AL动车组值乘时,5名列车员和4名列车员时皆由3号负责播放广播,CRH380A动车组由2号列车员负责);(8)根据车内旅客的动态,适时宣传旅行须知,耐心解答旅客询问,执行"首问首诉负责制";(9)随时监控车厢的安全,关注车内重点部位,通过较大隧道、桥梁时,加强巡视,认真履行安全职责;(10)宣传文明乘车,制止旅客不文明乘车行为。 2.列车出站台后,巡视车厢。每次巡视车厢的顺序及值守位置:CRH380AL动车组4名列车员值乘时巡视车厢的顺序为:1号列车员1车→4车,作业完后,回到1号车值守;2号列车员8车→5车,作业完后,回到8号(靠9号)车厢门内值守;3号列车员9号→12车,作业完后,回到10号(靠9号)车厢门内值守;4号列车员16车→13车,作业完后,回到16号车厢门内值守	3.做到全面服务、重点照顾,送水及时,服务到位; 4.加强禁烟广播和车内禁烟宣传工作,发现旅客吸烟时及时劝阻,耐心解释,态度平和,语言文明,做好各项宣传预防工作; 5.回收杂物时,动作及时迅速,防止回收物泼洒溅漏,清洁袋补充及时、齐全; 6.读音标准、播音流畅、音量适中。密切注视车厢动态,劝阻及时、用语委婉,使旅客乐于接受。车内秩序良好,无旅客越席乘车。配合默契,服务周到及时; 7.按规定使用文明服务用语,落实"首问首诉负责制",接待旅客热心,解答问题耐心,接受意见虚心,工作认真细心; 8.安全意识树立牢固,卡控到位; 9.制止旅客时语言文明,态度和蔼; 10.按规定的车厢顺序巡视车厢及归位值守,动作标准规范,目光亲切,面带微笑。途中遇旅客时不得抢道,侧身避让,使用规范用语

续表

项目	作业内容	质量标准
通用项目	巡视车厢	3名列车员2名商务专职值乘时巡视车厢的顺序为：2号列车员3车→6车，作业完后，回到1号车值守；3号列车员10车→7车，作业完后，回到9号（靠近10号）车厢门内值守；4号列车员14车→11车，作业完后，回14号（靠近13号）车厢门内值守； CRH380A 2名列车员值乘时巡视车厢的顺序为：1号列车员在1号车厢（重联后组在9号车厢）门内立岗，按1号→4号（重联后组为9号→12号），作业完后，回到1（9）号车厢门内值守；2号列车员在6号车厢（重联后组在14号车厢）门内立岗，按5号→8号（重联后组为13号→16号），作业完后，回到6（14）号车厢门内值守。立岗时，距开门一侧边门约200 cm处面向站台站立，运用规范用语，微笑鞠躬迎接旅客上车	1. 行李架上的物品摆放符合规定，行李架和走道上无大件行李，车容整理达到标准； 2. 连接处、洗脸间、厕所、通过台等处所卫生干净清洁，废物箱内清扫用具清洁、摆放整齐；垃圾袋安放牢固，更换及时。严格落实厕所垃圾袋注水、保洁卡巡视签字； 3. 做到全面服务、重点照顾，送水及时，服务到位； 4. 加强禁烟广播和车内禁烟宣传工作，发现旅客吸烟时及时劝阻，耐心解释，态度平和，语言文明，做好各项宣传预防工作； 5. 回收杂物时，动作及时迅速，防止回收物泼洒溅漏，清洁袋补充及时、齐全； 6. 读音标准、播音流畅、音量适中。密切注视车厢动态，劝阻及时、用语委婉，使旅客乐于接受。车内秩序良好，无旅客越席乘车。配合默契，服务周到及时； 7. 按规定使用文明服务用语，落实"首问首诉负责制"，接待旅客热心，解答问题耐心，接受意见虚心，工作认真细心； 8. 安全意识树立牢固，卡控到位； 9. 制止旅客时语言文明，态度和蔼； 10. 按规定的车厢顺序巡视车厢及归位值守，动作标准规范，目光亲切，面带微笑。途中遇旅客时不得抢道，侧身避让，使用规范用语
	安检查危	在列车长的组织下对所管理的车厢各重点部位进行检查，对可疑行李开包检查；运行途中及中途客流密集的车站，配合列车长进行抽查	采取始发全面检查，途中重点抽查，关键站集中检查的方式，单程全面检查不少于1次，进京列车途中有停站的不少于2次
	厕所清理	对值乘区域厕所卫生情况进行检查，并协助保洁恢复整理	列车员对厕所内台面、马桶圈等部位水渍、污渍进行清理，易耗品恢复定型，提醒保洁及时补充，厕所地面、便池等需要使用保洁工具的清理工作由随车保洁人员完成

续表

项目		作业内容	质量标准
通用项目	签保洁卡	对厕所卫生状况进行检查，30 min 巡视一次，每 60 min 签阅一次卫生质量监督卡。终到站后收取	检查不漏项，填记真实客观，按时签阅，不提前、不滞后。终到站后清点数量交列车长保管
	核查车票	按站车客运信息无线交互系统手持终端机提供的信息，对空余座位进行核对，对旅客实名制车票及相关证件进行核对，核对儿童票、学生票、军残票等特殊票、有需补票旅客时通知车长及时补票、协助列车长办理补票业务，处理有关事项	按规定核查车票。根据列车长提供的空余座位信息认真核对，要求票、证、人相符，严格堵漏，卡控越席越站，抓好补票收入，结算准确，及时入柜加锁。启用第二部票机时办理交接签认手续
	协助供餐	根据列车长安排协助餐车做好互联网送餐工作	在不影响必要乘务作业、处置突发事件等情况下，接到列车长安排的乘务人员积极配合做好互联网送餐工作，在 30 min 内将餐食送到旅客手中
	就餐间休	按规定的就餐时间听从列车长安排交错与保洁员一同就餐。如遇非就餐时间段满足间休条件时由列车长安排在规定地点进行间休。未间休列车员按 1 长 2、4、5 员变更为 1 长 1、3、4 员执行作业标准	错开旅客就餐高峰，乘务餐实行分班制，按照列车长的安排就餐，其他时段不在旅客面前吃食物和出现其他不文明、不礼貌的行为，接班前和工作中不食用异味食品。用餐时间不超过 20 min。列车员在间休时应充分休息，严禁串岗聊天、玩手机。其他工作人员分别承担就餐/间休人员车厢工作，确保车厢乘务工作正常进行
	播报广播	到站前、开车前、开车后、运行中播报列车广播	按广播流程进行广播播报。遇突发情况，根据列车长通知，做好临时应急广播

二、站停作业

（一）列车长站停作业

1. 站停前作业

列车到站停车前，列车长应做好一系列准备工作，具体如下：

（1）到达有上水、吸污作业的车站前，应组织列车员对车厢用水情况进行统计，有严重缺水或污物箱满溢的，应提前与前方站联系。

（2）查询互联网订餐及特产预订情况，及时通知列车员到指定车门处做好交接准备。

（3）提前 5 min 通报站名，提醒旅客做好下车准备，并做好安全乘路宣传。

（4）巡视车厢，到指定车门位置立岗，加强宣传引导。

（5）列车晚点或临时停车时，列车长应向司机了解晚点或停车原因，及时上报晚点及停车情况，向旅客做好解释和安抚工作。

2. 站停作业

列车进站停车后，列车长负责的作业内容如下：

（1）在指定位置立岗，监控旅客乘降情况，遇到车门故障时，及时组织旅客从其他门下车。

（2）督促乘务人员对在车外逗留和吸烟的旅客加强安全提示，避免旅客漏乘。

（3）安排乘务人员在设有无障碍设施的车厢门口立岗作业，及时为旅客提供适需服务。

（4）在可以投放垃圾的车站，应督促保洁人员及时将垃圾袋投放在指定位置。

（5）做好站车交接工作，要做到交接清楚，重要事项有签字。

（6）中途站需要进行上水作业时，应确认车内水量，做好记录。

（7）在高铁快件办理站，应监督押运人员组织高铁快件快速装卸，并与押运人员办理交接。

（8）开车前，接到车站与客运有关的作业完毕通知后，按规定通知司机或随车机械师关闭车门（重联时，后组列车长确认本组作业完毕后，向前组列车长报告）。

3. 站停后开车作业

列车从停息站发车后，列车长应参照列车始发标准进行巡视、验票等作业。列车长站停作业标准见表3-9。

表3-9 列车长站停作业标准

项目	作业内容		质量标准
停站作业	立岗迎客	到站前1 min CRH380AL型动车列车长站在8号（靠9号）车门口立岗；CRH380A型动车列车长站在4车（重联时前组列车长在7车、后组列车长在10车）车门口立岗；车门开启后，距车外皮50 cm处，面向旅客放行方向立岗	立岗位置准确，面带微笑，目光亲切，用语规范，各项准备工作充分
	组织乘降	协助车站做好旅客乘降组织工作，引导旅客乘车，帮助重点旅客乘降。垃圾投放站检查保洁垃圾投放情况	重点旅客重点照顾，确保旅客乘降安全有序。垃圾按规定车站及车站指定的投放点进行投放
	办理交接	短编组动车组在4、5号车厢之间；重联动车组在7、8号车厢之间；长编组动车组在8、9号车厢之间与车站客运值班员办理交接手续	确保安全正点，站车交接及时，交接事项清楚，记录签收认真

续表

项目		作业内容	质量标准
停站作业	通知关门	听取各岗位汇报乘降并接到车站与客运有关的作业完毕通知时,进行全列瞭望确认后,使用 1 频(467.200 MHz)通知司机:"高(城)××次司机,××次列车请关门。"两组动车组重联时,由前进方向后组动车组列车长确认本组旅客上下完毕,向前组动车组列车长汇报。前组动车组列车长在确认全列旅客乘降并接到车站与客运有关的作业完毕通知后,按规定通知司机或随车机械师关闭车门。遇设置有安全门的车站,列车长需待安全门关闭后,再行确认安全门内无人或异物	按时接收通知,认真确认旅客上车完毕,列车长通知司机关闭车门,呼叫 5 s 后,未得到司机应答时,应再次呼叫,通知司机用语规范、清晰、不多、不少、不错、不漏

(二)列车员站停作业

1. 站停前作业

列车到站停车前,列车员应做好一系列准备工作,具体如下。

(1)在到达需要进行有上水、吸污作业的车站前,应对车厢用水情况进行统计,有严重缺水或污物箱满溢的,立即报告列车长。

(2)若有旅客在到达站有互联网订餐或预订了特产,到站前应及时到指定车门处做好交接准备。

(3)提前 5 min 通报站名,提醒旅客做好下车准备,并做好安全乘降宣传。

(4)协助重点旅客做好下车准备。

(5)列车停车时按照始发立岗位置立岗,及时观察左右车厢旅客下车情况,遇到车门故障时,及时通知列车长,并组织旅客从其他车门下车。

列车晚点或临时停车时,列车员要坚守岗位,加强巡视,向旅客做好解释和安抚工作、列车晚点时间较长时,应掌握重点旅客的服务需求,做好服务;还应对中转换乘的旅客进行统计,及时报告列车长。

2. 站停作业

列车进站停车后,列车员负责的工作内容具体如下。

(1)监控旅客乘降情况,对在车外逗留和吸烟的旅客加强安全提示,避免旅客漏乘。

(2)在设有无障碍设施的车厢门口立岗时,应及时为旅客提供适需服务。如图 3-5 车厢门口立岗。

(3)在可以投放垃圾的车站,将垃圾袋投放到指定位置,垃圾袋损坏时要及时套袋,防止液体等外漏。

(4)在有旅客进行互联网订餐或预订特产的车站,应与车站配送人员办理物品交接并签字。

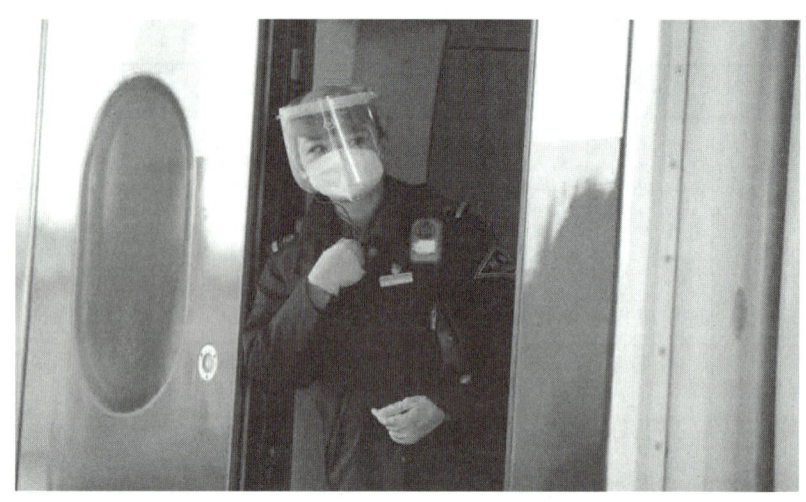

图 3-5　车厢门口立岗

（5）确认旅客乘降、餐吧物品和高铁快件装卸完毕后，及时报告列车长。

（三）站停后开车作业

列车发车后，列车员应参照列车始发标准进行巡视、验票等作业。

有互联网订餐及预订特产的旅客，列车员还应在开车后派发旅客订购的餐品及特产，派发完毕后，及时向列车长报告，由列车长反馈派发信息并标记异常订单。列车员站停作业标准如表 3-10。

表 3-10　列车员站停作业标准

项目		作业内容	质量标准
停站作业	立岗迎客	到站前 1 min 列车员在规定车门口立岗，迎接旅客上车	立岗位置准确，微笑、鞠躬姿势（30°）标准规范，目光亲切，用语规范
	组织乘降	做好到站前巡视、重点旅客引导。协助车站做好旅客乘降组织工作，做好车门口安全提醒。协助列车长做好高铁快运交接	旅客乘降有序，主动协助需要帮助的旅客，提示将大件行李、铁器、锐器等不适宜放在行李架上的物品放在指定的大件行李存放处。提示旅客注意脚下缝隙，雨雪天气注意路滑
	帮助重点	帮助重点旅客乘降	扶老携幼，主动热情，诚恳细心
	报告乘降	开车铃响列车员确认旅客乘降完毕后，口头通知列车长乘降完毕。遇有安全门车站时，必须在安全门关闭后确认安全门内无人和杂物，方可通知列车长	认真确认旅客上车完毕，按小号至大号顺序通知汇报，通知时用语规范、清晰，不多、不少、不错、不漏

【任务实施】

一、任务准备

分组：全班学生分为若干组，每组12人，包括1名列车长、3名列车员和8名旅客。

二、实施过程

虚拟现实之"模拟动车组列车途中作业"。

1. 场景设计

（1）每组学生自行设计本组的模拟场景。

（2）每组至少设计3组场景，在3组场景中，组内成员轮流扮演乘务人员和旅客。

（3）设计的场景是动车组列车列车长和列车员在列车运行途中和站停时的作业与服务。除了验票、检查行李、组织乘降等常规作业外，可以在场景中设计各种情景，如重点旅客需要帮助、旅客在卫生间内吸烟等，乘务人员应根据不同的情景进行不同的应对。

2. 模拟练习

（1）每组学生根据自己设计的场景进行练习。

（2）老师在学生练习的过程中，进行观察和指导。

（3）练习时间可根据课程具体情况合理安排。

3. 表演

（1）老师根据自己的观察，指定具有代表性的小组上台表演；学生也可主动要求上台表演。

（2）每组表演完成后，老师可让台下的学生发表自己的观后感，以及对表演的评价。

【强化提升】

请结合教材相关内容、查阅网络文字资料、读取视频资源，完成以下任务工单。

途中作业基础知识工单

1. 知识强化
（1）在列车运行途中，列车长应每_____巡视车厢一次，掌握车内旅客动态，处理服务过程中遇到的各类问题，为重点旅客提供相应服务。
（2）在列车运行途中，列车员应根据售票信息，从_____起，核对分管车厢的空余席位，统计乘车人数，对持电子客票旅客的乘车信息进行核实，发现需要办理挂失补业务或乘车条件不符的旅客，应通知列车长处理。

（3）列车员在列车运行途中应每_____巡视车厢一次。

2. 技能训练

（1）所需工具、检具：

（2）小组成员分工：

（3）任务计划：

逻辑建议：①实战计划—②小组成员构成与分工—③所需工具、检具—④实战过程及结果。

【课程思政】

高铁上的一名列车长

2009 年，武广高铁开通，屈培成为高铁上的一名列车长，她秉承"做工作就要做到最好，做到让旅客满意"的服务理念，引导乘务员多学多思，提升服务技能。武汉至北京西往返 2500 km，每趟乘务，屈培都连续站立工作 12 h，行走 2 万多步，每 20 min 巡视车厢一次，解答旅客问询几千次，服务重点旅客多达百余位。屈培凭着对客运事业的坚守与敬业，不忘初心，践行承诺，收获了满满赞许，于 2016 年 5 月被武汉铁路局聘为正式的合同制职工。从懵懂到成熟，屈培将她最美好的青春洒在了高铁这片热土上，成长为"凤舞楚天"示范班组的一名列车长。屈培相信，细节决定成败，把看似简单的服务做精做细，做到旅客的心里去，才是服务工作的本质。客运规章，她倒背如流；礼仪培训，她夏练三伏，冬练三九；化妆技巧，她与小伙伴分享；沿途人文景观和风土人情，她烂熟于心。她注重带好队伍，参与文莉劳模工作室的服务攻坚研讨，在细微上体现精准服务，提升列车服务品质，树立荣誉典型，以优秀工作者为榜样，弘扬劳模和工匠精神，增强行业凝聚力，树立学生职业荣誉感。

【任务考评】

项目	考核内容		考核评分		
	内容	配分	得分	批注	
工作准备（25%）	能够正确理解工作任务内容、范围及工作指令	5			
	能够查阅和理解技术手册，确认技术标准及要求	5			
	能正确使用防护用品	5			
	准备工作场地及器材，能够识别工作场所的安全隐患	5			
	确认设备及工具量具，检查其是否安全及正常工作	5			
实施程序（60%）	设计的场景完整、真实	20			
	各小组成员参与度高	20			
	模拟练习时工作过程正确、流畅，态度热情	20			
完工清理（15%）	对工具及设备进行清洁	10			
	按照工作程序，填写完成作业单	5			
考核评语			考核成绩		
考核人员：　　　　　　　　　　　　　　年　月　日					

组内学生互评					
评价项目	评价内容			得分	
	优秀（90~100）	良好（80~89）	加油（0~79）		
沟通交流能力	能够有效地运用多种交流形式	基本能运用多种交流形式	很难运用多种形式交流		
合作交往能力	尊重他人，能与他人良好合作交流	基本上能做到与他人合作交流	不能与他人良好地沟通交流		
观察事物能力	观察能力强，细致全面，察深刻	按要求观察，能发现事物的一些特征	无目的观察，不能把握事物特征		
动手操作能力	能积极主动按项目指引完成操作	能按要求完成操作	不能完成操作		
想象创造能力	能够有拓展性地完成工作任务	能够想到新的方式完成任务	按照课本要求完成基本工作		
小组评语			互评成绩		
评价人签字：　　　　　　　　年　月　日					

企业导师评价			
评价项目	评价内容	评价成绩	备注
工作准备	任务领会、资讯查询、器材准备	□A □B □C □D □E	
知识储备	系统认知、原理分析、技术参数	□A □B □C □D □E	
计划决策	任务分析、任务流程、实施方案	□A □B □C □D □E	
任务实施	专业能力、沟通能力、实施结果	□A □B □C □D □E	
职业道德	纪律素养、安全卫生、器材维护	□A □B □C □D □E	
其他评价			
导师签字		日期	年　月　日

注：在选项"□"里打"√"，其中 A：90～100；B：80～89；C：70～79；D：60～69；E：不合格。

任务三 终到作业

【任务导入】

任务名称		终到作业			
姓 名		班 级		成 绩	
组 别		组 长		场 地	
日 期		学 时		指导教师	
任务目标	知识目标	掌握动车组列车列车长和列车员终到作业内容			
	能力目标	能够在动车组列车的终到作业阶段做好所在岗位的工作			
	素质目标	树立团队协作意识			
情景案例	某趟列车刚刚到达终点，停稳后，各车厢列车员面带微笑向各位旅客道别，等旅客都下车后，列车员们开始逐列检查各车厢的卫生情况，以及行李架、窗台、盥洗间等各个位置是否有旅客的遗失物品。所有事项都确认无误后，列车员向列车长汇报情况，这趟旅程才告一段落。 请思考： （1）动车组列车员的终到作业有哪些内容？ （2）如果在终到时发现旅客的遗失物品，应如何处理？				

【知识讲解】

一、终到前作业

（一）列车长终到前作业

列车终到前，列车长应做好以下工作。

（1）全面巡视车厢，检查防火安全及各设备、设施状态。

（2）列车到站前，掌握车内旅客情况，对有特殊需求的旅客，应与车站提前联系，让车站做好准备。

（3）到站前全面巡查列车员、保洁人员、餐服人员的工作状态。

（4）检查卫生恢复情况，落实终到卫生质量标准，对当趟随车保洁作业情况进行点评及考核，并签字确认。

（5）检查备品的定位及消耗品的使用和补充情况。

（6）检查保洁人员收取垃圾、撤换垃圾袋情况，以及列车员对空座位小桌板、遮光镜、脚蹬等的复位情况。

（7）核对补票、收款情况。

（8）检查餐吧作业情况，与餐服长核对专项服务备品、休闲食品发放数量，并签字确认。

（9）到站前 5 min，进行到站前通报，提醒旅客整理好随身携带物品，做好下车准备。

（10）在指定车门处立岗。

列车长终到前作业标准见表 3-11。

表 3-11　列车长终到前作业标准

项目		作业内容	质量标准
终到站前	清点备品	对商务座备品及各类易耗品及车用备品进行清点，核对无误后填写《温馨服务统计表》和《易耗品统计表》，并要求餐服长和保洁组长签字	严格清点，数量核对无误，填记正确，落实核查签字制度
	备品交接	终到前与随车机械师办理应急备品交接，归还应急备品柜及车门钥匙，并签字确认	备品交接手续齐全，应急备品作用良好，定位摆放
	审核票据	审核票据，清点票款，填写收入台账；对本趟乘务餐使用情况进行确认并签字；在餐饮和保洁《值勤任务书》签注意见并盖章	审核认真，票款无差错，数据填记准确

（二）列车员终到前作业

列车终到前，列车员应做好以下工作。

（1）商务座、特等座、一等座的列车员与餐服人员清点专项服务备品、休闲食品数量，并向列车长报告。

（2）全面巡视车厢，检查防火安全及各设备、设施状态，对空座位小桌板、遮光帘、脚蹬等进行复位。

（3）全面打扫卫生，清理小桌板、座椅面、地面上的杂物，对电茶炉、卫生间、通过台进行全面清洁，确保无污渍、无水迹，白钢部件表面光亮。

（4）使用清洁车收取垃圾，及时更换垃圾袋，并系紧扎严，损坏时要及时套袋，防止外漏。

（5）终到前5 min广播通报，提醒旅客做好下车准备。遇雨雪天气时，还应提醒旅客注意安全乘降。

（6）监控广播、电子屏、视频播放器的播放内容及显示情况，发现异常及时报告列车长。

（7）终到前5 min巡视车厢，唤醒休息的旅客，提醒旅客整理好随身携带物品，帮助重点旅客提前到车门处做好下车准备。

（8）到指定车门处立岗。

列车员终到前作业作业标准见表3-12。

表3-12　列车员终到前作业标准

项目		作业内容	质量标准
终到站前	清点备品	按值乘区域对商务座备品进行清点，核对无误将数据报列车长	严格清点，数量核对无误，填记正确，落实核查签字制度
	检查设施	检查列车安全及服务设备设施	认真检查，发现问题及时汇报

二、终到站停作业

（一）列车长终到站停作业

1. 列车长终到停车后工作

列车终到停车后，列车长应做好以下工作。

（1）列车到站停稳后，在指定车门处立岗，送别旅客，协助重点旅客下车。

（2）在餐吧车厢位置与车站客运值班员办理重点旅客等的交接。

（3）确认旅客下车完毕后，对车厢进行全面巡视，检查终到卫生质量，及是否有旅客遗失物品，发现旅客遗失物品及时交车站处理。

（4）在立岗位置与车站指定高铁快件交接人员按装载清单办理交接。

2. 列车长检查终到卫生质量要点

列车长检查终到卫生质量时要做到以下几点：

（1）检查卫生间内外、盥洗间上下、通过台前后、电茶炉周围、自动门玻璃卫生。

（2）检查车内地面的洁净度，门边、滑道、列车外皮擦拭是否干净。

（3）对保洁验收中检查出的问题，应要求保洁人员当场补洁，达到要求后方可签注合格，对质量差、问题重复发生，或保洁人员不听指挥、不及时整改问题的，应签注不合格。

列车长终到站停作业标准见表3-13。

表 3-13　列车长终到站停作业标准

项目		作业内容	质量标准
终到站后	站车交接	到站后，与车站客运值班员办理交接手续（一是移交重点旅客。二是移交旅客遗失物品。三是办理其他业务）。办理高铁快件交接	站车交接及时，交接事项清楚，记录签收认真。终到站应在旅客乘降完毕后卸下，列车长根据乘务人员汇报情况与快运公司作业人员办理交接，手续齐全，数量准确，包装完好
	班组交接	如果车底在终点站折有出乘车班接车时，由出乘和退乘的列车长按照相应的顺序（CRH380AL 按 9 号车→1 号车→16 号车，CRH380A 按 4 号车→1 号车→8 号车）巡视检查全列卫生、安全设施、备品交接、服务设施、车厢设备情况及餐车工作，交接保险柜钥匙和医药箱；如果车底在终点站进库时，由列车长巡视全列车，与保洁人员办理备品交接手续	检查全面、认真，交接认真，有记录有签字，确认准确无误
	集合关门	列车长在确认客运工作人员下车、车厢视频记录器等设备收取完毕后，通知司机："高（城）××次司机，××次列车请关门。"在站台中部集合列队，小结当趟乘务工作，传达下一步的工作安排。终到后在站进行吸污、上水作业的动车组列车，在旅客乘降等作业完毕，具备退乘条件时，列车长与车站站台客运人员联控后组织退乘；车站站台客运人员确认列车客运乘务组退乘完毕，确认列车吸污、上水等作业完毕后通知司机关闭车门	按规定时间收取备品、集合列队，列队整齐。总结工作全面，重点突出

（二）列车员终到站停作业

列车终到停车后，列车员应做好以下工作。

（1）列车到站停稳后，在指定车门处立岗，组织旅客下车。

（2）旅客下车完毕后，全面清理卫生，整理车容。

（3）根据车厢分工，按照行李架、窗台、座椅、网袋、座椅下、盥洗间、卫生间的顺序检查旅客遗失物品，发现旅客遗失物品应及时报告列车长，不得私自打开。

（4）在车站指定位置投放垃圾。

三、终到退乘作业

（一）列车长退乘作业

（1）组织列车员、保洁人员收取剩余易耗品，整理备品，定位摆放清洁工具，确认没有问题后与客运质检员（接班列车长）办理业务交接，应做到交接事项清楚，手续完备。

（2）恢复保险柜初始密码设置，由专人护送（配备乘警的，由乘警护送）到规定地点解款。

（3）带领乘务人员按规定线统一列队退乘。

（4）组织乘务人员召开退乘会，点评当趟乘务工作，登录客运管理信息系统，完善乘务报告，并返还手机。

（5）向派班室报告本趟工作情况，按规定交接设备、表簿，应做到设备状况、数量交接清楚，手续完备。

（6）公寓保休时，应遵守待乘纪律，外出时应执行请假制度，并坚持两人以上同去同归。

列车长退乘作业见表3-14。

表3-14 列车长退乘作业作业标准

项目		作业内容	质量标准
终到退乘	退乘报到	按照顺序列纵队按安全行走线路出站，到动车派班室退乘报到，发放全体乘务人员个人手机，并上交生产资料数据、药箱及相关车用备品	按照列车员、乘服员、保洁员、列车长的顺序列纵队，整齐划一。着装规范，仪容整洁，帽徽和职务标志佩戴一致，精神饱满，行进中不讲话，不左顾右盼，不得途中离队；队列整齐，手拖箱包一致；除列车长左肩背票包、列车员左手拎列车红十字药箱、安全员携带视频仪转换箱、保洁员左手拎保洁工具箱外，其他工作人员左手不再携带其他物品。遇车站放行时不得乘坐电梯。报到人员齐全，发放手机当面确认，上报资料数据准确、装订完整。相关车用设备、备品交接签字确认
	交缴票款	和1名列车员、安全员到收款室上缴票款，然后到下载室办理票据，通过电子移动补票机办理交接手续，检查核对票机和票卷，核对无误后填写《车班出退乘票据票机交接本》，并在《票据领销卡片》上办理签字手续	按规定办理交款手续，账款相符，销号及时，登记正确
	入住公寓	遇22:30之后到站或第二天9:00之前出乘的车班，集体列队按指定线路行走，入住车站综合楼公寓	正确登记，服从公寓房间安排，严格遵守公寓各项管理规定，不得喧哗、饮酒、私自外出，保证休息充足；非入住范围班组人员，集体在指挥中心退乘报到后自行安排
	汇报填表	到车间汇报趟乘务工作，填写、上交数据报表及资料。药箱上交到车间	乘务工作汇报详细、具体，台账记录完整，填写准确，上报资料齐全。药箱交接签字

（二）列车员退乘作业

（1）收取剩余易耗品，整理乘务设备，确认齐全后下车列队。

（2）按规定线路退乘，参加退乘会。如图3-6所示。

图 3-6　退乘

（3）公寓保休时，应遵守待乘纪律，外出时应执行请假制度，并坚持两人以上同去同归。

列车员退乘作业标准见表3-15。

表 3-15　列车员退乘作业标准

项目		作业内容	质量标准
终到退乘	列队退乘	按照顺序列纵队按安全行走线路出站，到段动车派班室退乘报到，移交车用设备备品，发放全体乘务人员个人手机	按顺序列纵队按规定的安全线路行走，队列整齐，姿态端正，在旅客多的地方行走时应先示意后通行，与旅客走对面时应主动让路，不得与旅客抢道，行进中不讲话，不左顾右盼，不得途中离队；按照出乘标准至动车派班室退乘报到。报到人员齐全，领取手机当面确认，相关车用设备、备品交接签字确认
	交缴票款	1 名列车员陪同协助列车长到下载室办理票据、票款、电子移动补票机交付手续	按规定办理交款手续，账款相符，销号及时，登记正确
	入住公寓	遇 22:30 之后到站或第二天 9:00 之前出乘的车班，按规定登记入住公寓	正确登记，服从公寓房间安排，严格遵守公寓各项管理规定，不得喧哗、饮酒、私自外出，保证休息充足；非入住范围班组人员，集体在指挥中心退乘报到后自行安排

四、折返站作业

（一）折返站退乘作业

1. 列车长折返站退乘作业

（1）组织乘务人员收取易耗品。

（2）全面巡视车厢，确认所有旅客下车完毕、车内无闲杂人员，检查保洁质量，与库内保洁班组进行交接。

（3）组织乘务人员下车，清点人员及乘务设备。

（4）收取各车厢视频记录仪、反恐防爆装备等设备，并确保数量齐全。

（5）确认库内保洁班组及随车机械师已做好入库准备，通知司机关闭车门。

（6）组织乘务人员入住公寓，由乘警陪同携带票据、票机、票款到公寓后锁入保险柜，到公寓后召开退乘会，发放手机，安排乘务人员休息。

2. 列车员折返站退乘作业

（1）检查车厢内有无闲余人员，确保无闲杂人员后向列车长通报。

（2）下车后在值乘车厢车门处立岗，车门关闭后在站台中部集合、列队。

（3）在列车长带领下走规定线路退乘，并入住公寓。

（二）折返站出乘作业

1. 列车长折返站出乘作业

（1）列车始发前 2 h，组织班组乘务人员点名，做好出乘准备。

（2）检查乘务人员仪容、服饰等，传达本趟工作重点。

（3）收取全体乘务人员的手机。

（4）组织全体乘务人员乘车或列队前往站台接车，在列车始发前 40 min 到达站台。

2. 列车员折返站出乘作业

（1）列车始发前 2 h，整理仪容、服饰等，带齐上岗证件、乘务设备，核对乘务设备使用状态，参加班组点名，做好出乘准备。

（2）接受列车长检查出乘标准，并掌握本趟工作重点。

（3）乘车或列队前往站台接车。

（三）折返作业

1. 列车长折返作业

（1）按质量标准组织乘务人员及折返站保洁人员做好折返卫生恢复，补充列车消耗品。

（2）按现场作业质量及打分标准填写验收单。

（3）对列车设备、设施进行巡检，巡检发现的问题应告知随车机械师进行检查修复。

（4）登录站车无线交互系统掌握售票情况。
（5）检查各岗位人员始发准备工作。

2. 列车员折返作业

（1）督导折返保洁人员做好折返卫生恢复，协助随车保洁人员补充列车消耗品，确保卫生标准符合始发卫生标准、消耗品补充齐全。

（2）在始发站放客前 5 min，根据列车长通知整理仪容、服饰，立岗迎接旅客上车，做到仪容整洁，服饰统一、规范，立岗姿势标准。

（3）有旅客问询时，应保持微笑，耐心解答旅客问题，并妥善安排重点旅客。

（四）折返站作业标准

1. 列车长折返站作业标准

列车长折返站作业标准见表3-16。

表 3-16　列车长折返站作业标准

项目		作业内容	质量标准
折返站前	审票填册	列车终到前审核票据，清点票款；填写《车补进款交接单》《列车长写实本》	审核认真，票款无差错，填记正确
	巡视督促	1. 到站前 30 min 巡视全列车，组织乘务人员、保洁员按照分工做好到站前卫生清理，全面检查各工种作业质量，发现问题督促整改； 2. 到站后旅客下车完毕全面巡视车厢，掌握旅客遗失物品信息	1. 各工种人员按标准落实作业程序，卫生做到"三不带"；清理废物箱，车容卫生干净整洁； 2. 巡视认真仔细，交接清楚，责任明确
到折返站（入寓）	办理交接	在规定车门口，与车站客运值班员办理交接手续（一是移交重点旅客。二是移交旅客遗失物品。三是办理其他业务）。办理高铁快件交接	确保安全正点，站车交接及时，交接事项清楚，记录签收认真。加强终到作业盯控，提高工作效率，保障联系渠道畅通。折返站应在旅客乘降完毕后卸下，旅客开始上车前完成装车，列车长根据乘务人员汇报情况与快运公司作业人员办理交接，手续齐全，数量准确，包装完好
	集合讲评	列车终到旅客乘降完毕，组织乘务员收取车厢视频记录器，带入公寓定位放置。列车终到 15 min 后，组织全体人员在列车中部站台上集合，小结往乘工作，传达返程工作安排	车厢视频记录器不得提前收取，收取后确认关机，带入公寓定点放置、专人看护。按规定点名，小结，通报有关乘务情况。严格纪律，队伍整齐
	电话报到	用电话向安全生产指挥中心报到，汇报工作	报到及时，语言精练，吐词清楚，信息准确

续表

项目		作业内容	质量标准
到折返站（入寓）	通知关门	列车长在确认客运工作人员全部下车，餐车货品装卸完毕后，通知司机："高（城）××次司机，高（城）××次列车请关门。"终到后在站进行吸污、上水作业的动车组列车，在旅客乘降等作业完毕，具备退乘条件时，列车长与车站站台客运人员联控后组织退乘；车站站台客运人员确认列车客运乘务组退乘完毕，确认列车吸污、上水等作业完毕后通知司机关闭车门。列车长使用对讲机频道3（457.725 MHz）通知站台客运人员"××站，××次列车终到客运乘务作业完毕，准备退乘"，站台客运人员应答："××次车长，××站收到。"	列车长通知司机关闭车门，呼叫5 s后，未得到司机应答时，应再次呼叫。按规定时间集合列队，列队整齐，联控及时准确。总结工作全面，重点突出。确保安全正点，站车交接及时，交接事项清楚，记录签收认真。加强终到作业盯控，提高工作效率，保障联系渠道畅通
	列队入寓	组织乘务组人员整齐列队，按规定的行走线路入公寓休息	按照列车员、乘服员、保洁员、列车长的顺序列纵队按规定的安全线路行走，队列整齐，姿态端正，在旅客多的地方行走时应先示意后通行，与旅客走对面时应主动让路，不得与旅客抢道，行进中不讲话，不左顾右盼，不得途中离队；右手拖箱，除列车长左肩背票包、列车员左手拎列车红十字药箱、保洁员左手拎保洁工具箱外，不再携带其他物品。上下电梯时，乘务箱包统一放在右手边，列车红十字药箱、保洁工具箱放置左手边，摆放整齐，右手扶箱，左手扶梯，全体人员面向前方。遇车站放行时不得乘坐电梯。严格遵守公寓各项管理规定
到折返站（入寓）	锁放票据	票据、票机、票款及时入柜锁闭，填写收入台账	严格执行收入管理规定，及时入柜加锁加密，确保安全。收入台账填写及时、正确
	召开会议	公寓叫班后，召开返乘会，布置乘务工作重点	工作布置清晰，重点突出，严格开会纪律
	异地出乘	按车间规定时间出公寓，全体人员列队制定线路行走到达站台，按照规定时间在列车中部（餐车）的位置组织乘务人员列队接车，执行接车标准	严格按规定时间、安全线路行走，不得私自离队或改变线路。列队整齐，行动统一，按照车站指定的进站通道进站，不与旅客抢行。根据实际情况，充分预想，保证正点接车

续表

项目		作业内容	质量标准
立折作业	办理交接	到站后，与车站客运值班员办理交接手续（一是移交重点旅客；二是移交旅客遗失物品；三是办理其他业务）。办理高铁快件交接	确保安全正点，站车交接及时，交接事项清楚，记录签收认真。折返站应在旅客乘降完毕后卸下高铁快运，旅客开始上车前完成装车，列车长根据乘务人员汇报情况与快运公司作业人员办理交接，手续齐全，数量准确，包装完好
	立折报到	用电话向指挥中心报到，汇报工作	报到及时，语言精练，信息准确
	巡视督促	旅客下完后立即到各车厢巡视检查，督促保洁人员抓紧时间进行卫生整备，补充保洁备品，并检查卫生整备及车厢内恢复定型情况	巡视认真仔细，交接清楚，责任明确，整改及时。车容整洁、备品齐全、定型定位、作用良好，车厢内外卫生达标
	布置工作	通过对讲机布置返程工作重点	工作布置清晰，重点突出
	立折报到	用电话向高铁值班室报到，汇报工作	
折返始发	比照始发	折返站始发作业的作业内容和始发站作业的接车作业内容相同	

2. 列车员折返站作业标准

列车员折返站作业标准见表3-17。

表3-17 列车长折返站作业标准

项目		作业内容	质量标准
折返站前	协助保洁	协助保洁人员全面清扫车内卫生	车内整洁干净，符合折返站前卫生标准
	帮助重点	协助车站做好旅客乘降组织工作，帮助重点旅客乘降	旅客乘降有序。对待重点旅客主动热情，诚恳细心，提供必要的帮助
到折返站（入寓）	查遗失品	旅客下完车后，立即全面检查值乘区域车厢，发现旅客的遗失物品时交列车长、乘警处理。协助车长交接高铁快件	检查时认真仔细，遗失物品上交及时，不擅自打开旅客物品。高铁快件数量准确，包装完好
	集合点评	列车终到后，旅客乘降完毕，收取值乘区域内车厢视频记录器，并于列车终到20 min后，在列车中部站台上集合	按时收取车厢视频记录器，确认关机且带入公寓定位放置、专人看护。集合时严格纪律，队伍整齐

续表

项目		作业内容	质量标准
到折返站（入寓）	列队入寓	按规定的行走线路整齐列队入公寓休息	按顺序列纵队按规定的安全线路行走，队列整齐，姿态端正，严格遵守公寓各项管理规定
	召开会议	公寓叫班后，参加返乘会	接受任务及时清楚，严格开会纪律
	异地出乘	按规定时间出公寓，于列车始发前 65 min 列队到达站台，执行接车标准	严格按车间规定时间乘坐交通工具走安全线路，不得私自离队或改变线路，根据实际情况，充分预想，保证正点接车
立折作业	提示保洁	提示保洁员抓紧时间进行卫生整备，并予以协助	恢复工作迅速，按标准做好返程准备工作
立折1 h 及以上作业	通知关门	列车到站后 15 min，接到列车长通知后，CRH380AL 动车组 5 名或 4 名列车员值乘时皆由 3 号列车员广播全列关门前的安全提示，CRH380A 由 2 号列车员广播全列关门前的安全提示	读音标准、播音流畅、音量适中

【任务实施】

一、任务准备

分组：全班学生分为若干组，每组 6 人，包括 1 名列车长、2 名列车员和 3 名旅客。

二、实施过程

虚拟现实之"模拟动车组列车终到作业"。

1. 场景设计

（1）每组学生自行设计本组的模拟场景。

（2）每组至少设计 2 组场景，在 2 组场景中，组内成员轮流扮演乘务人员和旅客。

（3）设计的场景是列车终到后列车长和列车员的作业和服务等，包括送旅客下车、巡视车厢、检查各处卫生质量、检查有无旅客遗失物品等工作。除了常规的作业外，可以在场景中设计各种情景，如发现旅客遗失物品、有地方卫生质量不达标等，乘务人员应根据不同的情景进行不同的应对。

2. 模拟练习

（1）每组学生根据自己设计的场景进行练习。

（2）老师在学生练习的过程中，进行观察和指导。

（3）练习时间可根据课程具体情况合理安排。

3. 表　演

（1）老师根据自己的观察，指定具有代表性的小组上台表演；学生也可主动要求上台表演。

（2）每组表演完成后，老师可让台下的学生发表自己的观后感，以及对表演的评价。

【强化提升】

请结合教材相关内容、查阅网络文字资料、读取视频资源，完成以下任务工单。

终到作业基础知识工单

---

1. 知识强化

（1）列车终到前，列车长应全面巡视车厢，_____、设施状态。

（2）列车到站前，列车长应掌握车内旅客情况，对有特殊需求的旅客，应_____，让车站做好准备。

（3）列车长到站前全面巡查_____、保洁人员、餐服人员的工作状态。

2. 技能训练

（1）所需工具、检具：

（2）小组成员分工：

（3）任务计划：

逻辑建议：①实战计划—②小组成员构成与分工—③所需工具、检具—④实战过程及结果。

【课程思政】

孕妇意外事件处理

2019年3月6日，北京南站开往滨海站的 C2551 次列车，开车前，车站用轮椅推来一位孕妇，站台工作人员告知列车长该孕妇羊水已破，由于时间较紧（车站已报停检可以关门），列车长先联控关门后第一时间赶到现场，了解孕妇情况，同时迅速将座椅上的靠腰垫在孕妇腿上，并安抚她的情绪，此时孕妇已出现阵痛，情况越来越紧急，列车长迅速启动应急预案。首先在车厢内广播寻医，未果后又迅速联系了天津站及患者家属，车站接到通知后也立即联系120并部署了相关工作人员准备接车，家属此时也火速赶往了天津站。列车到站后孕妇及时被送到医院得到了有效救治。

列车长现场反应迅速，能够判明现场情况，在兼顾好发车环节的同时，及时赶到孕妇身边，对旅客突发疾病的处置程序把握准确，条理清晰，能把握及时到场、广播寻医、现场救治、联系到站等重点环节。对于列车上的重点旅客，要做到"三知三有"，本着对人民生命健康高度负责的精神，积极采取有利于抢救的措施，予以救治，弘扬社会主义核心价值观，让旅客走得放心，走得满意。在职业认知与自我感悟方面，插入热点新闻的分享，通过自我感悟的方式，使学生明白作为交通强国建设者所肩负的责任与使命。

【任务考评】

项目	考核内容	考核评分		
	内容	配分	得分	批注
工作准备（25%）	能够正确理解工作任务内容、范围及工作指令	5		
	能够查阅和理解技术手册，确认技术标准及要求	5		
	能正确使用防护用品	5		
	准备工作场地及器材，能够识别工作场所的安全隐患	5		
	确认设备及工具量具，检查其是否安全及正常工作	5		
实施程序（60%）	设计的场景完整、真实	20		
	各小组成员参与度高	20		
	模拟练习时工作过程正确、流畅，态度热情	20		
完工清理（15%）	对工具及设备进行清洁	10		
	按照工作程序，填写完成作业单	5		
考核评语		考核成绩		
	考核人员：　　　　　　　　　　　　年　月　日			

组内学生互评				
评价项目	评价内容			得分
	优秀（90～100）	良好（80～89）	加油（0～79）	
沟通交流能力	能够有效地运用多种交流形式	基本能运用多种交流形式	很难运用多种形式交流	
合作交往能力	尊重他人，能与他人良好合作交流	基本上能做到与他人合作交流	不能与他人良好地沟通交流	
观察事物能力	观察能力强，细致全面，观察深刻	按要求观察，能发现事物的一些特征	无目的观察，不能把握事物特征	
动手操作能力	能积极主动按项目指引完成操作	能按要求完成操作	不能完成操作	
想象创造能力	能够有拓展性地完成工作任务	能够想到新的方式完成任务	按照课本要求完成基本工作	
小组评语			互评成绩	
评价人签字： 年 月 日				

企业导师评价			
评价项目	评价内容	评价成绩	备注
工作准备	任务领会、资讯查询、器材准备	□A □B □C □D □E	
知识储备	系统认知、原理分析、技术参数	□A □B □C □D □E	
计划决策	任务分析、任务流程、实施方案	□A □B □C □D □E	
任务实施	专业能力、沟通能力、实施结果	□A □B □C □D □E	
职业道德	纪律素养、安全卫生、器材维护	□A □B □C □D □E	
其他评价			
导师签字		日期	年 月 日

注：在选项"□"里打"√"，其中 A：90～100；B：80～89；C：70～79；D：60～69；E：不合格。

项目四

高速铁路动车组列车客运服务

📋 项目描述

随着经济的快速发展和人民生活水平的提高,社会对旅客运输的运营效率、人性化服务等方面提出了更高的要求。本项目是高速铁路动车组列车客运服务,包含以下3个任务:

任务一　高速铁路客运乘务服务礼仪
任务二　高速铁路动车组列车重点旅客服务
任务三　动车组列车乘务人员接待服务

通过3个任务的学习,使学生能够按照规章和作业标准完成动车组列车的客运服务工作。

📋 思政导读

党的二十大报告指出,坚持面向世界科技前沿、面向经济主战场、面向国家重大需求、面向人民生命健康,加快实现高水平科技自立自强。以国家战略需求为导向,集聚力量进行原创性引领性科技攻关,坚决打赢关键核心技术攻坚战。加快实施一批具有战略性全局性前瞻性的国家重大科技项目,增强自主创新能力。加强基础研究,突出原创,鼓励自由探索。提升科技投入效能,深化财政科技经费分配使用机制改革,激发创新活力。加强企业主导的产学研深度融合,强化目标导向,提高科技成果转化和产业化水平。强化企业科技创新主体地位,发挥科技型骨干企业引领支撑作用,营造有利于科技型中小微企业成长的良好环境,推动创新链产业链资金链人才链深度融合。

任务一 高速铁路客运乘务服务礼仪

【任务导入】

任务名称		高速铁路客运乘务服务礼仪		
姓 名		班 级		成 绩	
组 别		组 长		场 地	
日 期		学 时		指导教师	
任务目标	知识目标	1. 掌握高铁客运乘务人员姿态要求； 2. 掌握高铁客运乘务人员仪容仪表要求； 3. 掌握高铁客运乘务人员言谈举止要求； 4. 掌握高铁客运乘务人员电话、手持电台（对讲机）礼仪要求		
	能力目标	1. 能够按照高铁客运乘务人员姿态要求为旅客服务； 2. 能够按照高铁客运乘务人员仪容仪表要求为旅客服务； 3. 能够按照高铁客运乘务人员言谈举止要求为旅客服务		
	素质目标	树立团队协作意识		
情景案例	G121次列车从北京南站始发，列车员小王正在车门处立岗，迎接旅客们上车。这时，一位带着一身酒味、醉醺醺的旅客拿着车票要上车。小王看到后连忙上前扶着他，关切地问道："先生，请问您要乘坐的车次是什么？把您的车票给我看一下好吗？"这位旅客晕乎乎的，不耐烦地回答道："怎么总是检票？还没完了？"小王微笑着向他解释："先生，不好意思，核查车票是我们的工作，这样也是怕您乘错了车，耽误您的时间。"这位旅客板着脸把票给小王，小王接过一看，车票的确是本次列车，从北京南发往济南西的二等座。小王不放心他自己过去，便引领这位旅客走到了他的座位，扶他坐下。 列车开出后，小王给这位旅客端来一杯热水。这位旅客脸色缓和了不少，说了声谢谢，喝了几口水后便倒头睡觉了。之后每次巡视车厢，小王都会注意查看这位旅客的状态，看他是否需要帮助。 列车就要到达济南西站，报站广播提示也响起来了，这位旅客睡得正熟，没有听到广播。小王担心他会坐过站，便过来查看，看到这位旅客果然还在睡觉，便轻轻拍醒他，说道："先生，济南西站马上就要到了，您可以准备下车了。"这位旅客醒来后看了一下表，开始收拾行李。他一边收拾行李一边向小王道谢："小姑娘，谢谢你，之前我态度不好，你别见怪。多亏你提醒我下车，不然我就误事了。"小王微笑着说："您客气了，这都是我们应该做的。" 真诚的服务和礼貌的态度最能打动旅客、温暖旅客，以"礼"才能服人，以"情"才能动人。因此列车乘务人员应具备良好的礼仪修养，以最好的精神面貌和态度为旅客服务。 请思考： 1. 旅客列车乘务工作都包括哪些内容？ 2. 在为旅客提供服务时，应注意哪些基本礼仪？			

【知识讲解】

一、高速铁路客运服务的原则与守则

（一）高速铁路客运服务的原则

1. "旅客至上"原则

随着市场经济的不断深入，铁路面对的是一个竞争的运输市场，铁路服务必须坚持"旅客至上"的原则。"万豪"集团的创始人戚拉德·玛里奥特先生提出了"顾客永远是对的"这句箴言，改变了世界的服务理念。高铁动车组服务人员要变"以我为主"为"以客为主"，真正从内心深处把旅客当成我们的"衣食父母"。

2. 用心服务原则

动车组列车要接待数以万计的旅客，特别是春运、节假日等特殊时期，旅客出行的人数更多，如何在繁杂劳累的工作中保持良好的服务礼仪，必须从内心去感受或体会礼仪服务的重要性和必要性，养成礼仪服务的职业习惯，做到服务发自内心。同时，用心服务还包括通过各种方式获知旅客的需求信号，主动发现服务机会，并提供及时、恰当、满意的服务，以满足旅客的高期望值。

3. 持之以恒的原则

服务礼仪既然作为规范化服务的重要内容之一，表明它不会自发形成，而是需要进行岗位培训，规范岗位纪律和要求的。为此，动车组列车服务人员要善于平衡心理，维系一种良好的服务心态，才能将职业要求逐步形成职业习惯，持之以恒。只有持之以恒的服务礼仪，才能从根本上形成良好的服务规范。

（二）高速铁路客运服务守则

1. 尊重为先

（1）服务的内涵。

服务的内涵即尊重他人、理解他人。很多矛盾冲突往往是由于在双方交际的过程中缺乏彼此的尊重所造成的，比如：乘务人员对于有意见的乘车旅客反唇相讥，拿旅客的言行当谈资，以貌取人，造成旅客对服务态度的不满以致投诉等。因此，乘务人员首先要学会尊重旅客，从旅客的角度看待和处理问题。

（2）热情待客。

乘务人员在工作中不仅不能怠慢、排斥、挑剔旅客，而且还应当积极、热情、主动地接近旅客，淡化彼此之间的戒备、抵触和对立的情绪，把旅客当作自己人看待。

（3）重视旅客。

乘务人员对旅客的尊重应表现为认真对待旅客，并且主动关心旅客的需求和感受。

（4）赞美旅客。

乘务人员应善于捕捉旅客的优点并发自内心地赞美旅客。从心理学的角度来讲，每个人都喜欢听赞美之词，所有的正常人都希望自己能得到别人的欣赏与肯定，获得他人的赞美就是对自己最大的欣赏与肯定。

2. 角色定位

（1）乘务人员是旅客的"秘书"，大部分旅客对动车组设施设备和服务内容都没有乘务人员清楚，乘务人员应该做的就是向旅客耐心解释和热情服务，消除旅客的疑虑，为旅客提供满意的服务。

（2）旅客是铁路及乘务人员的"衣食父母"，乘务人员的工作职责就是为旅客提供满意的服务，让旅客感到"宾至如归"，想旅客之所想、急旅客之所急，这样才能提升旅客的满意度和信任度，决不能对旅客不理不睬，置若罔闻。

（3）乘务人员还应根据所在行业的服务特点，在服务内涵方面准确定位，按照社会对自己扮演的既定角色的常规要求、限制和看法，对自己的形象进行设计。

3. 服务意识

（1）服务意识是满足旅客潜在需求的服务能力。是否能够及时、准确地发现旅客的潜在需求就需要乘务人员主动关注旅客，学会察言观色，主动与旅客沟通，通过旅客的言行举止来发掘旅客的潜在需求，主动地、尽可能地满足旅客的要求。

（2）积极主动地为旅客着想。列车乘务人员身负为旅客服务的责任，应该积极主动地想旅客之所想，为旅客排忧解难。

（3）耐心周到地为旅客服务。乘务人员应该根据不同旅客的性格特点，耐心地为旅客办理业务、解答咨询，用心为旅客服务。

4. 掌握技能

（1）乘务人员应该掌握的基本技能包括：服务礼仪、专业知识、业务技能等。

（2）不难想象，对于一名乘务人员来说，仅仅具备很好的工作态度和服务意识是不够的。如果不具备工作职责所要求的基本技能，就不能很好地为旅客服务，工作中出现的差错同样是造成旅客投诉的非常重要的因素。

5. 自我改进

（1）旅客运输行业在日益激烈的市场竞争的环境下，企业之间的产品和服务日趋同质化，服务的创新已成为各企业争取和挽留旅客的有力武器。列车乘务人员服务素养的自我改进是铁路维系和拓展市场份额、应对激烈竞争的重要举措，也是服务创新的基础。

（2）自我改进也是乘务人员提高服务质量永恒的主题。不进则退是众所周知的发展规律，乘务人员面对期望和需要不断提升的旅客群体，只有不断总结、取长补短，学习新的服务理念和服务模式，以提升自身的服务技能和服务素养，才是赢得旅客信任的有效途径。

二、乘务组工作人员仪容仪表要求及标准

（一）乘务组工作人员仪容仪表要求

1. 基本要求

衣着合体，不得随意改变制服款式。制服应洗净，熨烫平整，无污渍、斑点、皱褶、脱线、缺扣、残破、毛边等现象。

制服上不得佩戴任何饰物；着制服当班时，必须佩戴职务标志。不得将笔或其他物品插放在衣兜或前襟内。外套、上衣、裙子、裤子的纽扣和拉链等应扣好、拉紧。

在非工作时间，除集体活动外，不得穿制服出入公共场合和乘坐列车。下班时着装注意服饰整洁。

男性乘务人员统一佩带领带、领带夹，领带长度不能超过皮带。衬衣应束于裤内，衬衣的衣袖不得卷起。裤装干净、裤线整齐，无光亮感。袜子的颜色应统一为深蓝色或黑色，每天更换。

2. 微笑

微笑时，嘴角微翘，嘴唇微启，表情真诚、自然。女性乘务人员的微笑要甜美，男性乘务人员的微笑要亲切。

3. 佩戴职务标志要求

胸章牌应端正别于左胸口袋上方正中，下边沿距口袋 1 cm 处（无口袋的戴于相应位置）。乘务员党（团）员将党（团）徽佩戴在左胸胸章牌之上靠身体中线一侧，臂章佩戴在上衣左袖肩下四指处，不可用松紧带套于臂上。

4. 着装要求

女性乘务人员夏装要求：制服每趟出乘前都须干洗、熨烫，保持清洁。裙子不可过短、过窄，以齐膝为宜。衬衣应束在裙子或裤子内，衬衣的衣袖不得卷起。连裤袜的颜色应统一为净面肉色或浅灰色，不得出现破洞和抽丝等现象。随季节温度变化，按规定统一穿长袖或短袖衬衣，增减马甲、外套。只穿衬衣时，内衣应与衬衣颜色相近。

女性乘务人员春秋装、冬装着装要求：外套、上衣、裤子的纽扣和拉链等应扣好、拉紧，系好腰带。裤装必须干净、平整、有裤线，不可有光亮感。穿着外套、风衣、大衣时，必须戴制帽，帽徽在制帽折沿上方正中。外套、大衣干净无皱纹（注意毛发灰尘）。

男性乘务人员夏装着装要求：制服每趟出乘前必须干洗，保持清洁。外露的皮带为黑色，样式简洁大方，系好皮带扣。只穿衬衣时，穿白色净面打底内衣。

男性乘务人员春秋装、冬装着装要求：外套、上衣、裤子的纽扣和拉链等应扣好、拉紧，系好腰带。穿着外套、风衣、大衣时，必须戴制帽，帽徽在制帽折沿上方正中。外套、大衣干净无皱纹（注意毛发灰尘）。

5. 皮鞋要求

穿黑色皮鞋，皮鞋款式应简洁朴素，不得有任何装饰物，经常擦拭，保持光亮无破损。不赤足穿鞋，不穿尖头鞋、拖鞋、露趾鞋，鞋的颜色为深色系；鞋跟高度不超过 3.5 cm，跟径不小于 3.5 cm。

6. 饰物要求

必须戴走时准确的手表，手表款式、颜色简单不夸张，宽度不得超过 2 cm，不得系挂怀表。已婚女性乘务人员可佩戴一枚简单的结婚指环。女性乘务人员可佩戴一副式样简单且直径不超过 3 mm 的耳钉，不得佩戴耳环、耳坠等其他饰物。男性乘务人员不准佩戴任何饰物。

7. 发型要求

女性乘务人员发型要求：每天保持干净，有光泽，无头皮屑。发长最长不得过肩，刘海长不遮眉，短发不得短于 7 cm，禁止理奇异发型。长发时应用发夹、发箍或头花束起。任何一种发型都应梳理整齐，使用发胶、摩丝定型，不得有蓬乱的感觉。发色保持黑色或自然棕黄色，不染彩色头发，不得使用假发套。发夹、发箍、头花应为无饰物黑色。

男性乘务人员发型要求：每天保持干净，有光泽，无头皮屑。发型要修剪得体，轮廓分明，头发应梳理整齐，使用发胶、摩丝等定型，不得有蓬乱的感觉。不理奇异发型、不剃光头、不烫发。头发两侧鬓角不得长于耳垂底部，后部不长于衬衣领，板寸头不短于 1 寸，不遮盖眉毛、耳朵。头发应保持黑色，不得染发，不得使用假发套。

8. 妆容要求

女性乘务人员妆容要求：女性乘务人员淡妆上岗，工作中补妆及时，补妆应在洗手间或乘务间进行。不浓妆艳抹。

唇线的颜色应与口红颜色一致，不得使用珠光色口红和不健康色的口红。

眉毛的颜色应接近头发颜色，应修剪秀丽、整齐，眉笔应使用黑色、深棕色。眼影的颜色与制服一致并与妆容相协调，以自然清淡为宜。画眼线时，颜色应使用黑色、深棕色。

香水以清香、淡雅型香水为限，不可过香、过浓。可喷口香剂保持口气清新。

面部、双手保持清洁，身体外露部位无纹身；指甲修剪整齐美观，长度不超过指尖 2 mm，手指甲长度应保持一致；指甲保持肉色，可涂透明色指甲油，但不得有脱落现象，不涂彩色指甲油。

男性乘务人员妆容要求：不得留胡须。面部、双手保持清洁，身体外露部位无纹身；指甲修剪整齐美观，长度不超过指尖 2 mm；双手手指不得有抽烟留下的熏黄痕迹，无凹凸不平的边角。工作中始终保持手和面部的清洁卫生，可喷口香剂保持口气清新。

（二）乘务组工作人员仪容仪表标准

乘务组工作人员仪容仪表标准见表 4-1。

表 4-1　乘务组工作人员仪容仪表标准

图片说明	质量标准
 图 4-1　仪容（一）　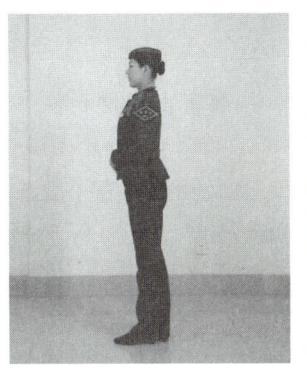 图 4-2　仪容（二）  图 4-3　仪容（三）　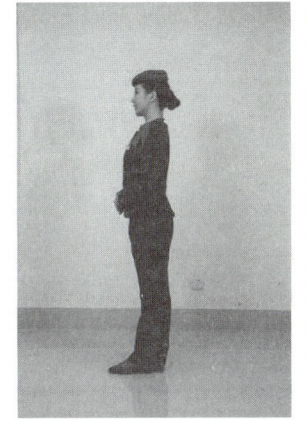 图 4-4　仪容（四）  图 4-5　仪容（五）　 图 4-6　仪容（六）  图 4-7　佩戴标志（一）　 图 4-8　佩戴标志（二）	1. 仪容整洁，着装统一，整齐规范； 2. 头发干净整齐、颜色自然，不理奇异发型、不剃光头。男性两侧鬓角不得超过耳垂底部，后部不长于衬衣领，不遮盖眉毛、耳朵、不烫发，不留胡须；女性发不过肩，刘海长不遮眉。短发不短于 7 cm； 3. 面部、双手保持清洁，身体外露部位无纹身。指甲修剪整齐，长度不超过指尖 2 mm，不涂彩色指甲油。女性淡妆上岗，不浓妆艳抹； 4. 乘务组换装统一，衣扣拉链整齐。着裙装时，丝袜统一，无破损。系领带时，衬衣束在裙子或裤子内。外露的皮带为黑色。不歪戴帽子，不挽袖子和卷裤脚，不敞胸露怀，不赤足穿鞋，不穿尖头鞋、拖鞋、露趾鞋，鞋的颜色为深色系，鞋跟高度不超过 3.5 cm，跟径不小于 3.5 cm； 5. 佩戴职务标志：胸章牌戴于左胸口袋上方正中，下边沿距口袋 1 cm 处（无口袋的佩戴于相应位置），臂章佩戴在上衣左袖肩下四指处。按规定应佩戴制帽的工作人员，在执行职务时戴上制帽，帽徽在制帽折沿上方正中（除列车会长外，其他客运乘务人员在车厢内作业时可不戴制帽）

三、乘务工作人员行为规范要求

（一）乘务工作人员行为规范要求

1. 站 姿

站立时，挺胸收腹，两肩平衡，颈部正直，收下颚，目视前方，身体自然挺直，面带微笑。

女性乘务人员：双手四指并拢，交叉相握，右手叠放在左手之上，自然垂于腹前；左脚靠在右脚内侧，脚尖分开，夹角为45°，呈"丁"字形。

男性乘务人员：双手四指并拢，左手半握拳，右手握左手手腕处；双脚分开与肩同宽，脚尖略向外张。

列车长携带手包站立时，手包放于左手中，女性四指并拢，右手叠放在左手之上，自然垂于腹前；男性以立正姿势站立，双臂自然下垂。

安全员以立正姿势站立，双臂自然下垂，手指并拢贴于裤线上，脚跟靠拢，脚尖略向外张呈"V"字形。

2. 坐 姿

入座前，腿与座椅应有30 cm的距离；就座后，上身挺直，略向前倾，不得斜肩、倾背、抱胸、曲腰或闭目；不得打趣、玩笑和直接面对旅客整理个人仪容仪表。

坐下时，女性乘务人员：右手轻抚后裙摆（掌心朝外），左手自然放在身体一侧，坐下后右脚略向前移，左脚跟上，双膝、双脚并拢，大小腿之间成不小于90°夹角，双手五指并拢自然放在腿上。

男性乘务人员：坐下后，双脚略分开，膝关节分开与之同宽，双手五指伸直或轻握拳放在双腿之上。

3. 鞠 躬

鞠躬时应面带微笑；身体向前，腰部下弯，头、颈、背自然成一条直线，上身抬起时，要比向下弯时稍慢些；女性双手四指并拢，交叉相握，右手叠放在左手之上，自然垂于腹前；左脚靠在右脚内侧，脚尖分开，夹角为45°，呈"丁"字形站立；男性双手四指并拢，左手半握拳，右手握左手手腕处；双脚分开与肩同宽，脚尖略向外张；鞠躬时，视线随着身体的移动而移动，视线的顺序是旅客的眼睛、脚、眼睛。示意和礼让时，身体鞠躬15°。迎送客时和行还礼时，身体鞠躬为30°。给旅客道歉时，身体鞠躬为45°。

4. 指示方位

指示方位时应使用右手予以指引，指引时右手五指并拢，小臂带动大臂，根据指示距离的远近调整手臂的高度，身体随手的方向自然转动，目光与所指示的方向一致；收回时，小臂向身体内侧略成弧线自然收回。忌用单个手指指示方位。

5. 取拾物品

挪动旅客用品时，要先征得旅客同意，轻拿轻放；需要踩踏座席、铺位时，戴鞋套或使用垫布；在较低位置取拾物品时，不得弯腰，必须下蹲。下蹲时，一腿在前一腿在后，双腿并拢，腿高一侧的手轻扶在膝盖上，腿低一侧的手用来取拾物品，背部尽量保持自然挺直，轻蹲轻起，直蹲直起。

6. 行走礼让

挺胸收腹，颈部正直，目视前方，身体自然挺直，双臂自然摆动，双脚内侧在同一直线上行走，不左右摇摆，步伐适中，脚步不过重、过大、过急（特殊情况除外）。

在旅客多的地方，先示意后通行。与旅客走对面时，要主动停下，伸手示意让路，面向旅客让行，不与旅客抢行、并行。

女性乘务人员在旅客周围巡视时，双手可自然相握，抬至腰间。

乘务人员集体出（退）勤（乘）时，要列队按规定线路行走，女性在前，男性在后，列车长在队列最后行走。

携带箱包行走时，应队列整齐，步伐摆幅一致，乘务箱（包）应在队列右侧，红十字药箱、视频仪转运箱等其他箱包在左侧。

7. 端拿递送

服务时面带微笑，和旅客有适当的语言交流和眼神交流。

端托盘时，双手端住托盘的后半部分，大拇指握紧托盘内沿，其余四指托住托盘底部；托盘的高度应在腰间以上胸部以下，托盘端平，微向里倾斜；托盘上放置的物品不应过高，以不超过胸部为宜。

拿水壶时，右手握住水壶把手，左手平直拖住水壶底部，五指并拢，水壶的高度应在腰间以上胸部以下，水壶正直，壶嘴与身体成45°夹角。

拿东西时，应轻拿轻放。拿水杯时，应该一手握住水杯把（无把手水杯应拿水杯的下 1/3 处），一手轻托水杯底部。

递送东西时，应站在旅客的正面与之成45°夹角的地方，双手递送；递送东西应到位，当对方接稳后再松手。为旅客送水时，水杯平稳放于旅客面前桌上（有把手水杯，将把手轻轻转向旅客右手边与身体成 45°夹角位置），放稳后右手五指并拢轻指水杯并提醒旅客。

8. 上 举

手臂上举时要做到姿态优雅；必要时，可踮起脚跟以增加身体的高度。

（二）乘务工作人员作业动作标准

乘务工作人员作业动作标准见表 4-2。

表 4-2 乘务工作人员作业动作标准

图片说明	质量标准
 图 4-9 敬礼（正面）  图 4-10 敬礼（侧面）  图 4-11 站姿（一） 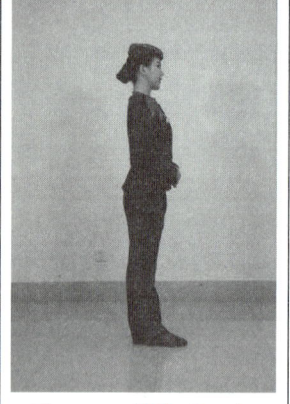 图 4-12 站姿（二）  图 4-13 坐姿（一）  图 4-14 坐姿（二）	1. 敬礼标准：列车长与车站客运值班员办理交接时行举手礼，右手五指并拢平展，向内上方举手至帽檐右侧边沿，小臂形成 45°夹角。 2. 站姿标准：站立时，挺胸收腹，两肩平衡，身体自然挺直，双臂自然下垂，手指并拢贴于裤线上，脚跟靠拢，脚尖略向外张呈"V"字形。男性乘务员可双脚分开，与肩同宽，脚尖略向外张，双手放于身前，左手半握拳，右手握左手手腕处。女性可双手四指并拢，交叉相握，右手叠放在左手之上，自然垂于腹前；左脚靠在右脚内侧，夹角为45°，呈"丁"字形。 3. 坐姿标准：入座前，腿与座椅应有 30 cm 的距离；就座后，上身挺直，略向前倾，不得斜肩、倾背、抱胸、曲腰或闭目；不得打趣、玩笑和直接面对旅客整理个人仪容仪表，注意保持专业坐姿和良好的精神面貌。女性乘务员：右手轻抚后裙摆（掌心朝外），左手自然放在身体一侧，坐下后右脚略向前移，左脚跟上，双膝、双脚并拢，大小腿之间成不小于 90°夹角，双手五指并拢自然放在腿上。男性乘务员：坐下后，双脚略分开，膝关节分开与之同宽，双手五指伸直或轻握拳放在双腿之上。 4. 行姿标准：挺胸收腹，颈部正直，目视前方，身体自然挺直，双臂自然摆动，双脚内侧在同一直线上行走，不左右摇摆，脚步不过重、过大、过急（特殊情况除外）。行走要礼让，与旅客走对面时要主动停下，伸手示意让路，不与旅客抢道、并行。女性乘务员在旅客周围巡视时，双手可自然相握，抬至腰间。

续表

图片说明	质量标准
  图 4-15 指示手势（一）　　图 4-16 指示手势（二）	5.指示标准：指示方向时应使用右手予以指引。指引时右手五指并拢，小臂带动大臂，根据指示距离的远近调整手臂的高度，身体随手的方向自然转动，目光与指示的方向一致；收回时，小臂向身体内侧略成弧形自然收回。 6. 鞠躬标准：鞠躬时应面带微笑；身体向前，腰部下弯，头、颈、背自然成一条直线，上身抬起时，要比向下弯时稍慢些。女性双手四指并拢，交叉相握，右手叠放在左手之上，自然垂于腹前，左脚靠在右脚内侧，脚尖分开，夹角为45°，呈"丁"字形站立；男性双手四指并拢，左手半握拳，右手握左手手腕处，双脚分开与肩同宽，脚尖略向外张。 7. 取拾物品标准：在较低位置取拾物品时，不得弯腰，必须下蹲。下蹲时，一腿在前一腿在后，双腿并拢，腿高一侧的手轻扶在膝盖上，腿低一侧的手用来取拾物品（双手拾取、双手递送），背部尽量保持自然挺直，轻蹲轻起，直蹲直起。 8. 行走礼让标准：在旅客多的地方，先示意后通行。与旅客走对面时，要主动停下，伸手示意让路，面向旅客让行，不与旅客抢行、并行。
  图 4-17 鞠躬　　图 4-18 拾物姿势	
  图 4-19 礼让姿势　　图 4-20 端拿姿势（一）	

续表

图片说明	质量标准
  图4-21 端拿姿势（二）　　图4-22 递送姿势	9. 端拿递送：服务时面带微笑，拿水杯时，应该一手握住水杯把（无把手水杯应拿水杯的下1/3处），一手轻托水杯底部。拿水壶时，右手握住水壶把手，左手平直拖住水壶底部，五指并拢，水壶的高度应在腰间以上胸部以下，水壶正直，壶嘴与身体成45°夹角。端托盘时，双手端住托盘的后半部分，大拇指握紧托盘内沿，其余四指托住托盘底部；托盘的高度应在腰间以上、胸部以下，托盘端平，微向里倾斜；托盘上放置的物品不应过高，以不超过胸部为宜

四、公共场所礼仪

高速铁路客运乘务人员在公共场所同样要重视礼节礼貌，时刻注意自己的仪容、仪表、举止、言谈。

（1）不要用手指人，切忌随地吐痰，乱扔果皮纸屑；不应在公共场合修指甲、挖鼻孔、剔牙齿、掏耳朵、伸懒腰、打喷嚏；打哈欠时要用手帕捂住口鼻，面向一旁，避免发出响声；在候车室、餐厅、列车上等场所不要大声喧哗、谈笑和做影响他人的活动。

（2）打电话时，声音不宜过大；离开公寓或宾馆时应将房间稍作整理，保持整洁。进入餐厅时，一般不带大件物品，也不要将手提包或帽子等放在餐桌上。切不可穿拖鞋、着睡衣进入餐厅。就餐时要坐姿端正。吃西餐时，应注意正确使用餐巾、刀叉。咀嚼食物要慢，不应发过大声音。

（3）出发前准备阶段，主动向乘务组成员打招呼；主动让路问好，禁止与旅客抢占座位，在公共场所始终保持专业化微笑。

（4）在交接班时，接班列车长首先与交班列车长使用"辛苦了"等语言，做到文明交接、礼貌用语；接班列车员主动与交班列车员问好或点头示意。

（5）列车员在乘车及上下楼梯时，应将乘务箱拉杆收回后拎着箱子，禁止拖拉乘务箱。男乘务员不得在公众场合吸烟。

（6）工作箱包在规定的摆放区域整齐摆放，避免影响他人行走；不勾肩搭背、大声交谈、嬉笑玩耍，保持良好的专业化形象；在候车室有空座的情况下可就座，就座时需保持列车乘务员良好的专业化形象，禁止躺卧，禁止出现不雅行为。

五、接待礼仪

迎来送往是日常工作和生活不可缺少的内容。恰当的接待礼仪可以显示出良好的修养和热情好客的态度。接待人员要保持风度、谈吐高雅。

（一）自我介绍的礼节

（1）在社交场合中，如果你想认识某一个人，最好预先获得一些有关他的资料，如个人兴趣、性格、特长等，有了这些资料，在自我介绍后便容易交谈，使关系进一步融洽。

（2）表示出自己渴望认识对方的心情，但不要卑躬屈膝，应热诚、自信。

（3）在做自我介绍时，应清楚地报出自己的姓名及身份，并善于用体态语言如眼神、手势、脸部表情等表示自己的友善。

（4）在获得对方的姓名之后，不妨重复一次。重复他的姓名，一方面使对方有自豪感和满足感，另一方面可以帮助自己记住对方姓名。如"我是动车队的×××，欢迎您。这是我的名片，请多多指教。"

（二）介绍他人的礼节

1. 注意介绍的时机

（1）首先了解对方是否有结识的愿望，不要贸然行事。

（2）如果带你的朋友、同事参加宴会或去某公司，而在场的人都不认识他时，要很自然地让他结识更多的人。但介绍你的朋友或同事时，也不应该带着他满屋子转，到处主动介绍而打断别人的谈话。

（3）不要把刚进来的客人介绍给正准备离去的客人。

2. 介绍的原则

一般来说，先把男士介绍给女士，把年轻人介绍给年长者，把身份、地位低的人介绍给身份、地位高的人，把未婚者介绍给已婚者。如果不易比较，则随便先介绍哪个。

如果一方是地位高的年轻女士，另一方是地位低的年老男士，按我国传统，应先把男士介绍给女士。

3. 介绍的禁忌

（1）主人应把主宾介绍给其他客人，否则不礼貌。

（2）介绍时绝不能用命令口气，如"小王，来见见张小姐"。

（3）切勿把介绍的双方弄得感情不平衡，如称一方为"我的朋友"，另一方为"我的好朋友"；一方称"这是××"，另一方称"这是我的朋友××"。

（4）介绍具体的人时，要有礼貌地用手示意，不能用手指指着被介绍的一方。

（5）当你想结识某人，而又无介绍人时，应该首先作自我介绍，如果对方没有向你作自我介绍，也不必再问，可以向其他人打听。

（6）介绍时避免过分颂扬某一个人。

4. 被介绍以后

（1）要互相问候"你好！见到你很高兴""认识你很荣幸"等。

（2）被介绍给他人之后，男士之间通常要握手，女士之间不一定。男士被介绍给女士，女士可以微笑说一声"您好"或点一下头。男士则应看女士的反应作判断，如对方伸手则可握手，如对方点头微笑你也同样如此还礼，注意恰到好处。对女士来说，如对方伸出了手，则不宜拒绝，否则失礼。

（3）在公共场合，男士被介绍给女士后，女士不一定起立；在女士进入房屋时，男士一般应起立；但年长者及正在和年长者谈话的年轻人、地位高的人例外。

（三）迎送礼仪

迎送礼仪总的要求是热情、主动、礼貌、大方、体态合乎礼仪。

（1）迎接来宾前，首先了解来宾的背景资料，如他的身份、性别、习俗等，并确定相应的迎送规格。主要迎送人员通常要与来宾的身份相当或者相差不大，尽量做到对等。当事人不能出面时，应从礼貌角度出发向对方做出解释。

（2）掌握抵达和离开的时间，如迎送时间有变化，应及时掌握。

（3）迎接未见面的客人，在车站、码头、机场时有必要准备一块醒目牌子——"欢迎×××"。迎接必须向他们致欢迎词的贵宾，应事先准备好一篇热情洋溢、优美、简短的欢迎词。

（4）见到来宾后，应根据来宾的身份、性别、年龄、习俗以及来访性质等，热情地与他们拥抱、握手，或向他们鞠躬、作揖、双手合十、点头、鼓掌欢迎等。

（5）向来宾行礼后，应道辛苦并作自我介绍。为了不使对方在如何称呼你的问题上感到为难，应向对方表示"请叫我小×（老×）"。

（6）应主动向客人表示帮助他拿行李的意思，如有车来接，应为他打开车门。上车时，最好为客人打开右侧车门，使客人从右侧上车，主人从左侧门上车，避免从客人座前穿过。三排座的轿车，翻译坐在主人前面的加座上；二排座轿车，翻译坐在司机旁边。

（7）上车后，应该将活动日程表送到客人手上，并询问客人有何私人活动需要帮助安排，可向客人介绍沿途建筑、风光、民俗、气候、特产等情况。

（8）到住宿处后不要久留，让客人得到休息。分手前一定要说好下一次见面的时间、地点，并告诉客人与你联系的方法。客人离去时应是客人在前，否则有驱赶客人之嫌。离别前握手告别，并说"欢迎您再来"。

六、餐服人员礼仪规范

餐车服务又是一张企业形象的"名片"，因此在餐车服务中的礼节、礼貌是不可缺少的一部分，它渗透在列车餐饮服务的方方面面，贯穿服务过程始终。无论是餐车服务员还是餐车长，都应该是这趟列车的"礼仪大使"，把就餐旅客放在"贵宾"的位置来对待。由于列车的晃动，要求餐车服务员走路时脚步要稳、轻、灵、巧，头发梳理平整，指甲修剪整洁，语言礼貌和气，精神饱满，步态轻盈，躲闪灵活，手脚利落，观察仔细，及时了解旅客需求，提供满意服务。

（1）餐车服务在就餐时间到来之前，要做好仪容、仪表和精神准备，站立在餐车两侧第一张桌的位置迎接客人。餐车服务员的仪容仪表，大体与前两节讲到的内容相同，但站姿不能过于生硬，应该有亲和力，在此不作过多介绍。

（2）旅客到来时，餐车服务员要热情相迎，主动问候。在引领旅客时，应问清几位就餐，然后引到合适的座位。主要宾客要面向列车前行方向。

（3）帮助旅客把随身携带的物品放在合适的地方，但必须先征得旅客的同意。

（4）旅客被引到餐桌时，可以双手将毛巾递到旅客面前，也可用不锈钢夹夹起毛巾递给旅客。

餐饮服务应注意以下细节：旅客喝咖啡，单独放糖包、奶包时，及时清理用完的糖包和奶包的包装袋；需添加咖啡时，应将杯子擦拭干净或重新更换咖啡杯；旅客饮用完牛奶后若提出需要柠檬红茶，也应提醒旅客不宜混饮；为儿童提供热饮时需递给其监护人等。提供餐食服务时应注意：主动介绍餐食品种，汤温度过高时及时提醒旅客；为旅客冲泡方便面、奶粉，需同时送上餐巾纸或湿纸巾；禁止将餐饮或杂物从旅客头顶上方掠过，旁边旅客协助递送时需及时向旅客致谢等。

【任务实施】

一、任务准备

分组：全班学生分为若干组，每组 10 人，包括 1 名列车长、4 名列车员和 5 名旅客。

二、实施过程

虚拟现实之"模拟动车组列车始发作业"。

1. 场景设计

（1）每组学生自行设计本组的模拟场景。

（2）每组至少设计 2 组场景，在 2 组场景中，组内成员轮流扮演乘务人员和旅客。

（3）设计的场景是列车始发前后各乘务人员的作业和服务等，包括检查仪容和服饰，到队接车，检查车厢设备、设施状况和备品摆放情况，立岗，引导旅客上车，确认旅客上车情况后关门开车，开车后检查行李摆放等工作。除了常规的作业外，还可以在场景中设计各种特殊情景，如交接重点旅客、提醒旅客将不规范的行李摆放好、制止旅客抽烟等，乘务人员应根据不同的情景进行不同的应对。

2. 模拟练习

（1）每组学生根据自己设计的场景进行练习。

（2）老师在学生练习的过程中，进行观察和指导。

（3）练习时间可根据课程具体情况合理安排。

3. 表　演

（1）老师根据自己的观察，指定具有代表性的小组上台表演；学生也可主动要求上台表演。

（2）每组表演完成后，老师可让台下的学生发表自己的观后感，以及对表演的评价。

【强化提升】

请结合教材相关内容、查阅网络文字资料、读取视频资源，完成以下任务工单。

高速铁路客运乘务服务礼仪基础知识工单

1. 知识强化

（1）高速铁路客运服务的原则：_____、_____、_____。

（2）高速铁路客运服务守则：_____、_____、_____、_____。

（3）乘务人员是旅客的_____，大部分旅客对动车组设施设备和服务内容都没有乘务人员清楚，乘务人员应该做的就是向旅客耐心解释和热情服务，消除旅客的疑虑，为旅客提供满意的服务。

（4）旅客是铁路及乘务人员的_____，乘务人员的工作职责就是为旅客提供满意的服务，让旅客感觉到"宾至如归"，想旅客之所想、急旅客之所急，这样才能提升旅客的满意度和信任度，决不能对旅客不理不睬，置若罔闻。

（5）_____是满足旅客潜在需求的服务能力。

2. 技能训练

（1）所需工具、检具：

（2）小组成员分工：

（3）任务计划：

逻辑建议：①实战计划—②小组成员构成与分工—③所需工具、检具—④实战过程及结果。

【课程思政】

一杯糖水

"快点走呀，等什么呢？"一阵不耐烦的催促声引起了我的注意。顺着声音看过去，有一个女孩上车时步伐缓慢迟滞，引起身后排队上车旅客的不满。走近一看，女孩小小的个子，一手拖着笨重的行李箱，一手不时地捂着肚子。跑了无数趟车，这样的旅客遇到不少，我很快把她的行李接过来，帮助她找到位置。

"您是不是哪里不舒服？需要替您广播找医生吗？"

"不用……我没事的，缓缓就好了。"女孩低下头，有点害羞的样子。我点点头，转身给她倒了一杯红糖水，看她穿得也不多，又给她捎了一件自己备用的衣服。再走回这节车厢时，她正盖着我给她的衣服，安心地喝着那杯红糖水。女孩看到我来了，冲我摆了摆手，开心地笑了。这个笑容，就是我们为旅客服务的动力。

通过以上案例的学习，让学生明白社会工作的规则，在工作中要充分发挥主观能动性，不仅要保质保量地完成本职工作，还需要以"旅客为本"，灵活处理在工作中遇到的异常情况，想旅客所想，及时处理旅客的所需所求，努力提高客服服务质量，从内心希望旅客有一段美好的旅程。

【任务考评】

考核内容		考核评分		
项目	内容	配分	得分	批注
工作准备 （25%）	能够正确理解工作任务内容、范围及工作指令	5		
	能够查阅和理解技术手册，确认技术标准及要求	5		
	能正确使用防护用品	5		
	准备工作场地及器材，能够识别工作场所的安全隐患	5		
	确认设备及工具量具，检查其是否安全及正常工作	5		
实施程序 （60%）	设计的场景完整、真实	20		
	各小组成员参与度高	20		
	模拟练习时工作过程正确、流畅，态度热情	20		
完工清理 （15%）	对工具及设备进行清洁	10		
	按照工作程序，填写完成作业单	5		
考核评语	考核人员： 年 月 日	考核成绩		

组内学生互评				
评价项目	评价内容			得分
	优秀（90~100）	良好（80~89）	加油（0~79）	
沟通交流能力	能够有效地运用多种交流形式	基本能运用多种交流形式	很难运用多种形式交流	
合作交往能力	尊重他人，能与他人良好合作交流	基本上能做到与他人合作交流	不能与他人良好地沟通交流	
观察事物能力	观察能力强，细致全面，观察深刻	按要求观察，能发现事物的一些特征	无目的观察，不能把握事物特征	
动手操作能力	能积极主动按项目指引完成操作	能按要求完成操作	不能完成操作	
想象创造能力	能够有拓展性地完成工作任务	能够想到新的方式完成任务	按照课本要求完成基本工作	
小组评语	评价人签字：		年　月　日	互评成绩

企业导师评价			
评价项目	评价内容	评价成绩	备注
工作准备	任务领会、资讯查询、器材准备	□A □B □C □D □E	
知识储备	系统认知、原理分析、技术参数	□A □B □C □D □E	
计划决策	任务分析、任务流程、实施方案	□A □B □C □D □E	
任务实施	专业能力、沟通能力、实施结果	□A □B □C □D □E	
职业道德	纪律素养、安全卫生、器材维护	□A □B □C □D □E	
其他评价			
导师签字		日期	年　月　日

注：在选项"□"里打"√"，其中 A：90~100；B：80~89；C：70~79；D：60~69；E：不合格。

任务二 高速铁路动车组列车重点旅客服务

【任务导入】

任务名称		高速铁路动车组列车重点旅客服务			
姓 名		班 级		成 绩	
组 别		组 长		场 地	
日 期		学 时		指导教师	
任务目标	知识目标	1. 了解旅客旅行心理需求； 2. 掌握重点旅客服务标准； 3. 掌握"复兴号"动车组服务标准； 4. 掌握接待服务标准			
	能力目标	1. 能够按照重点旅客服务标准为旅客服务； 2. 能够按照接待服务标准为旅客服务			
	素质目标	树立团队协作意识			
情景案例	若你是列车上的一名列车员，你所负责的车厢内有几位旅客均带了孩子，孩子们在车上很快熟悉并玩到了一起，在过道追逐打闹，还大声嬉笑，让周围旅客很是困扰，你会如何处理？				

【知识讲解】

一、高速铁路重点旅客服务需求

（一）临时患病的旅客

旅行中生急病或女旅客突然分娩，本身痛苦、着急、忧虑，急盼工作人员帮助，这时客运乘务人员要为之寻医送药，妥善处置，有条件时允许在较大车站下车送医院处置。

（二）老、弱旅客

人到中年，体力、精力开始衰退，生理的变化必然带来心理上的变化，他们在感觉方面比较迟钝；对周围事物反应缓慢，活动能力逐渐减退，动作缓慢，应变能力差。由于年龄上的差异，老年人与青年人想法不同，因而心境寂寞，孤独感逐步增加。尽管老人嘴上不说，但他们内心还是需要别人的关心帮助，他们关心旅行的安全，因此，乘务员为老年旅客服务时，要更加细致，与老年旅客讲话速度要略慢，声音要略大，经常主动关心询问老人需要什么帮助，洞悉并及时满足他们的心理需要，尽量消除他们的孤独感。体弱的旅客既有很强的自尊感，又有很深的自卑感，由于身体的原因自感不如他人，暗暗伤心，同时在外表上表现出不愿求别人帮助自己，因此，样样事情都要尽自己最大的力量去做。作为乘务员应尽可能多去关照他们，而又不要使他们感到心理压力，对他们携带的行李物品要主动协助提拿，关心他们的身体状况。

（三）病、残旅客

病、残旅客是指有生理缺陷、有残疾的旅客以及在乘车过程中突然发病的旅客。这些人较之正常人自理能力差、有特殊困难，迫切需要别人帮助。但是他们自尊心都极强，一般不会主动要求乘务员去帮忙，总是要显示他们与正常人无多大区别，对此，乘务员要了解这些旅客的心理，特别注意尊重他们，最好悄悄地帮助他们，让他们感到温暖。

（四）儿童旅客

儿童旅客的基本特点是性格活泼，天真幼稚，好奇心强，善于模仿，判断能力较差，做事不计后果。鉴于儿童旅客的这些特点，乘务员在服务时，尤其要注意防止一些列车上不安全因素的发生。例如，要防止活泼好动的小旅客乱摸乱碰火车上的一些设施；列车运行中要注意防止小旅客四处跑动；给小旅客提供热饮时，要防止他们碰洒、烫伤等。

（五）持乘车证的铁路职工旅客

铁路职工持公用乘车证旅行，从铁路角度看，他们属于路内职工，但对于旅客运输服务部门，他们同其他旅客一样，也是旅客运输部门的服务对象。

铁路职工持公用乘车证乘车旅行，他们因对旅客运输服务非常了解，熟悉有关客运管理的各种规定，在客运部门熟人多，在旅行中相对一般旅客具有一定的优越感。在旅行过程中，大多数人能够维持列车秩序。但也有个别人，不能严格遵守客运管理的规定，只图自己方便；在列车上喜欢找熟人、拉关系，希望被照顾，希望彰显与其他旅客不同。若乘务员满足其要求就很高兴，当不能满足要求时就可能会不高兴，有些甚至故意挑剔乘务员的毛病。在这种情况下乘务员服务时要做到有理、有利、有节。

二、高速铁路动车组重点旅客服务标准

（一）重点旅客的定义及分类

重点旅客是指老、幼、病、残、孕旅客，分为一般重点旅客和特殊重点旅客。

1. 一般重点旅客

一般重点旅客包括老、幼、病、残、孕且有同行人陪同的旅客，无须工作人员全程护送，需提供优先服务的旅客。

2. 特殊重点旅客

特殊重点旅客包括盲人、依靠辅助器具如担架、轮椅才能行动的需工作人员特殊照顾或者全程护送的旅客。

（二）重点关注，优先照顾，保障重点旅客服务

（1）按规范设置无障碍卫生间、座椅、专用座席等设施设备，作用良好。发现旅客乘坐轮椅时，应引导至残疾乘客专用区域，并协助旅客固定轮椅。

（2）对重点旅客做到"三知三有"（知座席、知到站、知困难、有登记、有服务、有交接），为有需求的特殊重点旅客联系到站提供担架、轮椅等辅助器具，及时办理站车交接。对视力残疾携带导盲犬的旅客，应检查相关证件并予以协助。在条件允许的情况下，尽可能安排至较为宽敞的席位。如因更换席位出现票价差额，应提前征得旅客本人同意，并按规定处理票价差额。

（3）对乘车儿童重点关注，主动提示家长或同行成年人有关儿童乘车的注意事项。发现幼儿在车厢过道单独行走、打水、上厕所等时，应主动询问并提供必要的帮助。发现儿童攀爬座椅、手扶门缝、触碰电茶炉和奔跑、吵闹，特别是在邻近值乘司机室车厢和区域吵闹、奔跑嬉耍时，应及时劝阻。可根据需要适当配置安全可靠的儿童玩具等，为儿童提供服务。

（4）遇有重点旅客乘车，首先向同行人进行安全注意事项的介绍，无同行人的重点旅客，尽量将座位调整到距离车门、卫生间较近的位置，并及时向列车长汇报车内重点旅客情况。运行中主动询问旅客有何需求，引导、搀扶重点旅客使用服务设施。终到站前，提前妥善安排乘降。如始发站以重点旅客登机交接表的形式将重点旅客与车站进行交接，列车长应妥善安置，并指定乘务员重点照顾，列车终到站时由列车长与车站客运值班员进行重点旅客的交接。

（三）儿童旅客服务标准

（1）开车后提示带小朋友的旅客看管好孩子，不要让孩子在车内跑跳，并进行相关的安全提示。

（2）列车运行速度快，注意不要让孩子站在座椅、靠背、扶手上，以免摔倒、撞伤。

（3）为了保证孩子的安全，要叮嘱孩子不要触碰电茶炉、车门、灭火器等设备设施，不要将手伸进垃圾箱内。

（4）如发现家长忽视对孩子的看管，要及时引导小孩回到家长身边，再次叮嘱提示家长，以免发生意外。

（5）加强车内巡视，随时关注儿童旅客的举动，做好相应服务工作。

（6）年龄较小的儿童进入卫生间时，应动员家长陪同。

（四）孕妇旅客服务标准

（1）孕妇上车时要主动帮助提拿、安放随身携带物品，乘务员在前方引导入座，注意调节通风口。

（2）应根据需要多提供清洁袋，并及时清理，随时给予照顾。

（3）下车时乘务员应主动提拿行李，送至车门。

（4）旅行途中，关注孕妇旅客的情况，随时提供帮助。

(五)老年旅客服务标准

(1)上车时乘务员要主动帮助提拿、安放随身携带物品,并在前方引导入座。

(2)乘务员应主动介绍车厢服务设备、卫生间的位置。

(3)旅途中经常去看望,主动问候,工作空余时多与他们交谈,排解老人的寂寞,需要饮水时,应送水到座位。

(4)如老人需要用卫生间应及时给予搀扶、引导。

(5)将要到达目的地时,提前提示老人不要遗忘物品,到站主动搀扶其下车,与接站人员做好交接。

(六)盲聋哑旅客服务标准

(1)乘务员应主动为盲人旅客提拿、安放随身携带物品,并引导安排入座。

(2)介绍车厢服务设备、卫生间的位置。

(3)旅途中经常去看望,主动问候,需要饮水时,应送水到座位。

(4)如盲人旅客需要用卫生间应及时给予搀扶、引导。

(5)到站前及时提示旅客做好下车准备,不要遗忘物品,并搀扶其下车,与接站人员或车站工作人员做好交接。

(七)残疾旅客服务标准

(1)乘务员应主动介绍车厢服务设备、卫生间的位置,帮助残疾旅客将轮椅等用具放置到合适位置。

(2)旅途中经常去看望,主动问候,需要饮水时,应送水到座位。

(3)如残疾旅客需要用卫生间应及时给予搀扶、引导。

(4)到站前及时提示旅客做好下车准备,不要遗忘物品,并搀扶其下车,与接站人员或车站工作人员做好交接。图4-23为残疾旅客交接。

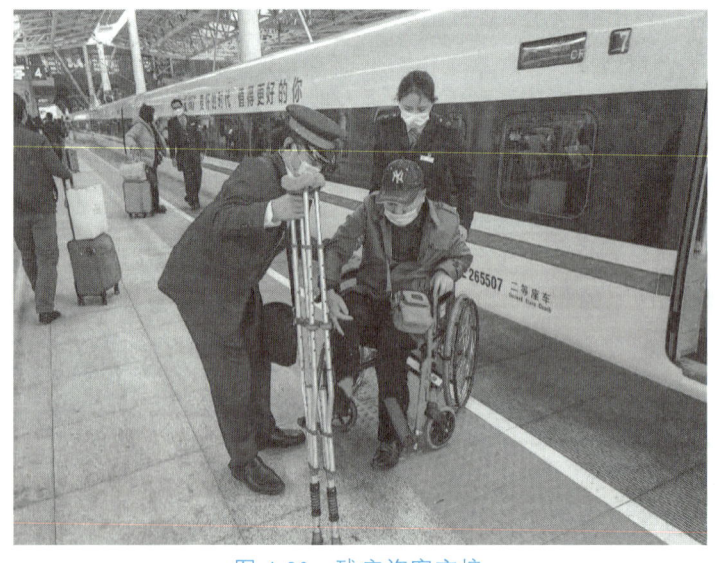

图4-23 残疾旅客交接

（八）患病旅客服务标准

（1）乘务员应主动帮助旅客调整合适的座席，便于同行人照顾。

（2）旅途中经常去看望，主动问候，及时为旅客提供帮助。

（3）如乘客是精神病患者，应告知同行人注意事项，如遇旅客有异常情况，及时采取措施，防止伤害其他旅客。

（4）到站前及时提示旅客做好下车准备，不要遗忘物品，并搀扶其下车，与接站人员或车站工作人员做好交接。

三、非正常事件的服务技巧

（一）安排重号旅客的处置技巧

（1）遇到重号的旅客，应认真核对两位重号旅客车票。如果确认是重复的座位号码，应先听取两名旅客的意见，观察哪一名旅客有想要调换其他座位的意向。

（2）列车员应及时报告列车长，列车长了解现场情况，及时汇报客调。

（3）列车长根据重号旅客人数判断同等级车厢是否有空座，尽量安排旅客尽快就座，向旅客致歉，如果有旅客就座，协助他调整到其他座位，不要让旅客自行在车厢内找空位就座，以免造成旅客座位号码再次重复而引起不满，甚至导致投诉等。

（4）遇到满员情况，乘务员可以帮助重号旅客（或后到的重号旅客）提拿行李，到餐车或乘务员休息的座席稍加等候，等全部旅客上齐后，让重号旅客在相同车厢等级的基础上，选择空余座位入座。

（5）安排重号旅客妥善就座后，为重号旅客送一杯热茶，并及时道歉。列车长记录重号旅客的基本情况和车票的起始站、票号、车厢座位号、发售车票的车站等，并及时向有关部门汇报。

（6）席位发生变化需退款时，编制客运记录，交到站退款。

（二）迎客时有旅客提出其他服务的处理技巧

加强服务意识，乘务员应该站在旅客角度考虑旅客需求的重要性。提高服务技巧，当旅客提出特殊需求时：

（1）尽可能立即办理。

（2）有其他原因不能及时办理的，应立即在便签本上记录，或委托其他乘务员及时办理（也可委托他人提醒自己办理），并要及时跟踪处理情况。

（3）如因客观条件无法及时提供的，应先向旅客说明理由，并稍后办理。

（4）如因客观条件无法提供的，应及时向旅客做好解释工作。

（三）防止旅客物品丢失被盗的提示处理技巧

1. 提　示

（1）旅客携带手提电脑等贵重物品上车时，安排在旅客座位附近且视线范围内的行李架上，并提示旅客贵重物品小心看管。

（2）帮助旅客安排较大行李存放手续时，提醒旅客取出贵重物品，并确认物品存放位置，下车及时领取。

（3）到站前 5 min 广播预报时间、温度，提醒旅客提前整理好随身衣物。

（4）加强车厢监控，密切关注经常起身打开行李架上的行李或不在自己座椅附近拿取行李物品的旅客，并询问"您好，请问您需要我帮忙吗？"委婉地进行制止，并记住可疑旅客的外貌特征。

（5）对于携带行李使用卫生间的旅客应引起注意，提高警惕。

2. 处　置

（1）得知旅客丢失物品的消息后，首先应及时向列车乘警通报，配合乘警询问当事人是否确定物品在列车上丢失。

（2）先了解丢失物品的基本特征，然后广播寻物启事并积极配合当事人寻找丢失物品。

（3）记录丢失物品的名称、型号、形状、颜色、大小，包括当事人的姓名、联系地址、电话等详细信息。

（4）征求旅客意见，是否需要通知车站公安协助寻找。

（5）如需要排查，需对其他旅客做好解释工作，广播说明车上有旅客丢失了贵重物品，到站后请大家协助检查。注意语言技巧，避免引起其他旅客反感。如部分旅客已经下车，通知公安部门在出口处对已下车的旅客进行排查。

（6）工作结束后列车长按规定填写《乘务报告》及时反馈段及车队，单位有关部门将进行备案。

（7）如果是在车站丢失物品，马上报告列车长，联系车站工作人员。将丢失物品特征告之车站并请车站人员协助处理，及时为旅客通报信息并留下旅客姓名、联系方式及有效地址。列车长做好记录。

3. 旅客物品被盗

（1）发生盗窃案后，乘务员要在第一时间内将事件报告乘警长及列车长，并能密切配合、分工明确、稳而不乱。

（2）与周围旅客及嫌疑人交谈时言辞得当，同时细心观察其他旅客的表现，锁定嫌疑人。

（3）列车长要迅速作出判断，果断处理，并及时中止旅客下车，请公安部门对已下车的旅客进行调查，做好车上其他旅客的安抚工作。

（4）锁定嫌疑对象后与列车长、公安部门协调，决定是否可以让其他旅客下车，并让案件的几名当事人在安全员的监控下离开列车，等候公安人员的处理，以免带来安全隐患。

（5）发生车上盗窃事件后，列车长将旅客信息及事件经过在值乘结束后 1 个工作日内反馈有关部门备案。

（四）旅客在发车上发生争执的处理技巧

（1）乘务员先安抚旅客并简单了解事情的起因，同时报告列车长。

（2）尽可能为旅客调整座位，协助旅客妥善放置好随身物品，调解、缓解旅客间的矛盾，注意语言技巧，减少对周围旅客的影响。

（3）对继续旅行的旅客，乘务员和乘警（安全员）要在列车途中加强监控，以避免矛盾再次激发。

（4）乘务员提供优质的服务，按重点旅客照顾，消除旅客不愉快的记忆，缓解矛盾。

（五）接待投诉的旅客

（1）首先代表乘务人员对工作中的不足赔礼道歉。

（2）针对旅客提出的合理要求，采取相应措施。

（3）虚心接受旅客意见，在自己的权限内给出处理方案，表示出处理的诚意。

（六）劝告与说服的技巧

客运乘务人员面对的旅客来自各行各业，难免遇到一些不同意见的旅客，这就需要劝导或说服对方。劝导时要换位思考，了解对方的心理状态，明了对方的心思，采取立足对方的劝说方法，尽量把乘务员的大度、诚意和善意说到对方的心坎，起到增强理解的目的。否则，无法说服他人，甚至会因曲解而产生误会和矛盾。

（七）回答旅客提问的技巧

乘务工作中经常遇到旅客提问，回答旅客提问时要站住，面向旅客回答，耐心而热情，解答时简洁准确，要注意礼貌、得体，讲究回答技巧，切忌给人一种不友好、不平等、不耐烦的感觉，避免使对方误会。

（八）旅客用水问题的快速处理方法

乘务员、随车保洁员在巡视车厢发现旅客洗手多用水时，应委婉地劝阻，及时介绍引导烘干器的使用方法，当发现洗脸间地面水迹较多时，应及时用抹布擦净。

（九）发现卫生间内异味较大时的处理方法

发现卫生间内异味较大时，乘务员应通知、督促随车保洁员及时清理卫生间卫生，清理完后及时盖上马桶盖，芳香球（盒）缺少及时补充，用空气清新剂喷在卫生间内的通风口上，必要时暂时引导旅客使用其他车厢卫生间，挂上温馨提示牌。

（十）旅客反映卫生间异味但拒绝使用空气清新剂的处理技巧

运行途中应督促保洁加强卫生间卫生的清理，旅客使用完毕后，及时合闭马桶盖，关闭卫生间门，挂上提示牌。当旅客对空气清新剂的味道提出异议时，乘务员应先耐心向旅客作解释并表示歉意，并把车厢两端的内拉门调试到自动关闭状态。对反映强烈的旅客，如其他车厢有空座位时可为其调整同等席别座位，并做好服务工作。同时，及时通知随车机械师将车内温度适度调低。

(十一）集便器容量达到 80% 报警时的处理方法

当卫生间集便器容量达到 80% 报警时，乘务员接到通知后，应及时通知列车长和机械师，听从机械师安排是否需要锁闭卫生间或关闭车厢内洗漱用水，并向旅客做好解释工作，引导旅客使用其他卫生间，挂上提示牌。如已达到 80% 时，利用列车广播加强车内宣传，乘务员加强口头宣传，告知旅客：本次列车采用的是先进的集便式卫生间，因集便器容量有限，请大家在列车上注意节约用水，以免过多的废水占用集便器空间影响卫生间的正常使用。

(十二）列车运行中某节车厢突然停电的服务技巧

列车运行中车厢内突然停电应及时通知列车长和随车机械师，本车厢乘务员应坚守岗位，做好各项服务工作，在不能辨明停电原因的情况下，不要对旅客做过多解释，妥善照顾车内重点旅客。

(十三）发现男式小便间内出现粪便、烟头、方便面渣等污物时的处理方法

如发现男士小便间内有粪便或污物时，乘务员应及时通知随车保洁员在最短的时间内，用一次性手套和塑料袋将卫生间清理并冲刷干净，确认卫生合格后，方可引导旅客使用。当保洁人员在 5 min 内未及时到位时，乘务员要自己动手将卫生间清理干净，保证旅客正常使用。如在未清理时有旅客要使用卫生间，乘务员应先引导旅客使用其他卫生间。如其他卫生间有人时，要先对旅客说："先生（××领导），您好，请您稍等，我清理一下，马上就好。"清理完毕要对旅客说："对不起，让您久等了。"

(十四）卫生间内蜂鸣器报警的处理方法

如卫生间内蜂鸣器报警时，乘务员应先敲卫生间门，询问是否需要帮助，确认后方可进入卫生间。同时，乘务员应向旅客介绍车内及卫生间内的服务设施，以免旅客在不知情的情况下误按按钮。

(十五）因故障自动广播无法正常使用时的处理办法

当列车自动广播发生故障无法正常使用时，乘务员要做好各项广播宣传，及时通告站名和到开时刻，避免旅客上错车、坐过站。运行途中通过广播向旅客宣传乘车须知和安全注意事项。如所有广播机都故障，乘务员要巡视各车厢，面对面地向旅客宣传乘车须知和安全注意事项，加强车厢内流动通告站名和到开时刻，避免旅客上错车、坐过站。

(十六）座席被污染、弄湿时的处理技巧

旅客出入座席打翻杯子时，乘务员应及时为旅客清理，并为旅客更换纸杯。途中、终到站前，利用广播提醒旅客及时打起小桌板，途中适当增加广播，乘务员在巡视车厢时及时协助提醒旅客。旅客的座席被污染或弄湿时，乘务员应先向旅客道歉，在有空余座席的情况下，可先安排旅客到空余座席就座。无空余座席时，乘务员应及时清理座席，可为旅客及时提供防水坐垫或其他必要措施，安排旅客就座，并为旅客送上一杯水，感

谢旅客的支持和配合。

（十七）遇旅客座椅发生故障无法转动时的处理办法

遇旅客座椅发生故障无法正常使用时，乘务员应向旅客做好解释工作。如座席椅背发生故障，首先让乘务员踩住座席转动踏板，整排座椅全部复位后，再让旅客调整到自己满意的角度；如座椅不能复位，通知随车机械师查明故障问题予以及时修复；如不能修复，应尽量安排同等席别的空座让旅客乘坐，并向旅客表示歉意。

（十八）洗手盆堵塞的处理方法

乘务员如发现洗脸间、卫生间内洗手盆堵塞时，应在第一时间通知随车保洁人员清理，并检查清理情况，途中随时检查洗手盆过滤网，及时清除过滤网内的茶梗、发丝、痰迹等杂物，并将洗手盆擦拭干净。如因没有过滤网发生堵塞时，乘务员应先通知列车长，列车长在第一时间赶到现场，查看后由列车长通知机械师关闭自动感应出水器，然后拿抹布用力上下疏通，疏通后将洗手盆擦拭干净。

（十九）发现旅客在卫生间内吸烟时的处理办法

乘务员如在卫生间外闻到烟味，可敲卫生间门，劝其不要在卫生间内吸烟，必要时可通知乘警到场处理。

（二十）当列车中途停车 1 min，旅客下车吸烟或购物时的处理

列车到站前、利用广播加强宣传，让旅客了解停车时间较短，只停 1 min，不下车的旅客请不要下车吸烟或购物，避免漏乘。停车后，乘务员应在车内车门口随时注意旅客动向，如有旅客执意下车吸烟，须告知旅客不要远离车门，以免漏乘，并提前告知旅客将烟头熄灭后投放到指定位置，不要把燃着的烟头扔下高站台。

（二十一）遇到本车厢多数旅客携带大件行李，行李仓放不开时的处理

遇有旅客携带大件行李较多时，乘务员应协助旅客妥善安排。如果是团体旅客，在旅客允许的情况下，可以旋转一排座席的方向，把行李放在背对着的两排座席之间，也可以让旅客放在本车厢最后一排座席后面，要告诉旅客车厢内的大件行李是由旅客本人自行看管，请他们在各个中途停站时注意自己的行李。

（二十二）中途站旅客下车未来得及上车时的处理办法

发现或接报旅客中途站下车未来得及上车时，乘务员应及时报告列车长，列车长应确定旅客所在车厢、座席、到站，查找该旅客有无行李，会同乘警查看该旅客行李物品，编制客运记录，移交车站处理，并积极与该旅客联系，及时向车队报告。

（二十三）当餐车的服务没有满足旅客的需求，引起旅客投诉时的处理

餐车上的盒饭都是冷藏的，当客流量较大时，餐服人员应提前加热部分盒饭，尽量避免在用餐高峰期，让旅客排长队的现象发生。如旅客表示强烈不满，列车乘务员应积

极配合，耐心解释，安抚旅客情绪，同时及时报告列车长，积极协助列车长处理。

（二十四）在车厢内遇有旅客接听手机、外放电脑音乐声较大或大声说话时的处理

乘务员要到旅客旁边，用婉转的语言劝其戴上耳机或者把声音尽量调小，劝其尽量到连接处接听手机。说话时要声音适当，尽量不对其他旅客造成影响，最后要对该旅客的配合表示感谢。

（二十五）遇有老人、残疾人或重点旅客单独乘车时的工作

遇有老人、残疾人或重点旅客乘车，乘务员要坚持"首问负责制"，主动向旅客介绍列车设施设备和安全注意事项，协助拿放行李，引导去洗手间、卫生间，随时为其做好重点服务。

（二十六）旅客补票后没有座位不理解时的处理办法

乘务员应及时说明动车组列车只能办理无席位号补票业务的情况，稳定旅客情绪，争取旅客理解。如旅客仍有意见，应立即通知列车长处理。

（二十七）遇有危重病人时的处理办法

乘务员立即通知列车长赶到现场，了解旅客病情，广播寻医。调整位置，把该旅客安排到多功能室或动员旅客支持帮助，及时通过司机或列车调度员与站方联系，做好救护准备。

（二十八）因铁路责任造成旅客不满意的处理办法

因铁路责任造成旅客不满意，虽然不是列车的责任，但旅客在列车内发泄不满时的处理办法是列车长应树立铁路是一个整体的大局观念，认真妥善处理好旅客提出的问题。乘务员热情服务，让旅客感受到宾至如归的感觉。

列车长在处理问题时不要当着全体旅客，尽量把该旅客请到车厢连接处或餐车处，认真倾听旅客意见（让旅客说出他的意见，发泄出他的情绪，也是缓解不满意的一种方法），再解释道歉。

（二十九）列车重联后旅客上错车的处理方法

由于列车重联，两列动车（1~8号、9~16号）中间不相通，有的旅客因急着赶车在站台上就近上车，当发现中间不通但又没有时间过去时，乘务员应先安抚旅客情绪并通过对讲机向列车长汇报，如开车前不能保证旅客安全到达另外一列动车时，应向旅客说明情况，有条件时可根据旅客的车票安排本列的同等座席。在到达中间站停车前请旅客提前到8号或9号车厢门口等候，到站时由8号或9号车厢乘务员协助该旅客到另一列动车组。

（三十）遇有在车内喂婴儿的女士时的处理技巧

遇有在车内喂婴儿的女士时，乘务员应主动上前询问是否需要帮助，有条件时引导其到列车多功能室喂婴儿。

四、客运服务文明用语

（一）基本要求

（1）使用普通话，语言表达规范、准确、简洁、得体，不产生歧义。口齿清晰，音量适中，对旅客称呼恰当。

（2）声音柔和具有亲切感，速度节奏、音量高低适中，语气平和，说话时不做其他事情。

（3）讲话时面向旅客，注意倾听，以示尊重。

（4）运用"请、您好、谢谢、对不起、再见"十字文明用语。使用"早上好""中午好""晚上好""晚安""辛苦了""请原谅"等文明用语。不讲脏话、粗话、怪话和带有训斥、命令语气的语言。

（5）对旅客的称呼得体。统称为"旅客们""各位旅客""旅客朋友"，单独称为"先生""女士""小朋友""同志"等，注意称呼得当、照顾习惯。对外籍旅客、华侨旅客称呼"先生""太太""小姐""女士"。

（6）不得使用"大概""好像""可能""差不多""不知道"等没有把握或含糊不清的话。

（二）标准用语

十字文明用语：请！您好！谢谢！对不起！再见！

（三）用语技巧

用语技巧见表 4-3。

表 4-3　用语技巧

因时因人而异的称呼	1. 对小孩：小朋友。 2. 对成年男性：先生。 3. 对成年女性：女士。 4. 对老年男性：老先生、老大爷。 5. 对群体旅客：各位旅客。 6. 对老年女性：老太太、夫人、大妈、大娘。 7. 对出家人：师傅。
感同身受	1. 我能理解。 2. 我非常理解您的心情。 3. 我非常理解您，换成是我也会跟您一样，但是请耐心听我解释。 4. 请您不要着急，我非常理解您的心情，我们一定会竭尽全力为您解决的。 5. 列车晚点（绕道）给您带来了不便，不过我们应该积极面对才是。 6. 没错，如果我遇上这样的麻烦，也会感到很委屈的。

续表

感同身受	7. 我非常理解您的心情，请放心，我们一定会给您一个满意的答复。 8. "听得出来您很着急""感觉到您有些担心""我能体会您到很生气，让我来给您提供其他的建议，您看好吗？""我能感受得到，这个情况给您带来了麻烦"。 9. "如果是我，我也会很着急的……""我与您有同感……""是挺让人生气的……" 10. 您好，给您带来这么多麻烦实在是非常抱歉，给我几分钟时间向您解释可以吗？ 11. 您说得很对，我也有同感
被重视	1. 您乘坐了列车，就是我们的客人和朋友。 2. 您对我们列车这么熟悉，一定经常乘坐我们的车，我们出现这样的失误，实在是太抱歉了。 3. 很抱歉之前的服务让您有不好的感受，我们对于旅客的意见是非常重视的，我们会将您说的情况尽快反映给相关部门，并努力改进我们的工作
用"我"代替"您"	1. 您把我搞糊涂了。　　　（×）　我不太明白，能否再重复下您的问题，好吗？（√） 2. 您搞错了。　　　　　　（×）　我觉得可能是我们的沟通存在误会。　　　　（√） 3. 我已经说得很清楚了。　（×）　可能是我没有解释清楚，让您误解了。　　　（√） 4. 您听明白了吗？　　　　（×）　请问，我的解释您清楚吗？　　　　　　　　（√） 5. 啊，您说什么？　　　　（×）　对不起，我没有听明白，请您再说一遍好吗？（√） 6. 您需要……　　　　　　（×）　我建议……您看是不是可以这样……　　　　（√）
站在旅客角度说话	1. 这样做主要是为了您的安全。 2. 我们列车按照工作程序办理正常的客运业务，是对旅客负责的做法。 3. 我知道您一定会谅解的，这样做就是为了确保您的正当权益
怎样的嘴巴才最甜	1. 麻烦您了。 2. 非常感谢您提出这么好的建议，我们会向上级反映，因为有了您的建议，我们才会不断进步。 3. 旅客不满意但不追究时：谢谢您的理解和支持，我们将不断改进服务。 4. 对旅客作出某些服务承诺后：我们当然不会辜负您的信任。 5. 非常感谢您提供给我们的宝贵建议，有您这样的客人是我们的荣幸。 6. 非常感谢您向我们提供这方面的信息，这会让我们的服务做得更好。 7. 您的问题已经解决，请您放心！ 8. 感谢您对我们工作的支持，希望您能一如既往地支持我们。 9. 感谢您对我们服务的监督，这将让我们做得更好。 10. 感谢您向我们提出的宝贵建议，这将为我们的改进工作提供重要的帮助。 11. 谢谢您向我们反映情况，我们会加强这方面的工作，也欢迎您随时监督。

续表

怎样的嘴巴才最甜	12. 针对您刚才所反映的情况，我们也会不断地改善，希望能给您带来更好的感受和体验。 13. 让您产生这样的疑惑，也让您生气了，实在抱歉。 14. 非常感谢您对我们的关心和支持，我们会尽快完善。 15. 您的建议很好，我很认同，也会努力改进。 16. 这次给您添麻烦了，其实，我们也挺不好意思的，您所说的情况我们将记录下来，并反馈给相关部门，会尽可能避免问题的再次出现
拒绝的艺术	1. 我很能理解您的想法，但非常抱歉，您的要求我们暂时无法满足，但我会把您遇到的情况反馈给相关部门，查证后再与您联络好吗？ 2. 如果我们能帮您，一定会尽力，不能帮您的地方，也请您谅解。 3. 尽管我们目前暂时无法处理或解决这件事情，但我可以做到的是。 4. 感谢您对我们工作的关注，目前我们还没有收到最新的通知，请您理解。 5. 我们会尽最大努力改进这方面的问题，也希望您能继续支持和监督我们的工作，谢谢！ 6. 我能为您做些什么呢？
如何让旅客"等"	1. 不好意思，让您久等了。 2. 请您稍等片刻，我马上为您…… 3. 谢谢您的等待…… 4. 请您稍等，马上就好
记录内容	1. 我们一定会安排专人尽快帮您处理，请您放心。 2. 谢谢您向我们提供的宝贵意见，我们会将该意见记录并向有关部门反映！ 3. 我们会马上反馈您的意见，请放心，我们一定给您一个满意的结果！ 4. 非常抱歉因为设备故障给您造成不便，请您稍等，我们马上通知工作人员检修

【任务实施】

一、任务准备

分组：全班学生分为若干组，每组 6 人，包括 1 名列车长、2 名列车员和 3 名旅客。

二、实施过程

虚拟现实之"模拟动车组列车突发事件应急处置"。

1. 场景设计

（1）每组学生自行设计本组的模拟场景。

（2）每组至少设计4组场景，在4组场景中，组内成员轮流扮演乘务人员和旅客。

（3）设计的场景是对重点旅客的应急处置，每组场景应为不同类型的重点旅客。

2. 模拟练习

（1）每组学生根据自己设计的场景进行练习。

（2）老师在学生练习的过程中，进行观察和指导。

（3）练习时间可根据课程具体情况合理安排。

3. 表演

（1）老师根据自己的观察，指定具有代表性的小组上台表演；学生也可主动要求上台表演。

（2）每组表演完成后，老师可让台下的学生发表自己的观后感，以及对表演的评价。

【强化提升】

请结合教材相关内容、查阅网络文字资料、读取视频资源，完成以下任务工单。

高速铁路动车组列车重点旅客服务基础知识工单

1. 知识强化

（1）重点旅客是指_____、_____、病、残、孕旅客，分为一般重点旅客和特殊重点旅客。

（2）对重点旅客做到"三知三有"（_____、知到站、_____，有登记、_____、有交接）。

（3）遇有在车内喂婴儿的女士时，乘务员应主动上前询问是否需要帮助，有条件时引导其_____喂婴儿。

（4）十字文明用语：_____。

2. 技能训练

（1）所需工具、检具：

（2）小组成员分工：

（3）任务计划：
逻辑建议：①实战计划—②小组成员构成与分工—③所需工具、检具—④实战过程及结果。

【课程思政】

献上一首手语舞

襄阳客运段负责的 G6808 次列车上,两名坐着轮椅的小旅客向列车长彭亚献上了一首《听我说谢谢你》手语舞,为彭亚在这一路上的帮助和照顾表示感谢,小旅客们稚嫩的童声和真情的演绎让彭亚和列车工作人员们泪光闪闪。彭亚在十堰东站立岗迎接旅客时,看到站台上有两名坐轮椅的小朋友,便立即前去迎接,查看两位小旅客的车票后得知,她们的座位在 11 号车厢,然而她们无法离开轮椅,不能坐在座位上,只能在风挡处休息,为了方便两位小旅客,彭亚连忙将她们引导到餐车,一路上给她们送茶水,陪她们聊天。快到站之前,两名小旅客对彭亚说:"车长姐姐,你真好!我们想给你跳个舞,感谢你对我们的照顾。"两位小旅客伴随着音乐,为彭亚表演《听我说谢谢你》手语舞,用她们认为最真诚的方式,向彭亚表达着自己的感谢。

通过上述思政学习,结合所学理论知识——重点旅客应做到"三知三有",培养学生"以人为本、爱岗敬业"的职业素养,树立文明、礼貌、诚恳地为旅客服务的意识。

 【任务考评】

项目	考核内容		考核评分		
	内容	配分	得分	批注	
工作准备 (25%)	能够正确理解工作任务内容、范围及工作指令	5			
	能够查阅和理解技术手册,确认技术标准及要求	5			
	能正确使用防护用品	5			
	准备工作场地及器材,能够识别工作场所的安全隐患	5			
	确认设备及工具量具,检查其是否安全及正常工作	5			
实施程序 (60%)	设计的场景完整、真实	20			
	各小组成员参与度高	20			
	模拟练习时工作过程正确、流畅、态度热情	20			
完工清理 (15%)	对工具及设备进行清洁	10			
	按照工作程序,填写完成作业单	5			
考核 评语		考核 成绩			
	考核人员: 年 月 日				

组内学生互评				
评价项目	评价内容			得分
	优秀（90~100）	良好（80~89）	加油（0~79）	
沟通交流能力	能够有效地运用多种交流形式	基本能运用多种交流形式	很难运用多种形式交流	
合作交往能力	尊重他人，能与他人良好合作交流	基本上能做到与他人合作交流	不能与他人良好地沟通交流	
观察事物能力	观察能力强，细致全面，观察深刻	按要求观察，能发现事物的一些特征	无目的观察，不能把握事物特征	
动手操作能力	能积极主动按项目指引完成操作	能按要求完成操作	不能完成操作	
想象创造能力	能够有拓展性地完成工作任务	能够想到新的方式完成任务	按照课本要求完成基本工作	
小组评语	评价人签字：　　　　　　　　年　月　日			互评成绩

企业导师评价			
评价项目	评价内容	评价成绩	备注
工作准备	任务领会、资讯查询、器材准备	□A □B □C □D □E	
知识储备	系统认知、原理分析、技术参数	□A □B □C □D □E	
计划决策	任务分析、任务流程、实施方案	□A □B □C □D □E	
任务实施	专业能力、沟通能力、实施结果	□A □B □C □D □E	
职业道德	纪律素养、安全卫生、器材维护	□A □B □C □D □E	
其他评价			
导师签字		日期	年　月　日

注：在选项"□"里打"√"，其中 A：90~100；B：80~89；C：70~79；D：60~69；E：不合格。

任务三　动车组列车乘务人员接待服务

【任务导入】

任务名称		动车组列车乘务人员接待服务			
姓　名		班　级		成　绩	
组　别		组　长		场　地	
日　期		学　时		指导教师	
任务目标	知识目标	掌握高铁客运乘务人员接待服务			
	能力目标	能够按照高铁客运乘务人员接待服务要求为旅客服务			
	素质目标	树立团队协作意识			
情景案例		若你是列车上的一名列车长，你所负责的车厢内有几位旅客均带了孩子，孩子身高都已经超过 1.2 m，你该如何提醒乘客补票？			

【知识讲解】

一、列车长接待礼仪程序和标准

（一）对不同级别、不同部门客人的接待程序

（1）客人乘车前，服务列车长首先要了解客人乘车的区间及乘坐位置，亲自指挥、安排、检查列车所有准备工作，尤其对客人乘坐区域的设备设施、卫生、安全、服务备品的定型从上到下各个部位作全面彻底的检查，确保设备良好、卫生质量和客人乘车安全。

（2）客人乘车前，服务列车长要了解乘车客人的级别，第一时间向客人的随行秘书了解客人的需求，按照相应的接待程序和计划进行督促落实。

（3）遇有计划的重点客人乘车，服务列车长应及时与车队联系相关事宜并将接待工作的计划安排和程序向车队作详细汇报，听取车队干部的指导意见。

遇无计划客人乘车，按客人级别，实施相应的接待程序并及时向上级领导进行汇报。车内如有段、车队干部陪同客人时，及时对接待的准备工作征求意见。

（4）兄弟路局、客运系统客人（段长以上级别）乘车或检查，列车长要亲自做好接待，并致以问候，汇报工作，征求意见。

（5）客运系统以外的客人乘车（如稽查处、财务处、卫生处等），列车长要礼节性地做好接待。汇报工作要简明扼要，按乘车客人分管的内容，汇报相关的列车工作，征求意见。

（6）客人上车后，列车长指挥服务乘务员按程序做好接待工作。

① 服务列车长第一时间向客人的随行秘书了解客人或领导需求，选择是否用茶、水或其他饮用品。

② 开车后，服务乘务员为客人上热毛巾，双手递送毛巾。顺序为先主要客人，后随行人员，并视情况收取毛巾。

③ 服务列车长负责给客人上茶，将准备好的茶水加至七成满，立即上茶水，同步撤毛巾，衔接要紧凑。

④ 运行中适需添水，适时清理小桌杂物。

⑤ 如客人中途需使用卫生间时，服务乘务员要注意及时引导方向，提示相关安全注意事项，主动打开卫生间门，并在客人出卫生间后递上热毛巾（湿巾）。

⑥ 途中立岗于车门处关注领导需求，尽量减少打扰客人的次数，做好应需服务。服务列车长随时做好服务安排。

⑦ 根据客人乘车时间或区间了解客人是否需要在列车上用餐，如需在列车上用餐，列车长要及时征求客人或陪同人的意见，询问相关细节（如用餐时间、用餐地点、民族习惯等），当了解情况后及时做好准备，如客人需到餐吧用餐，列车长亲自检查、督促、落实，餐吧接待客人的程序和各项准备工作，检查餐吧前厅各部位的卫生情况及备品情况（如桌布、靠背纱的洁净度）和摆台规格，摆台是否标准，小方巾、牙签、餐巾纸、湿纸巾、餐具、餐后水果是否准备齐全。如客人需在座位处用餐，要求餐吧提前加热饭菜，准备配菜、餐具、湿纸巾、餐后水果等。

（二）在站台上迎接客人时的程序、标准

（1）服务列车长站在规定位置，一般在客人所乘坐车厢门口处面带微笑站立等候，主要服务乘务人员站在列车长旁边与车长并排站立紧靠车门口处位置，面带微笑规范立岗。

（2）客人走近时，服务列车长主动迎上前，鞠躬问好致欢迎词："您好，我是××次列车长××，欢迎您莅临指导工作，请您上车。"（要有斜臂式手势）引领客人从服务乘务员立岗车门处上车。服务乘务员鞠躬问好，并致欢迎词："您好，欢迎您乘车。"

（3）服务列车长引领客人上车，并向客人声明：如"我为您引路"，服务列车长走在客人前方约1步距离将客人引领到座位后，请客人入座，将主要客人安排在运行方向左侧临窗正位位置乘坐，随后安排其他随行人员。斜臂式手势用语为"请您休息，稍后为您送水"。

（4）2号服务乘务员在风挡处立岗，协助随行人员安排行李，核实行李件数。

（三）去车站候车室迎接客人时的程序、标准

（1）列车长在接到通知，需到候车室去迎接客人时，要对自身的人容着装、仪容仪表进行迅速整理，要做到：服装干净整洁，鞋子无灰尘，保持良好的精神面貌。

（2）进入车站候车室，距客人3～4m时，步伐轻快一些，面带微笑面向主要客人鞠躬问好、握手，向陪同客人作相应环视，致问候语："您好，欢迎您！您请。"

（3）在站台上，引领客人上车时，要有直臂式手势，保持动作规范、平稳利落，走

在客人左前方，距客人一步之远，注意调整速度，保持距离，在通过站台时，要走在靠车底一侧为客人引路。

（4）客人到车门口时，服务列车长亲自引领安排客人上车，并到指定座位处就座，使用用语："您请坐，请您稍候，马上为您上茶。"

（四）在列车上迎接客人时的程序、标准

（1）途中在列车上迎接客人时，列车长要面带微笑、主动迎上，点头示意。

（2）使用问候语，"您好！欢迎乘车，请您到（一等座车厢、商务车厢）就座"，在客人前方引路，步速适中，与客人保持 1 m 距离，并辅助用语，"列车速度较快，请您注意安全，您这边请"。

（3）客人就座后，"请您稍作休息，马上为您上茶水"。

（五）客人在机车添乘时的接待程序、标准

（1）提前与车站联系了解客人乘车目的，如需到机车添乘，及时与司机联络。

（2）将客人引领至司机室后，请示客人有什么指示和要求，用语为"请您稍作休息，马上为您上茶水，我就在司机室外等候，随时为您提供服务"。

① 安排客人车内就座时，一般安排在列车运行方向左侧靠窗位置（运行左侧不会有错车时的噪声）。

② 一般规定遇客人乘车时，请示客人用茶水还是白水，茶一般以绿茶做接待。

③ 遇有计划的重要客人乘车，在接到车队通知后，班组应准备干鲜果，一般不超过两种。

④ 水果放在密封盒内、放好牙签再送上，使用敬语，"请您品尝"。

（六）请示客人汇报工作时的程序、标准

（1）在客人上车就座送茶后（有计划乘车），列车长应递送乘务员名单，按照规定对主要客人递交乘务报告，随行客人递交乘务员名单，递交乘务报告或乘务名单时，应注意字体正面朝向客人，双手递上，并使用接待用语，"这是我们的乘务报告（乘务员名单），请您过目"。

（2）请示汇报时，服务列车长应站在主要客人的右前方，面向客人，音量适中，上身微前倾，面带微笑，用语："您好！您几时方便，向您汇报一下近期的工作情况。""客人好，现在汇报工作方便吗？"（如知道客人姓名、职务时，要称呼其职务）

（3）经客人允许示意方可坐下。汇报工作时，列车长应面向主要客人就座，并要环视其他客人，保持规范坐姿（坐在座椅的 2/3 处），面带微笑，肢体语言不能过大，音量适中，语速不宜过快。

（4）汇报内容，要围绕阶段性中心工作，简明扼要，层次清楚，重点突出，汇报时间不超过 10 min。

（七）途中请客人用餐时的程序、标准

（1）列车长请客人用餐前，首先与陪同客人确定用餐规格、用餐时间、用餐位置，

确定后通知餐服长是否需要提前准备餐台。

（2）客人在座位处用餐时，列车长要亲自查看准备工作，提前指定一名到两名乘务人员负责为客人上餐，其他人员做好辅助工作。

（3）客人到餐吧用餐时检查前厅摆台情况及各部位卫生，确定客人座次，按预定时间，请客人用餐。

（4）按规定列车长要亲自请客人用餐，如段或车队添乘干部亲自请送，列车长应在餐吧端门处迎候引领，并亲自安排客人座次（主要客人就座于运行方向左侧靠窗正位处）。如列车长亲自请客人用餐，提前指派一名餐服人员在餐吧端门处迎候引领，列车长辅助安排客人座次。

（5）安排客人入座后，由餐服人员请示为客人打开餐饭外包装，并将撕下的外包装及时清理，餐具、湿纸巾一并上齐。客人用餐时，不要频繁问候干扰客人用餐，使客人产生反感。

（6）客人用餐完毕，由列车长问候客人，"您用好了吗？是否需要添加？"如不需要则引领其回车厢，主要服务乘务人员要站在端门处迎候。

① 客人用餐完毕后，餐服员或主要服务乘务人员为客人上餐后水果或茶水。

② 客人车内休息时，要减少人员干扰。列车长亲自检查客人就座车厢卫生间的整体卫生质量。（卫生间、洗面间要干净、无任何异味，地面要保持干洁度，无积水，并指派乘服人员专人盯控）

（八）终到站送别客人时的程序、标准

（1）在距到达终点站 15 min 前，服务列车长视情况请示随行人员后应提前到客人就座车厢与客人道别，请示工作，并作提示。

（2）服务列车长向客人致道别语："您好，终点站就要到了，非常感谢您对我们工作的指导和帮助，请您对我们的工作给予指点。稍后到站我恭送您下车。"

（3）服务列车长根据到站前开门的方向通知随行人员，2号乘务员协助随行人员整理行李，做好下车的准备。

（4）列车长陪同客人下车到站台，要向主要客人致送别语并握手，同其他客人逐一握手告别。送别语："欢迎您再来。"服务列车长面带微笑行注目礼送别客人直至走远。1号乘务员面带微笑站车门规定位置处送别客人。

（5）客人下车后，2号乘务员迅速进入车厢检查是否有遗失物品，如发现遗失物品及时与服务列车长联系并上交。

二、乘务员接待礼仪程序和标准

（一）车门口迎接客人时的程序、标准

（1）车门口迎接客人时：1号乘务人员应做到挺胸收腹、面带微笑、平视前方，按规定姿势站立，客人走到车门口时，使用横摆式手势，请客人上车。使用问候语，"您好，欢迎您"。

（2）2号乘务人员应面对车门，避开通道，站姿规范，迎候客人，问候："您好，欢迎您，请随我来（您这边请）。"侧身站立，请客人休息，如车长引领时，站在原位问候"您好，欢迎您"。

（二）为客人送水时的程序、标准

（1）为客人送水工作要提前准备好，如，泡茶、准备热毛巾或湿巾。

（2）客人就座后，1号乘务员为客人上热毛巾，双手递送毛巾。顺序为先主要客人，后随行人员，并视情况收取毛巾。随后将准备好的茶水加至七成满，立即上茶水，同步撤毛巾，衔接要紧凑。

（3）按照服务列车长的安排，如果需要给客人送水果时，必须先送上小毛巾让客人净手。通常情况下，客人上车前水果已提前摆好，要有用语"请您品尝"。（送水后送上小毛巾）

（4）接待乘务人员要体现出礼节礼貌，服务时音量适中，面带微笑，服务完毕及时离开，不得干扰客人休息，要充分体现高铁乘务人员良好的综合素质。

（5）在适当的时间，给客人加水，用语为"您好，我来为您添水"。

① 接待乘务人员应在客人休息时盯控卫生间及洗面间的卫生保持情况。

② 洗面间镜面擦拭明亮，台面脸盆无污迹、无水渍。消耗品准备充足，缺少时及时进行补充。

③ 客人休息中要根据当时的情况做好深度服务，放下窗帘，调整广播音量，调整车内温度，为客人提供毛毯，两边端门关闭好，保持车内安静，用语为"您好，您觉得车内温度适宜吗？您需要毛毯吗？"

（三）终到立岗时的程序、标准

（1）列车距到达终点站5 min前，1号乘务人员提示客人做好下车准备，辅助用语："各位客人，终点站就要到了，需要我帮您整理一下吗？稍后我们在车门口恭送您。"

（2）客人下车时，1号乘务员在规定车门处立岗出场，要提示每位客人，如"各位客人，欢迎再来"，并按规范姿势立岗。2号乘务员协助随行人员将行李提前整理到位。

客人起身时，1号乘务员及时进行下车车门方向的引领。如服务列车长引领时，1号乘务员应提前到车门口处准备出场。

2号乘务员协助拿取行李时应站在客人身后方，列车停稳后，先请客人下车，随后将行李拿至车下。

（四）车内乘务人员接待程序和规范标准

（1）车内迎接客人：要做到面带微笑，立岗姿势端正，目光有神，站在所负责车厢风挡处迎候，用语为"各位客人好，欢迎指导工作"。

（2）遇有客人在你所负责的车厢上车时，要做好接待。如："您好，欢迎莅临指导工作，请您稍候，我马上通知车长。"

（3）遇有客人在车内检查工作时：在接到列车长通知的情况下，要站在列车风挡处迎接客人。做到站立姿势规范，需汇报工作时要面带微笑，表情自然，如："您好，欢迎您指导工作。我是×号车厢乘务员××，我向您做一下汇报"。如果客人听汇报，要做1 min小汇报，时间不宜过长（根据线路情况并结合当前重点形势及班组工作进行汇报），如果客人不听汇报，要引导客人到下一个乘务人员所负责的车厢，用语为："您慢走，我在这里迎候您。"当客人回就座车厢时，用语为："请您慢走。"

（4）客人突然出现在车厢时，不得大声问候，应轻声打招呼，"您好，欢迎您"，并点头示意，自然为客人引路。

在车内与客人相遇时，不要直呼客人职务，以微笑代替，或问候您好。

在车内与客人相遇时，为客人引路不得与旅客抢路，需要旅客配合让路时，要礼貌示意。

【任务实施】

一、任务准备

分组：全班学生分为若干组，每组8人，包括1名列车长、3名列车员和4名旅客。

二、实施过程

虚拟现实之"模拟动车组列车乘务人员接待"。

1. 场景设计

（1）每组学生自行设计本组的模拟场景。

（2）每组至少设计2组场景，在2组场景中，组内成员轮流扮演乘务人员和旅客。

（3）设计的场景是列车乘务工作中各乘务人员的接待服务等，包括接待礼仪程序和标准。除了常规的作业外，还可以在场景中设计各种特殊情景，如交接重点旅客、提醒旅客将不规范的行李摆放好、制止旅客抽烟等，乘务人员应根据不同的情景进行不同的应对。

2. 模拟练习

（1）每组学生根据自己设计的场景进行练习。

（2）老师在学生练习的过程中，进行观察和指导。

（3）练习时间可根据课程具体情况合理安排。

3. 表演

（1）老师根据自己的观察，指定具有代表性的小组上台表演；学生也可主动要求上台表演。

（2）每组表演完成后，老师可让台下的学生发表自己的观后感，以及对表演的评价。

【强化提升】

请结合教材相关内容、查阅网络文字资料、读取视频资源，完成以下任务工单。

动车组列车乘务人员接待服务基础知识工单

1. 知识强化

（1）对不同级别、不同部门客人的接待程序有什么区别？

（2）在站台上迎接客人时的程序、标准是什么？

（3）去车站候车室迎接客人时的程序、标准是什么？

（4）在列车上迎接客人时的程序、标准是什么？

（5）当客人在机车添乘时的接待程序、标准是什么？

（6）终到立岗时的程序、标准是什么？

2. 技能训练

（1）所需工具、检具：

（2）小组成员分工：

（3）任务计划：

逻辑建议：①实战计划—②小组成员构成与分工—③所需工具、检具—④实战过程及结果。

【课程思政】

一次搬运

2019年9月29日，我在立岗时，发现一位老人旁边堆着七八件行李，正手足无措。

一开始，我以为他是到站下车，了解后才知道原来是准备上车的。由于行李过多，老人家年纪偏大，动作迟缓，没法拿上车。

此时距离发车还有 1 min，我赶紧跑过去，一件、两件、三件……我使出了吃奶的劲儿，争分夺秒，把八件沉重的行李搬上了车。通过与老人的交谈得知，老人要搬家回南宁，女儿会在南宁东站接他。可快到站时，老人打不通女儿的电话，着急得哭了起来。我赶紧走到他身边，一边安慰他，一边帮助他反复拨打电话，与其家人取得联系，又向车站请求帮助，让老人的家人进站接车。到站后，我帮他把行李一一搬下，一直陪着他，直到家人到来。分别时，他笑着对我竖起了大拇指。

通过以上案例的学习，让学生明白社会工作的规则，提升自身的思想道德修养，在工作中要充分发挥主观能动性，不仅要保质保量地完成本职工作，还需要以"旅客为本"，灵活处理在工作遇到的异常情况，想旅客所想，及时处理旅客的所需所求，努力提高客服服务质量，从内心希望旅客有一段美好的旅程。

【任务考评】

考核内容		考核评分		
项目	内容	配分	得分	批注
工作准备（25%）	能够正确理解工作任务内容、范围及工作指令	5		
	能够查阅和理解技术手册，确认技术标准及要求	5		
	能正确使用防护用品	5		
	准备工作场地及器材，能够识别工作场所的安全隐患	5		
	确认设备及工具量具，检查其是否安全及正常工作	5		
实施程序（60%）	设计的场景完整、真实	20		
	各小组成员参与度高	20		
	模拟练习时工作过程正确、流畅，态度热情	20		
完工清理（15%）	对工具及设备进行清洁	10		
	按照工作程序，填写完成作业单	5		
考核评语	考核人员：　　　　　　　　　　　　　　　年　月　日		考核成绩	

组内学生互评				
评价项目	评价内容			得分
	优秀（90~100）	良好（80~89）	加油（0~79）	
沟通交流能力	能够有效地运用多种交流形式	基本能运用多种交流形式	很难运用多种形式交流	
合作交往能力	尊重他人，能与他人良好合作交流	基本上能做到与他人合作交流	不能与他人良好地沟通交流	
观察事物能力	观察能力强，细致全面，观察深刻	按要求观察，能发现事物的一些特征	无目的观察，不能把握事物特征	
动手操作能力	能积极主动按项目指引完成操作	能按要求完成操作	不能完成操作	
想象创造能力	能够有拓展性地完成工作任务	能够想到新的方式完成任务	按照课本要求完成基本工作	
小组评语	评价人签字：　　　　　　　　　　　　　年　月　日			互评成绩

企业导师评价			
评价项目	评价内容	评价成绩	备注
工作准备	任务领会、资讯查询、器材准备	□A □B □C □D □E	
知识储备	系统认知、原理分析、技术参数	□A □B □C □D □E	
计划决策	任务分析、任务流程、实施方案	□A □B □C □D □E	
任务实施	专业能力、沟通能力、实施结果	□A □B □C □D □E	
职业道德	纪律素养、安全卫生、器材维护	□A □B □C □D □E	
其他评价			
导师签字		日期	年　月　日

注：在选项"□"里打"√"，其中 A：90～100；B：80～89；C：70～79；D：60～69；E：不合格。

项目五

高速铁路动车组列车乘务风险控制及应急处理

项目描述

高铁是铁路旅客运输的主渠道，高铁运营安全与广大人民群众的生命财产息息相关，中国铁路坚持生命至上、安全第一的理念，始终把人民群众的安全放在重要位置，努力做到让广大人民群众享有更便捷的铁路运输，更安全的铁路服务。本项目包含以下3个任务：

任务一　高速铁路动车组列车乘务风险控制
任务二　高速铁路动车组列车安全类突发事件应急处理
任务三　高速铁路动车组列车乘务和治安类突发事件应急处理

通过3个任务的学习，掌握相应的安全防护要求及处置措施，加强高铁安全防护意识。

思政导读

"新时代的伟大成就是党和人民一道拼出来、干出来、奋斗出来的！"党的二十大开幕会上，习近平总书记铿锵有力的话语催人奋进。

项目五 高速铁路动车组列车乘务风险控制及应急处理

任务一 高速铁路动车组列车乘务风险控制

【任务导入】

任务名称		高速铁路动车组列车乘务风险控制			
姓 名		班 级		成 绩	
组 别		组 长		场 地	
日 期		学 时		指导教师	
任务目标	知识目标	1. 了解列车长岗位安全职责; 2. 了解列车员岗位安全职责; 3. 了解列车长主要风险控制; 4. 了解列车员主要风险控制			
	能力目标	1. 能够按照列车长作业环节分析风险,采取卡控措施; 2. 能够按照列车员作业环节分析风险,采取卡控措施			
	素质目标	1. 强化高铁安全防护设施; 2. 严格遵守国家安全管理规定和铁路运输企业安全生产制度			
情景案例	"能够服务北京冬奥会、冬残奥会,我感到使命光荣、责任重大。"回忆起"高光时刻",中国铁路北京局集团有限公司北京客运段京张高铁车队"雪之梦"乘务组列车长吕盼依然难掩激动。 凭借过硬的业务素质,吕盼一次次脱颖而出,成为高铁列车长中的佼佼者。2019年12月30日,京张高铁开通运营,吕盼是首发列车长。2020年3月1日,"雪之梦"乘务组正式成立,吕盼是初创成员之一。 2022年1月初至3月下旬,在闭环管理的76天里,吕盼和同事们每天车厢、宿舍"两点一线",圆满完成97趟往返北京冬奥会、冬残奥会3大赛区的冬奥列车运输任务,熟练用中英文解答旅客疑问,并创新"耳鸣操"等特色服务。 "我只有不断提升自己的能力,才能让所有人放心、安心。"吕盼脚步匆匆,正向着新的目标前行。 请思考: 最美列车长吕盼的美源自哪里?				

【知识讲解】

一、主要乘务岗位安全职责

（一）列车长岗位安全职责

（1）树立"预防为主，安全第一"的原则，落实各项安全管理制度，熟练掌握和运用应急预案，妥善处置突发事件，不断改进旅客安全运输工作。

（2）加强安全设施设备监管，作用良好。对消防器材、灭火器、紧急停车按钮、紧急制动阀、防护网、应急梯做到知性能、知位置、会使用。如图5-1列车长检查消防器材。

图5-1　列车长检查消防器材

（3）落实班前安全预想教育和班后总结制度。班前充分休息，班前、班中不饮酒，上班时精力集中，不离岗、串岗，不私自换班，严格遵守劳动纪律。

（4）督促各岗位工作人员按标准作业，停站开车落实短停点办客组织办法，确保旅客乘降组织安全，途中加强重点部位的巡视，做好安全宣传。

（5）现金、有价证券及时入保险柜，保险柜作用良好，保证安全。

（二）列车员岗位安全职责

（1）树立"预防为主，安全第一"的原则，落实各项安全管理制度，熟练掌握和运用应急预案，妥善处置突发事件，不断改进旅客安全运输工作。

（2）在列车长领导下，负责本车厢的防火安全工作，加强列车禁烟宣传工作，对消防器材、灭火器、紧急停车按钮、紧急制动阀、防护网、应急梯做到知性能、知位置、会使用。

（3）班前充分休息，班前、班中不饮酒，上班时精力集中，不离岗、串岗，不私自换班，严格遵守劳动纪律。

（4）停站开车落实短停点办客组织办法，做好车门口安全宣传，防止旅客乘降踏空摔伤，途中加强重点部位的巡视，做好安全宣传。

（5）现金、有价证券规范交接，及时入保险柜，保险柜作用良好，保证安全。

二、主要风险控制

（1）列车长主要风险控制见表 5-1。

表 5-1 列车长主要风险控制

序号	作业环节	风险分析	卡控措施
1	出乘准备	未传达、摘抄、接收调度命令	每趟出乘前由列车长亲自到派班室摘抄规章命令，及时向列车工作人员传达有关文件和调度命令，传达人确认无误
		未执行人身安全管理制度	1. 电气化区段严禁攀登车顶作业。 2. 严格落实待班点名制度。在出乘前要充分休息，保持精力充沛，不得饮酒、打牌、无故私自外出；遇有事需请假，并两人同行；严禁无故缺岗。 3. 严格按规定线路列队行走。出退乘、进出车站时，必须集体列队按规定的线路行走，严禁在站内解散队伍；在过平交道时，必须做到"一停、二看、三通过"和"手比、眼看、口呼"，注意机车、车辆动态及脚下有无障碍物，严禁来车时抢越；严禁钻爬车底、跨越车钩、攀爬机车、扒车代步；需要绕行线路、列车时必须有专人设置防护。 4. 严格执行两人同行请领票机、票据制度，严禁一人单独作业。 5. 严格执行出乘着装标准。不得穿高跟鞋、拖鞋、露趾鞋，女性头发过长应束发
2	始发作业	未按规定站台接车	严格执行出乘报到制度，按时提前进站接车，防止漏乘
		列车视频记录器未安装、未确认是否正常使用	督促各岗位人员检查视频记录器状态，规范安装记录器，正确开启录制
		车内吸烟、使用明火照明	一是严禁吸烟；二是在列车断电时严禁使用明火照明
		有人员和物品掉下站台	按规定立岗，对高站台旅客乘降进行安全宣传和帮扶
3	途中作业	未进行"危险品"查堵	值乘中认真落实列车"危险品"查堵；对查出的各类危险品，及时妥善处置，防止发生火灾和人身伤害
		发生私接电源、违章使用大功率电器的情况	及时制止私接电源、违规使用超过额定功率电器，严禁打开配电室（柜）

续表

序号	作业环节	风险分析	卡控措施
3	途中作业	乘务室离人未加锁	严禁乘务室内有闲杂人员；严禁除列车员以外人员使用列车广播，并离人加锁
		未遵守人身安全卡控措施	加强检查，及时制止乘务中穿高跟鞋、拖鞋、露趾鞋现象，女性头发过长应束发
		未按规定执行车门管理制度	加强临时停车期间的车门检查和车厢巡视及安全宣传；遇到车辆故障需要打开车门时，应设置防护，防止发生人身伤害（如图5-2设置车门防护）；餐车上下货物时注意安全
		旅客漏乘漏降、乘务人员漏乘	加强广播宣传、旅客安全乘降组织、站车协作；乘务人员严格执行车门联控要求，加强瞭望，接到车站有关客运作业完毕通知和准确确认后，按规定通知司机或机械师关闭车门，不简化作业
		违规或误操作列车紧急制动阀	加强对紧急制动阀的管理。一是熟知制动阀使用时机；二是在紧急制动阀部位安装警示保护标识，加强安全宣传，防止旅客挂物、误动；三是有使用紧急制动阀时迅速取证，查明原因，尽快开车
		车内吸烟、使用明火照明	做好全列禁烟的宣传工作。及时劝阻旅客吸烟。加强动态巡视。发生烟雾警报及时查明原因，处置得当
4	终到（折返）作业	未执行人身安全管理制度	1. 电气化区段严禁攀登车顶作业。 2. 严格落实待班点名制度。在出乘前要充分休息，保持精力充沛，不得饮酒、打牌、无故私自外出；遇有事需请假，并两人同行；严禁无故缺岗。 3. 严格按规定线路列队行走。出退乘、进出车站时，必须集体列队按规定的线路行走，严禁在站内解散队伍；在过平交道时，必须做到"一停、二看、三通过"和"手比、眼看、口呼"，注意机车、车辆动态及脚下有无障碍物，严禁来车时抢越；严禁钻爬车底、跨越车钩、攀爬机车、扒车代步；需要绕行线路，列车时必须有专人设置防护。 4. 严格执行两人同行上交票据、票款制度，严禁一人单独作业。折返站需携带票据（款）入住公寓待班的班组，出入折返站公寓时票据（款）必须存入票据包内由列车长亲自携带，并与班组其他人员按照规定的走行线路图同行。 5. 严格执行出乘着装标准。不得穿高跟鞋、拖鞋、露趾鞋，女性头发过长应束发

图 5-2 设置车门防护

（2）列车员主要风险控制见表 5-2。

表 5-2 列车员主要风险控制

序号	作业环节	风险分析	卡控措施
1	出乘准备	未执行人身安全管理制度	1. 电气化区段严禁攀登车顶作业。 2. 严格落实待班点名制度。在出乘前要充分休息，保持精力充沛，不得饮酒、打牌、无故私自外出；遇有事需请假，并两人同行；严禁乘务员无故缺岗。 3. 严格按规定线路列队行走。出退乘、进出车站时，必须集体列队按规定的线路行走，严禁在站内解散队伍；在过平交道时，必须做到"一停、二看、三通过"和"手比、眼看、口呼"，注意机车、车辆动态及脚下有无障碍物，严禁来车时抢越；严禁钻爬车底、跨越车钩、攀爬机车、扒车代步；需要绕行线路、列车时必须有专人设置防护。 4. 严格执行出乘着装标准。不得穿高跟鞋、拖鞋、露趾鞋，女性头发过长应束发
2	始发作业	未按规定站台接车	严格执行出乘报到制度，按时提前进站接车，防止漏乘
		列车视频记录器未安装，未确认是否正常使用	检查视频记录器状态，规范安装记录器，正确开启录制
		车内吸烟、使用明火照明	一是严禁吸烟；二是在列车断电时严禁使用明火照明
		有人员和物品掉下站台	按规定立岗，对高站台旅客乘降进行安全宣传和帮扶
3	途中作业	发生私接电源，违章使用大功率电器的情况	制止私接电源、违章使用大功率电器，严禁打开配电室（柜）

续表

序号	作业环节	风险分析	卡控措施
3	途中作业	乘务室离人未加锁	严禁乘务室内有闲杂人员；严禁除列车员以外人员使用列车广播，并离人加锁
		未遵守人身安全卡控措施	乘务中严禁穿高跟鞋、拖鞋、露趾鞋，女性头发过长应束发
		未按规定执行车门管理制度	加强临时停车期间的车门检查和车厢巡视及安全宣传；遇到车辆故障需要打开车门时，应设置防护，防止发生人身伤害
		旅客漏乘漏降、乘务人员漏乘	加强广播宣传、旅客乘降组织安全、站车协作，乘务人员要严格执行车门联控要求，加强瞭望，旅客乘降情况确认准确，不简化作业
		车内吸烟、使用明火照明	做好全列禁烟的宣传工作。及时劝阻旅客吸烟。加强动态巡视，对正在吸烟的旅客进行制止，同时将烟头熄灭、清理，不留隐患
		发现高铁快件外包装或施封有异状、堆码不符合规定等异常情况	1. 装车前应不予装车。 2. 应要求高铁快件装卸人员当场纠正。 3. 途中发现高铁快件短少或外包装、施封破损时，应及时报告列车长。 4. 发现非相关作业人员携带高铁快件时应当制止。 5. 妥善保管破损快件
4	终到（折返）作业	未执行人身安全管理制度	1. 电气化区段严禁攀登车顶作业。 2. 严格落实待班点名制度。在出乘前要充分休息，保持精力充沛，不得饮酒、打牌、无故私自外出；遇有事需请假，并两人同行；严禁无故缺岗。 3. 严格按规定线路列队行走。出退乘、进出车站时，必须集体列队按规定的线路行走，严禁在站内解散队伍；在过平交道时，必须做到"一停、二看、三通过"和"手比、眼看、口呼"，注意机车、车辆动态及脚下有无障碍物，严禁来车时抢越；严禁钻爬车底、跨越车钩、攀爬机车、扒车代步；需要绕行线路、列车时必须有专人设置防护。 4. 严格执行出乘着装标准。不得穿高跟鞋、拖鞋、露趾鞋，女性头发过长应束发

【任务实施】

一、任务准备

分组：全班学生分为若干组，每组 10 人，包括 1 名列车长、4 名列车员和 5 名旅客。

二、实施过程

虚拟现实之"模拟动车组列车乘务风险控制"。

1. 场景设计

（1）每组学生自行设计本组的模拟场景。
（2）每组至少设计 2 组场景，在 2 组场景中，组内成员轮流扮演乘务人员和旅客。
（3）设计的场景是列车始发前后各乘务人员的作业环节等，乘务人员应根据不同的风险分析点，采取卡控措施。

2. 模拟练习

（1）每组学生根据自己设计的场景进行练习。
（2）老师在学生练习的过程中，进行观察和指导。
（3）练习时间可根据课程具体情况合理安排。

3. 表演

（1）老师根据自己的观察，指定具有代表性的小组上台表演；学生也可主动要求上台表演。
（2）每组表演完成后，老师可让台下的学生发表观后感，以及对表演的评价。

【强化提升】

请结合教材相关内容、查阅网络文字资料、读取视频资源，完成以下任务工单。

高速铁路动车组列车乘务风险控制基础知识工单

1. 知识强化

（1）列车长应树立"_____"的原则，落实各项安全管理制度，熟练掌握和运用_____，妥善处置_____，不断改进_____运输工作。

（2）列车长对消防器材、灭火器、紧急停车按钮、紧急制动阀、防护网、应急梯做到知_____、知_____、会_____。

（3）落实班前安全预想教育和班后总结制度。班前_____休息，班前、班中_____，上班时_____，不离岗、串岗，不私自换班，严格遵守劳动纪律。

（4）停站开车，列车员落实短停点办客组织办法，做好_____安全宣传，防止旅客乘降_____，途中加强重点部位的巡视，做好安全宣传。

（5）现金、有价证券规范交接，及时入_____，保险柜_____，保证安全。

2. 技能训练

（1）所需工具、检具：

（2）小组成员分工：

（3）任务计划：

逻辑建议：①实战计划—②小组成员构成与分工—③所需工具、检具—④实战过程及结果。

【课程思政】

"最美铁路人"

引入"最美铁路人"新闻报道。（通过网络查询）"最美铁路人"是践行劳模精神、劳动精神、工匠精神的典范榜样，是千千万万奉献在一线、成长在基层、建功在岗位的新时代铁路人的优秀代表。他们追梦筑梦圆梦的奋斗足迹、精彩故事启迪我们——从平凡走向"最美"的路就在脚下。鼓励广大学生学习先进、崇尚先进、争当先进。

【任务考评】

项目	考核内容		考核评分		
	内容	配分	得分	批注	
工作准备（25%）	能够正确理解工作任务内容、范围及工作指令	5			
	能够查阅和理解技术手册，确认技术标准及要求	5			
	能正确使用防护用品	5			
	准备工作场地及器材，能够识别工作场所的安全隐患	5			
	确认设备及工具量具，检查其是否安全及正常工作	5			
实施程序（60%）	设计的场景完整、真实	20			
	各小组成员参与度高	20			
	模拟练习时工作过程正确、流畅，态度热情	20			
完工清理（15%）	对工具及设备进行清洁	10			
	按照工作程序，填写完成作业单	5			
考核评语	考核人员：　　　　　　　　　　年　月　日		考核成绩		

组内学生互评				
评价项目	评价内容			得分
	优秀（90～100）	良好（80～89）	加油（0～79）	
沟通交流能力	能够有效地运用多种交流形式	基本能运用多种交流形式	很难运用多种形式交流	
合作交往能力	尊重他人，能与他人良好合作交流	基本上能做到与他人合作交流	不能与他人良好地沟通交流	
观察事物能力	观察能力强，细致全面，观察深刻	按要求观察，能发现事物的一些特征	无目的观察，不能把握事物特征	
动手操作能力	能积极主动按项目指引完成操作	能按要求完成操作	不能完成操作	
想象创造能力	能够有拓展性地完成工作任务	能够想到新的方式完成任务	按照课本要求完成基本工作	
小组评语			互评成绩	
	评价人签字：		年　月　日	

企业导师评价			
评价项目	评价内容	评价成绩	备注
工作准备	任务领会、资讯查询、器材准备	□A □B □C □D □E	
知识储备	系统认知、原理分析、技术参数	□A □B □C □D □E	
计划决策	任务分析、任务流程、实施方案	□A □B □C □D □E	
任务实施	专业能力、沟通能力、实施结果	□A □B □C □D □E	
职业道德	纪律素养、安全卫生、器材维护	□A □B □C □D □E	
其他评价			
导师签字		日期	年　月　日

注：在选项"□"里打"√"，其中 A：90～100；B：80～89；C：70～79；D：60～69；E：不合格。

任务二 高速铁路动车组列车安全类突发事件应急处理

【任务导入】

任务名称		高速铁路动车组列车安全类突发事件应急处理		
姓 名		班 级		成 绩	
组 别		组 长		场 地	
日 期		学 时		指导教师	
任务目标	知识目标	1. 了解列车安全类突发事件应急处理的类别形式； 2. 了解列车安全类突发事件应急处理办法		
	能力目标	1. 熟知列车安全类突发事件应急处理的表现形式； 2. 能合理运用列车安全类突发事件应急处理办法		
	素质目标	1. 加强韧性能力建设； 2. 提高应急处置水平		
情景案例		"京沪高铁是世界上一次建成里程最长、技术标准最高的高速铁路。作为上线的首批动车组司机，我安全驾驶动车组1.2万趟，总里程350多万千米，相当于绕地球87圈""京沪高铁13.5亿旅客的美好出行中，有我的一份奋斗"，中国铁路上海局集团有限公司上海机辆段动车指导司机冯剑坚非自豪地说		

【知识讲解】

一、动车组旅客列车发生火灾、爆炸事故时的应急处置

（1）列车发生火灾、爆炸可能危及行车、人身安全时，客运乘务组、随车机械师等列车乘务人员应立即通知司机采取停车措施，来不及报告时，应使用客室紧急制动装置停车，随车机械师到相应车厢关闭空调、通风系统等设备设施电源。发生电源线路或电器火情时，由随车机械师或其他胜任人员切断电源后实施扑救。

（2）司机发现列车发生火灾、爆炸或接到列车发生火灾、爆炸的通知及报警时，须立即停车（停车地点应尽量避开长大隧道等，选择便于旅客疏散的地点），停车后由司机使用列车防护报警装置进行防护，配合列车长、随车机械师、乘警（安全员）进行火灾扑救、旅客疏散等工作。

（3）列车长接到司机烟雾报警通知后，会同随车机械师、乘警（安全员）查看客室、卫生间，确认报警情况和设备状态，若发生客室火情或设备火情，可能危及行车、人身安全时，列车长或随车机械师立即通知司机停车；若确认因旅客吸烟或非明火导致烟火报警，不危及行车、人身安全时，由列车长或随车机械师通知司机，恢复正常行车。

（4）客运乘务组、随车机械师等列车乘务人员发现或接到旅客反映车厢内有明火、冒烟等火情或消防设施报警时，应立即施救并通知列车长。列车长接到通知后，应会同随车机械师、乘警（安全员）进行现场确认，旅客行李物品、垃圾箱等处所冒烟（无明火）不危及行车、人身安全时，可不停车，立即疏散周围旅客并组织施救。处置完毕后列车长应会同随车机械师、乘警（安全员）对冒烟起火部位进行全面检查确认。

（5）车内火情可能危及行车、人身安全时，列车长应立即组织事故车厢的旅客向安全车厢疏散，同时指挥扑救。列车工作人员（含司机、随车机械师、乘警、客运、餐饮、保洁等人员）在列车长统一指挥下共同做好扑救疏散工作。

（6）待全部人员向安全车厢疏散完毕，火势仍未得到有效控制，需向地面疏散时，列车长应立即指挥随车机械师或其他列车工作人员关闭通道阻火门。司机根据列车长的请求，向列车调度员报告，申请向地面疏散，现场救援。

（7）组织旅客向地面疏散时，司机通知列车长扣停邻线列车后，由列车长组织列车员或随车机械师手动打开疏散门，安装好应急梯，组织旅客向地面安全地带疏散，在桥梁疏散时应开启运行方向右侧车门（双线桥梁为有线路一侧），在隧道疏散时应开启邻近疏散通道侧车门，根据引导标识，组织旅客通过紧急出口等逃生通道疏散。如遇火灾危及旅客安全，但未接到扣停邻线列车的通知，应开启运行方向左侧车门（无线路一侧），向安全地带疏散，结合现场实际，确定旅客疏散方向和疏散方式，列车工作人员应做好旅客安全宣传和防护，严禁旅客擅自跨越线路。如图 5-3 所示为组织旅客向地面疏散。

图 5-3　组织旅客向地面疏散

（8）列车工作人员应维护旅客疏散秩序，做好重点旅客帮扶工作，对受伤人员开展紧急救护。积极配合公安部门保护好现场，协助调查取证。

二、动车组烟雾引起报警或旅客误操作紧急报警按钮（紧急制动阀）应急处置

（一）动车组旅客列车发生旅客吸烟引起报警时的应急处置

（1）得到烟雾报警信息或司机通知后，随车机械师、乘警、列车长要在第一时间赶到现场确认，及时将报警装置复位，并向司机通报情况。

（2）列车长配合乘警调查当事人姓名、地址、身份证号码、联系电话和事情经过，由列车乘警对当事人按相关规定进行处罚。

（3）列车工作人员及时了解报警后车厢旅客情况，做好宣传解释，安抚旅客情绪。

（4）列车长逐级汇报事件发生原因和处理经过。

（二）发生旅客误操作紧急报警按钮（紧急制动阀）时的应急处置

（1）列车工作人员应立即了解情况，根据乘车信息系统显示及时报告列车长与随车机械师，列车长立即联系司机，说明报警原因。

（2）列车工作人员配合乘警调查事情经过，做好记录，并形成详细的书面报告。

三、动车组旅客列车运行中旅客疾病的应急处置

（1）立即组织抢救，列车通过广播找医生救助。

（2）取得3名以上旅客及参加抢救医务人员的证明材料，确保真实有效（证明材料中要显示救治旅客的过程）。

（3）列车长做好移交准备，有必要时通过电话联系最近前方站120急救。由于旅客病情紧急，列车又运行在长大区间，要立即通过随车机械师、客调联系具备医疗条件的最近前方站要点停车。如图5-4所示为旅客疾病应急处置。

（4）编制客运记录，连同旅客（同行人）车票及随身携带物品一并交前方停车站或旅客到站处理（旅客不愿中途下车时，应在客运记录上注明并签字）。由于时间急迫来不及取证和编制客运的记录的，必须在3日内向站方通报。

图 5-4 旅客疾病应急处置

四、动车组旅客列车运行中旅客死亡时的应急处置

（1）旅客在列车上死亡时，列车长会同公安人员查验现场，向死亡旅客随行人及附近旅客了解情况，掌握死亡原因、发现时间、区段，取得3名以上旅客及参加抢救医务人员的证明材料。

（2）电话联系最近前方站，列车长做好移交准备。编制客运记录，会同乘警将尸体和死者遗物交县市所在地停车站处理。由于时间急迫来不及取证和编制客运记录的，于3日内将材料补送处理车站。

（3）列车长及时向客运段指挥中心报告，请求防疫部门上车进行消毒。

五、动车组旅客列车运行中发现行为异常旅客乘车的应急处置

（一）有同行人陪同时的应急处置

（1）列车长应会同乘警赶至现场，向同行人了解情况。

（2）提醒同行人做好监护，提醒周边旅客协助防护。

（3）如精神异常旅客行为严重危及其他旅客人身安全或有跳车、自残等倾向，列车长要配合乘警采取强制束缚措施，将精神异常旅客以及同行人交最近前方停车站处理，不必等到旅客到站或下车站（不配备乘警时，打电话通知前方站派巡警或站警前来处理）。

（二）无同行人时的应急处置

（1）列车长应会同乘警赶至现场。

（2）指定安全的地点，派专人看护，加强巡视，密切关注。

（3）如精神异常旅客行为严重危及其他旅客人身安全或有跳车、自残等倾向，列车长要配合乘警采取强制束缚措施，将精神异常旅客交最近前方停车站处理，不必等到旅客到站或下车站（不配备乘警时，打电话通知前方站派巡警或站警前来处理）。

六、动车组旅客列车车门故障的应急处置

（一）动车组列车停站车门发生故障时的应急处置

（1）列车长接到司机或随车机械师通知车门故障，应安排故障车门就近的列车员前往故障车厢，对车门状态进行检查确认。

（2）列车员检查车门状态时，要询问旅客车门关闭时的有关情况，如确认是因旅客原因导致车门报故障，且车门已关闭的，要立即通知随车机械师。经随车机械师再次确认监控屏无故障显示并告知列车长可以开车后，列车长方可联控司机开车。

（3）如列车员无法确认导致车门报故障的原因，应及时通知随车机械师和列车长，同时在故障车门处进行看守，并采取安全防护措施（必要时可锁闭临近故障车门的车厢内端门）。随车机械师、列车长立即赶往故障车厢，随车机械师确认、处理后告知列车长可以开车，列车长方可联控司机开车。

(二）车组列车运行中发生车门故障时的应急处置

（1）动车组列车运行中，列车工作人员（含保洁、餐服人员）接到旅客报告或发现车门出现故障后，应立即前往故障车门处进行看守，并采取安全防护措施（必要时可锁闭临近故障车门的车厢内端门），并报告列车长。

（2）列车长立即通知司机、随车机械师，并与随车机械师赶赴现场处理。

（3）随车机械师确认、处理后，告知列车长可以开车，列车长方可联控司机开车。

（三）车门故障无法修复时的应急处置

（1）随车机械师确认故障车门不能及时修复时，列车长应及时组织人员加装防护网（若随车机械师确认无需加装时，可不加装），并报告司机及客运调度（动车台、客服台），客运调度（动车台、客服台）通知前方停车站避开故障车门，做好旅客乘降组织。报告内容如下："客运调度（动车台、客服台），我是G（D、C）×××次列车长×××，列车运行至××站开车或××区间时，x号车厢x位边门发生车门故障，经随车机械师现场确认无法修复并做了隔离和加装了防护网，请通知本次列车前方停靠站避开故障车门，做好旅客乘降组织工作。"同时，列车长还应通知段安全生产指挥中心和车间。

（2）随车机械师确认故障车门不能及时修复时，列车长应对原有岗位进行调整，安排工作人员（含保洁、餐服人员）在故障车门处进行防护。列车到站前提前组织故障车厢旅客到邻近车厢下车。列车到站站停时，指定的工作人员在故障车门处或邻近车厢车门处立岗，组织旅客乘降工作。

（四）其 他

（1）列车停站或开车前出现全列或单个自动开关门装置故障时，由司机通知随车机械师和列车长（非司机集控开门的动车组，由随车机械师通知司机、列车长），随车机械师负责处理相关故障，列车长组织全体列车工作人员负责手动开关车门（使用车门紧急解锁拉手后，及时复位）并引导旅客有序乘降。

（2）处置过程中需要旅客配合时，通过列车广播向旅客做好宣传解释。列车使用巡视记录仪全程拍摄现场处置视频。动车组列车发生车门故障处置完毕后，列车长要将详细情况记录在《列车长乘务工作日志》上，退乘后向所属车间进行详细汇报。

（五）车门夹人或物的应急处置

（1）立即停车。列车工作人员在站停期间发现车门夹人或夹物危及旅客人身安全或行车安全，直接将对讲机调至行车频道（频道1）呼叫司机暂不起动，并报告列车长。列车初启动发生车门夹人或夹物危及旅客人身安全或行车安全，须紧急叫停列车时，列车工作人员对讲机调至行车频道（频道1）呼叫司机立即停车（必要时可按下紧急停车装置），司机听到呼叫后立即采取紧急制动停车。紧急停车呼叫者得到司机应答后，通过对讲机向司机报告停车事由（列车工作人员同时也要向列车长报告）。

（2）迅速处置。列车长接到工作人员报告后，立即通知随车机械师到场共同处置，列车长配合随车机械师将车门打开，并将旅客或物品转移到安全地带。动车组重联时，前、后组列车长应互通简要情况,协调处置紧急事件。

(3)联控司机。随车机械师处置完毕手动关闭车门后通知列车长,列车长联控司机尽快开车。

(4)善后处理。对被夹的旅客进行安抚,发生旅客人身伤害时按旅客意外伤规定的程序进行处理。

(5)信息上报。及时将列车晚点情况及处理结果上报列车所在局集团公司客运(客服)调度和段安全生产指挥中心。

七、动车组在区间不能继续运行需旅客下车疏散等待救援时的应急处置

(一)一般规定

(1)遇突发情况时,列车长视情况通过司机向列车调度员申请区间疏散,并报告客运(客服)调度员。遇突发情况时,列车长视情况通知司机和随车机械师请求地面疏散,现场救援。

(2)列车长接到司机通知,及时将疏散方案传达给列车乘务员,根据列车应急梯(安全渡板)配置情况,组织列车工作人员按规定手动打开列车非会车侧车门,确认应急梯(安全渡板)放置牢固平稳后,按照车上1~2人、车下1~2人的安排,组织旅客有序下车,防止旅客摔伤。疏散前,利用广播(扩音器)向旅客简要说明疏散程序,服从指挥,有序疏散,必要时动员宣传调动旅客中党团员、军人、警察以及青壮年旅客协助做好配合维护秩序、扶老携幼。随车机械师协助列车长做好旅客疏散工作。

(3)列车长确认已扣停邻线列车,在确认现场环境安全后,方可组织旅客下车疏散(见图5-5)。做到前有带队、中有护队、尾有押队、组织旅客有序下车,疏散至安全地带,防止拥堵、踩踏等次生伤害。旅客下车完毕后,列车工作人员应对车内进行全面检查,以免发生旅客遗漏。列车长确认旅客疏散完毕后,按规定报告司机。

图 5-5 组织疏散

(4)旅客疏散至安全地带后,列车工作人员应及时清点人数,稳定、安抚旅客情绪,防止旅客离开队伍,并做好伤员的初期救治。遇有伤员急需救治时,列车长汇报客服调

度员请求救援，并随时与司机保持联系，听从调度统一安排。

在非隧道内停车疏散旅客时，列车调度员向现场通报疏散地点公里标，由列车长组织列车工作人员按规定打开非会车侧车门进行疏散。

（二）在隧道内停车疏散旅客应急处置

（1）列车长根据紧急出口（斜井、横洞、平道）位置及现场情况按照应急疏散方案，手动或集控打开列车运行方向左侧车门。列车长确认已扣停邻线列车，能判明最近紧急出口（斜井、横洞、平道）方向在右侧时，可跨线组织旅客疏散。

（2）列车工作人员按照首尾兼顾的原则，组织下车旅客按照引导标识向紧急出口（斜井、横洞、平道）疏散，并对车内进行全面检查，防止旅客遗漏。

（3）首先到达紧急出口（斜井、横洞、平道）入口处的人员使用应急通信终端，向列车调度员报告旅客疏散情况，请求救援，远程打开照明及风机，如无法远程打开时由列车长指定列车工作人员手动打开照明，开启通道门组织旅客疏散，进入后打开风机。

（4）组织旅客全部进入后，尾部工作人员关闭通道门。工作人员清点人数，了解人员受伤情况报列车长，列车长向司机通报，原地等待列车调度员命令。

（5）需分开疏散时，由列车长和指定的应急处置负责人按照上述流程分别组织，互通信息。

（三）在高架桥上疏散旅客时的应急处置

列车调度员应通知公安局指挥中心及工务部门。工务部门打开指定疏散梯，调度所根据工务部门反馈信息，将相关情况通知司机转告列车长和随车机械师，列车长接到高架桥疏散梯打开的通知后，组织旅客向指定疏散梯处安全有序疏散。

八、动车组旅客列车空调失效时的应急处置

（1）发现空调故障后，应及时通知随车机械师进行处理。经随车机械师处理后，全列或部分空调设备仍无法使用时，由随车机械师通知列车长和司机。司机应立即报告列车调度员或车站值班员，列车长须第一时间向路局的客运调度报告，同时向段指挥中心报告。

（2）动车组因接触网故障或停于无电区等情况下导致列车空调失效时，列车长得到司机通报信息即须第一时间向路局的客运调度报告，同时向段指挥中心报告。

（3）个别或部分车厢的空调故障无法使用时，列车长应综合考虑车内客流、故障车厢旅客量等情况，在避免集重及对服务质量造成较大影响的前提下优先考虑将旅客疏散至其他车厢。

（4）空调失效超过 20 min 不能恢复但列车能够正常运行时，列车长可视情况通知司机向列车调度员提出在前方最近客运站停车的请求，列车调度员安排列车在前方最近客运站停车。列车在停车站安装好防护网、打开部分车门后，列车调度员根据司机的报告，向司机（救援时还包括救援司机）及沿途各站发布打开车门限速 60 km/h（通过邻靠高站台的线路时限速 40 km/h）运行的调度命令。

（5）列车因故停车不能维持运行且空调失效超过 20 min 不能恢复时，列车长应及

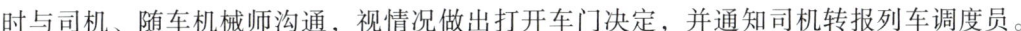

时与司机、随车机械师沟通，视情况做出打开车门决定，并通知司机转报列车调度员。

（6）列车长传达客调命令时列车全体乘务工作人员做好相应工作：一是由列车长通过列车广播按"速报情况、慎报原因"的原则向旅客说明情况并向旅客致歉，动员旅客自觉维持秩序、配合列车工作；二是由列车长负责全列巡视，督促列车员、乘服员保障服务质量，并及时解答旅客问询，遇突发情况时快速处置；三是由列车员、乘服员分别做好宣传解释和服务工作，安抚旅客情绪，遇突发情况及时通知列车长；四是列车长视情况及时通知前方派出所派警察上车维持秩序。

（7）在动车组空调故障处理过程中，或因停电造成动车组不能运行而请求救援时，列车长应依据实际情况判断开门位置和数量并提前做好开门的布置准备工作。确定开门数量及位置基本原则：一是有利于车内通风、形成空气对流，二是必须保证1人1门，三是保证重点旅客车厢，四是开列车靠站台侧车门（区间时应避开有邻线侧，两侧均有邻线时为前进方向的左侧）。

（8）动车组客流较小时，可动员旅客相对集中在若干车厢，在相应车厢车门处安装防护网。

（9）需要打开车门进行通风时，由列车长组织列车员、乘服员等将不打开的动车组车门进行隔离后，对计划开启的动车组指定车门进行紧急开门。车门开启后，列车长应通知动车组司机确认车门状态。

（10）停车后，在确认防护网挂放牢固、到位后，列车长组织乘务人员按1门1人手动打开车门，每节车厢只能打开一位车门通风。列车在区间正线停车时，打开没有线路一侧的车门；遇区间正线或站内停车有多股线路时，列车长与司机和机械师沟通，确定打开车门的方向，有站台时打开靠站台一侧车门。

（11）车门开启后的安全防护工作由列车长负责，列车长按1门1人组织乘务人员在车门处负责值守并做好口头宣传，旅客不得进入距车门1 m范围内，严禁旅客自行下车，确保安全。

（12）当空调恢复正常后，随车机械师应立即通知列车长、动车组司机，由动车组司机报告列车调度员（或车站值班员），请求在适当地点停车并关闭车门运行，经列车调度员同意后，司机在指定地点停车并通知列车长、随车机械师准许关闭车门运行；列车长得到通知后组织人员对打开的车门进行关闭，待司机关门确认开车后撤除防护网。

（13）列车应做好旅客安抚工作。需要组织旅客换乘时，应将实际情况向旅客通报，并参照动车组因故障组织旅客换乘应急处置相关内容做好乘降组织。

（14）司机室空调故障：当司机室空调故障且导致司机室温度较高可能会影响司机操作时，司机应通知乘警（无乘警时为列车长）和随车机械师，由乘警（无乘警时为列车长安排安全员）在司机室门立岗。

九、动车组列车运行途中石击列车的应急处置

（一）动车组列车运行途中发现客车车窗（门）玻璃破损应急处置

（1）列车工作人员在列车运行途中发现客车车窗（门）玻璃破损后，要立即将发现

时间、运行时间、运行方向的左/右侧及破损情况报随车机械师及列车长、乘警。

（2）随车机械师须确认破损玻璃有无脱落风险，若破损玻璃位于交会侧（含折角运行后），且存在脱落风险的，须在前方站停车处理。对暂无脱落风险的，列车员要注意观察变化情况，有异常时及时通知随车机械师确认。

（3）列车长向所属客运段指挥中心及时汇报，并由客运段逐级上报。

（4）遇列车车窗（门）玻璃破损需停车处置时，按规定进行安全宣传，加强车内巡视，做好安全防范。

（二）石击列车未造成人员伤亡的应急处置

（1）列车长、乘警、随车机械师及时赶到现场了解情况，收集旁证。

（2）列车长妥善安置破损车窗附近旅客，车辆乘务人员采取措施做好防护。

（3）列车长迅速将事故概况（包括发生日期、时间、地点、车站、区间、里程；受伤旅客姓名、性别、年龄、国籍、民族、职业、住址、身份证号码、车票种类、票号、发到站、事故及受伤简况）向有关上级部门和单位报告。

（4）列车长在前方停车站拍发电报（包括发生日期、时间、地点、区间、里程、机后车厢位置、玻璃破碎的方位、数量）告知关部门（主送：前方站公安所。抄送：发生地所属铁路局、列车担当所属铁路局、铁路公安局、客调，客运段）。

（三）石击列车造成人员伤亡的应急处置

（1）立即通知列车长、乘警、随车机械师。

（2）列车长、乘警、随车机械师及时赶到现场了解情况，收集旁证。

（3）对受伤的旅客广播找医生进行救治。如需抢救时，列车长应编制客运记录，联系具备医疗条件的车站请求临时停车，送往医院救治。

（4）列车长妥善安置破损车窗附近旅客，随车机械师采取措施做好防护。

（5）列车长迅速将事故概况（包括发生日期、时间、地点、车站、区间、里程；伤亡旅客姓名、性别、年龄、国籍、民族、职业、住址、身份证号码、车票种类、票号、发到站、事故及伤亡简况）向有关上级部门和单位报告。

（6）列车长拍发电报（包括发生日期、时间、地点、区间、里程、机后车厢位置、玻璃破碎的方位、数量；伤亡旅客数量、姓名、性别、年龄、国籍、民族、职业、住址、身份证号码、车票种类、票号、发到站、事故及伤亡简况）告知关部门（主送：前方站公安所，抄送：发生地所属铁路局、列车担当所属铁路局、铁路公安局、客调，客运段）。

十、动车组列车运行途中车辆发生异常的应急处置

（1）立即通知随车机械师进行判断处理，并报告列车长。

（2）能够判定危及行车安全时，可直接使用紧急制动阀停车，然后再通知列车长、随车机械师。

（3）列车长及时向车站（行车部门）及客运段指挥中心报告。

【任务实施】

一、任务准备

分组：全班学生分为若干组，每组12人，包括1名列车长、3名列车员和8名旅客。

二、实施过程

虚拟现实之"模拟动车组列车安全类突发事件应急处理"。

1. 场景设计

（1）每组学生自行设计本组的模拟场景。

（2）每组至少设计3组场景，在3组场景中，组内成员轮流扮演乘务人员和旅客。

（3）设计的场景围绕动车组列车安全类突发事件应急处理开展，可以在场景中设计各种情景，乘务人员应根据不同的情景进行不同的应对，通过生动鲜活的模拟加强对动车组列车安全类突发事件应急处理的理解和掌握。

2. 模拟练习

（1）每组学生根据自己设计的场景进行练习。

（2）老师在学生练习的过程中，进行观察和指导。

（3）练习时间可根据课程具体情况合理安排。

3. 表　演

（1）老师根据自己的观察，指定具有代表性的小组上台表演；学生也可主动要求上台表演。

（2）每组表演完成后，老师可让台下的学生发表观后感，以及对表演的评价。

【强化提升】

请结合教材相关内容、查阅网络文字资料、读取视频资源，完成以下任务工单。

高速铁路动车组列车安全类突发事件应急处理基础知识工单

1. 知识强化

（1）列车发生火灾、爆炸可能危及行车、人身安全时，客运乘务组、随车机械师等列车乘务人员应立即通知＿＿＿＿＿采取停车措施，来不及报告时，应使用客室＿＿＿＿＿装置停车，＿＿＿＿＿到相应车厢关闭空调、通风系统等设备设施电源。

（2）得到烟雾报警信息通知后，＿＿＿＿＿、＿＿＿＿＿、＿＿＿＿＿要在第一时间赶到现场确认，及时将报警装置复位，并向司机通报情况。

（3）遇突发情况时，列车长视情况通过＿＿＿＿＿向＿＿＿＿＿申请区间疏散，并报告客运（客服）调度员，紧急救援。

（4）列车长根据紧急出口（斜井、横洞、平道）位置及现场情况按照应急疏散方案,手动或集控打开_____方向_____侧车门。

(5)列车工作人员在列车运行途中发现客车车窗(门)玻璃破损后,要立即将_____时间、_____时间、_____的左/右侧及破损情况报随车机械师及列车长、乘警。

2. 技能训练

(1)所需工具、检具:

(2)小组成员分工:

(3)任务计划:

逻辑建议:①实战计划—②小组成员构成与分工—③所需工具、检具—④实战过程及结果。

【课程思政】

列车上的安全卫士

"进入暑期,列车安全问题不容小觑。列车停运后的看车作业,就是为了列车在库内停放期间,保证车上的设备安全,防止出现设备设施、备品用具出现丢失、损坏等现象,防止出现消防安全隐患。"近日,正在车内进行看车作业的T35次列车长崔海鸥向记者介绍道。

18节车厢、76个车门、72把安全锤、75个灭火器、30个备品柜……每隔2 h,崔海鸥便要带领乘务人员进行整车巡视。由1名列车长、1名厨师、2名乘务员组成的小分队被大家称为列车上的"安全卫士",在这个相对密封、没有空调风扇的环境里,他们要去逐一检查车厢、车门、车窗以及备品的锁闭情况,除了这些,还有餐料、保险柜、保洁专用工具等,都要用巡检仪逐个记录,并对性能进行一一确认。

接近正午,车厢内的温度早已超过40℃,他们要在车厢里来回穿梭,一遍又一遍地检查列车上的每个部门,"往往一节车厢还没巡视完,还没晾透的衣服便又湿了",明年即将退休的陶笠东说道,"安全工作没有小事,既然我在这个岗位上,就应该对我的工作负责。"说完,他便和同事一起朝下一节车厢走去。

以新闻《列车上的安全卫士》为榜样树立先进典型,以优秀铁路人为榜样弘扬劳模和工匠精神,增强行业向心力,树立"吃苦在前,吃亏是福"的理念。

【任务考评】

项目	考核内容		考核评分		
	内容	配分	得分	批注	
工作准备（25%）	能够正确理解工作任务内容、范围及工作指令	5			
	能够查阅和理解技术手册，确认技术标准及要求	5			
	能正确使用防护用品	5			
	准备工作场地及器材，能够识别工作场所的安全隐患	5			
	确认设备及工具量具，检查其是否安全及正常工作	5			
实施程序（60%）	设计的场景完整、真实	20			
	各小组成员参与度高	20			
	模拟练习时工作过程正确、流畅，态度热情	20			
完工清理（15%）	对工具及设备进行清洁	10			
	按照工作程序，填写完成作业单	5			
考核评语	考核人员：　　　　　　　　　　　　　年　月　日		考核成绩		

组内学生互评				
评价项目	评价内容			得分
	优秀（90~100）	良好（80~89）	加油（0~79）	
沟通交流能力	能够有效地运用多种交流形式	基本能运用多种交流形式	很难运用多种形式交流	
合作交往能力	尊重他人，能与他人良好合作交流	基本上能做到与他人合作交流	不能与他人良好地沟通交流	
观察事物能力	观察能力强，细致全面，观察深刻	按要求观察，能发现事物的一些特征	无目的观察，不能把握事物特征	
动手操作能力	能积极主动按项目指引完成操作	能按要求完成操作	不能完成操作	
想象创造能力	能够有拓展性地完成工作任务	能够想到新的方式完成任务	按照课本要求完成基本工作	
小组评语	评价人签字：　　　　　　　　　　　　　年　月　日		互评成绩	

企业导师评价			
评价项目	评价内容	评价成绩	备注
工作准备	任务领会、资讯查询、器材准备	□A □B □C □D □E	
知识储备	系统认知、原理分析、技术参数	□A □B □C □D □E	
计划决策	任务分析、任务流程、实施方案	□A □B □C □D □E	
任务实施	专业能力、沟通能力、实施结果	□A □B □C □D □E	
职业道德	纪律素养、安全卫生、器材维护	□A □B □C □D □E	
其他评价			
导师签字		日期	年　月　日

注：在选项"□"里打"√"，其中 A：90～100；B：80～89；C：70～79；D：60～69；E：不合格。

项目五　高速铁路动车组列车乘务风险控制及应急处理

任务三　高速铁路动车组列车乘务和治安类突发事件应急处理

【任务导入】

任务名称	高速铁路动车组列车乘务和治安类突发事件应急处理			
姓　名		班　级		成　绩	
组　别		组　长		场　地	
日　期		学　时		指导教师	
任务目标	知识目标	1. 掌握动车组列车乘务类、治安类突发事件应急处理的类别形式； 2. 了解动车组列车乘务类、治安类突发事件应急处理办法		
	能力目标	1. 熟知动车组列车乘务类、治安类突发事件应急处理的类别形式； 2. 能合理运用动车组列车乘务类、治安类突发事件应急处理办法		
	素质目标	1. 具有良好的工作习惯和心态； 2. 培养对公司和企业忠诚、对客户诚信、对同事合作的职业态度		
情景案例	1997年7月，张华中专毕业，进入铁路从事普速客车电气检修工作。2009年底，他加入上海动车段高级修基地，随后作为技术骨干被派往动车组生产厂家学习高级修调试技术。白天，他登车顶、钻车底、进车厢，追着厂方师傅学，遇到不明白的问题就打破砂锅问到底。晚上，他翻图纸、查资料、悟原理，很少在零点前睡觉。不到一个月，张华就走坏了一双绝缘鞋，鼻梁上架起了一副近视眼镜。也是在这段时间里，张华初步掌握了CRH2型动车组高级修调试技术。 　　2013年，在全国铁路动车组机械师职业技能竞赛中，经过理论和实作多场竞赛，张华从96名选手中脱颖而出，以优异成绩一举夺魁，摘得个人全能第一名。"越是精密的仪器设备，越是需要专注忘我，用心去捕捉、倾听设备的'哭泣声'。"面对采访，张华说出了自己在解决急难问题时技高一筹的秘诀。 　　请思考： 　　（1）动车组列车的工作者在学习工作中都需要克服哪些困难，完成哪些工作？ 　　（2）如何做好动车组列车乘务类、治安类突发事件应急处理的各项工作？			

【知识讲解】

一、动车组列车发生电子客票故障的应急处置

（一）车站验票系统网络故障处置

（1）列车长获悉情况后，及时向段安全生产指挥中心、车间汇报。

（2）乘务班组利用站车无线交互系统、手持移动检票仪，做好新上旅客电子客票核验工作。列车查询不到旅客购票信息或查询出购票信息、人、证不一致时，按《客运段电子客票实施管理办法》的相关规定处置。

（二）电子客票系统发生网络故障处置

（1）列车长获悉情况后，及时向段安全生产指挥中心、车间汇报。

（2）列车组织各车厢乘务员开展"人、证"一致性核验；对于提供报销凭证或车票的旅客，列车采用既有方式核验"票、证、人"的一致性，对于无法提供报销凭证或车票的旅客，仅进行"人、证"一致性的核验。列车或到站查询不到旅客购票信息的，按章办理。

（三）列车上发生车厢手持终端设备丢失处置

（1）丢失终端设备的车厢乘务员要及时报告当班列车长。

（2）列车长要组织人员对丢失设备进行寻找，必要时报告列车乘警协助查找，并及时向段安指中心、财收科、所在车间进行汇报。

（3）列车发生设备丢失后，在丢失设备乘务员负责的车厢，由列车长使用站车交互机对新上旅客进行信息核验。

二、动车组列车发生卫生防疫、食品安全事件应急处置

（一）发生昆虫袭扰、咬伤旅客事件的应急处置

（1）列车长应会同乘警（安全员）立即赶到现场，了解实情。

（2）列车广播找医生，将受伤旅客转移到其他席位或车厢，进行简单救治，并组织人员处理现场。

（3）走访车厢旅客和知情人，了解昆虫来源，登记记录携带者的个人资料及救治医生资料。

（4）编制客运记录，将相关人员交站处理。

（5）向段安全生产指挥中心汇报，配合做好列车的"消、杀、灭"工作。

（二）发生重大疫情时的应急处置

（1）列车发现疑似鼠疫、霍乱等重大疫情的病例或接到动车组列车上有疑似病例的通知时，列车长应立即向前方车站和段安全生产指挥中心报告。报告内容包括：日期、车次、时间、运行地点、患者和密切接触人员简况及主要症状、旅行目的站、患者所在车厢顺号等。

（2）列车长要利用列车上配备的相关备品，立即组织工作人员和旅客做好防护，避免扩大传染。接到司机在指定站停车的通知后，做好疾控人员上车和疑似病例交站等准备工作。

（3）列车对患者和密切接触者立即实施隔离（使用原车厢或将传染病人带至多功能室），对密切接触者进行登记，内容包括：姓名、性别、年龄、身份证号码、联系方式等。

（4）列车须封锁已经污染或者可能污染的区域，采取禁止向外排放污物等卫生处理措施。

（5）列车长在指定停车站将传染病人、疑似病人、密切接触者以及其他需要跟踪观察的旅客及资料移交车站和铁路疾控部门。

（6）列车长、乘警（安全员）应维持好车内秩序，确保区域封锁、旅客隔离、站车移交等工作正常开展。

（7）待列车经过消毒处理，上级部门指示可以开车后，方能继续运行。列车工作人员应做好车内旅客的安抚工作，稳定旅客情绪。列车长要及时将处置情况和后续情况向上级报告。

（三）发生旅客食物中毒事件时的应急处置

（1）列车发生旅客疑似食物中毒事件，列车长应立即向司机、客运（客服）调度和段安全生产指挥中心报告（报告内容：日期、车次、时间、运行区段、中毒人数、危重患者人数、死亡人数以及患者车厢分布人数、主要症状表现、可疑食品、采取的急救、现场控制等措施）。

需停站处置时，列车长需报告司机临时停车。列车调度员应安排列车在具备医疗抢救救助条件的最近前方车站停车，并命令前方停车站做好抢救准备，需跨局时通知前方铁路局列车调度。

（2）列车长应通过列车广播在旅客中寻找医生，一起对患者进行救护。无医护工作者时，组织动车组上的红十字救护员对患者进行初步救治。同时，列车工作人员应对疑似中毒人员进行登记，封锁现场，封存可疑食品，保存呕吐物或排泄物，全力配合铁路卫生防疫部门依法开展流行病调查和卫生学调查处理。如不能排除是列车供应食品所致，要立即停止列车食品供应，追回已售出的可疑食品，通知旅客停止继续食用，防止事态扩大。

（3）列车长、乘警（安全员）应组织开展调查工作，询问患者，了解经过，提取文字、影像资料。判断为投毒等恐怖事件时，乘警（安全员）及时向上级公安部门报告。

（4）列车工作人员要做好车内旅客的安抚和服务工作。列车长要及时将处置情况和后续情况向上级报告。

三、动车组列车遇恶劣天气影响运行的应急处置

（1）因恶劣天气（含暴雨、大雾、大雪、冰雹、台风等）造成动车组晚点 15 min 及以上时，列车长通过客运管理信息系统查询相关晚点信息。

（2）列车长接到动车组因恶劣天气影响运行的通知后，应迅速了解有关情况，要在列车受阻停车起 30 min 内向列车受阻的所在局客调和本局客运部、客调、段安全生产

指挥中心如实汇报（报告内容包括：列车受阻发生时间、地点、自然状况、列车车次、旅客人数、去向、重点旅客、伤病人员情况、行包、燃料、水、餐料等），听取指示，并与最近车站取得联系，保证全体旅客和乘务人员安全及食品、饮用水等必需物品的供应。

（3）列车长要组织乘务人员及时、快速地应对突发事件，有效地防止事态的扩大，把损失降低到最低程度，并及时将途中情况向各级领导汇报。要采取一切措施安抚旅客，做好宣传解释工作，保证旅客情绪稳定和人身财产安全，确保车厢秩序稳定。遇有车辆故障、破损或人员伤亡时，要报告有关情况并根据需要请求救援，并根据事态发展和处置情况及时续报。与司机及滞留地所在地集团公司客运（客服）调度保持联系，了解动车组列车的运行情况。要通过广播将灾害情况及时告知旅客，稳定旅客情绪，取得旅客配合、支持。

（4）列车滞留时间过长，需补充餐食和饮用水时，列车长应向滞留地所在地集团公司客运（客服）调度或通过司机向列车调度员报告，为列车补充餐食和饮用水。必要时，可寻求滞留地政府的支援。

（5）列车员要坚守岗位，确保车门锁闭，加强巡视，禁止旅客下车（特殊情况疏散旅客、抢救伤员除外），做好现场监控，采取有效措施，及时制止旅客跳车、钻车、扒车、拦车等危及运输安全的行为，杜绝旅客伤亡事故的发生。动车组列车在等待救援时，列车其他工作人员需相互配合，加强车厢巡视，做好解释安抚工作，稳定旅客情绪。

（6）列车长要及时组织召开"三乘"人员会议，迅速启动相关应急预案，采取措施，明确分工，落实岗位，各负其责，保证旅客列车安全。列车广播要加强宣传，做好列车晚点的说明和解释工作，稳定车厢内旅客情绪。

四、动车组列车发生变更径路、线路中断、终止或折返运行的应急处置

（1）列车长及时与所在地集团公司客调联系了解情况，了解线路中断区段和原因。及时将线路中断情况汇报客运部、段安全生产指挥中心。

（2）列车长加强与当地客调联系，及时了解线路情况及开车时间，组织相关工作人员召开会议，分工负责，妥善安排被阻旅客，确保列车绝对安全。

（3）列车工作人员要积极向广大旅客做好宣传解释工作，安排好被受阻旅客，尽可能地为旅客提供方便。在途列车发生停运、折返时，应引导旅客查看12306系统发送的退票、退差短信通知，必要时开具纸质客运记录。

五、动车组列车突发大客流（超员）及晚点时的应急处置

（一）突发大客流（超员）影响运行的应急处置

（1）列车长在每站开车后要及时关注站车信息交互系统的客流信息，并与车厢实际乘车人数进行比对，核查是否超员。发现车厢内站立旅客较多时，要组织乘务人员对站立旅客进行清点，掌握旅客到站。

（2）超员影响运行时，列车应停止办理无票、越站补票业务，向客运（客服）调度员报告，并立即通过客运管理信息系统通知相关车站。

（3）设置有超员预警、报警功能的动车组。发生超员预警时，列车长应加强预警车厢巡视，关注车厢内无座人员数量，有条件的可适当向其他车厢均衡疏散。发生超员报警时，司机或发现超员报警信息的列车工作人员应立即通知列车长、随车机械师。遇部分车厢报警时，列车工作人员组织报警车厢无座旅客有序疏散至其他车厢；遇全列车厢报警时，站车会同公安部门共同宣传组织无票、越站旅客下车，处置完毕后，由随车机械师确认报警消除后通知司机。

（4）当列车持续超员时，列车长要迅速向所在局动车（客服）台或调度汇报，汇报内容：车次、车内人数、超员率以及需停检停售车站范围等事项。同时，列车长还应向段安全生产指挥中心汇报。

（5）认真执行相关规定，严格控制动车组超员，"复兴号"动车组全程不得发售无座车票，持铁路公免票的职工必须办理公免签证后方可乘坐；CRH2C 型和 CRH380A 型动车组 6 号车厢不许超员，其余动车组超员率不得超过 15%。如车内人数已经超过规定超员率时，列车长应立即拍发超员电报通知前方各客运站（具备发送电子超员电报条件时，可使用客运管理信息系统 App 电报模板发送电子电报）。

（二）动车组列车晚点时的应急处置

（1）列车长要及时联系所在局客调和司机了解晚点原因和预计晚点时间，同时向所在局客调报告车内情况和请求协助解决的问题，组织乘务员积极主动做好服务和宣传解释工作。列车工作人员不得以任何理由回避旅客，不能以不知道、不清楚回答旅客问询，禁止使用可能激怒旅客情绪的语言，不得向旅客做出任何承诺。列车长要统一工作人员的口径，做好对外解释，做好舆情调控工作。

（2）列车晚点超过 15 min 时，列车长根据调度、本段安全生产指挥中心或车站的通报，向旅客公告列车晚点信息，说明晚点原因、晚点时间。广播每次间隔不超过 30 min。

（3）列车长全面掌握列车旅客人数、重点旅客、用水、餐饮、医疗保障等基本情况和需求，组织有关人员，加大巡视车厢频次，关注旅客动态，做好旅客用水、餐饮、重点旅客服务等工作，列车启用厕所直排后乘务人员应加强宣传和厕所冲刷，取得旅客的理解和配合，维持好车内秩序，防止因服务工作不到位而引起矛盾焦点的转移。发生旅客情绪激动等情况时，列车长应立即向所在局客调、段安全生产指挥中心报告，接受工作指示。

（4）列车晚点 1 h 以上且逢用餐时间，列车长要提前统计车上旅客人数及去向，向所在地集团公司客运（客服）调度员报告，由客运（客服）调度员安排前方停车站做好供餐准备，免费为旅客供餐（见图 5-6）。列车长与车站做好应急食品使用的登记工作，双方签字确认。

图 5-6　因晚点提供食物

（5）乘务员在车内巡视时，随时登记旅客转乘情况，并集中报列车长掌握。列车长查询客运站车无线交互系统中旅客换乘的信息及乘务员上报的登记情况，及时上报换乘站所在局客运（客服）调度，并做好与旅客转乘车站的联系，确保旅客后续乘车。

（6）车站组织晚点列车的旅客乘坐同方向、同到站的其他列车时，列车长应配合车站妥善安排旅客。高席别旅客乘坐低席别时，列车长应编制客运记录，到站退还票价差额。列车长要根据客流情况合理办理旅客越站手续，并与随车机械师保持紧密联系，严禁在站停时办理旅客越站补票。当列车超过规定超员率时，列车应及时劝阻延长旅客改乘其他列车。

（7）因列车晚点旅客提出赔偿、退票或出具晚点证明要求时，列车长要根据现行法律、法规和铁路规章做好耐心解释，力争取得旅客的理解和配合，必要时列车长可编制客运记录交站处理。凡发生旅客情绪比较激烈、矛盾比较激化、滞留列车的情况时，列车应急处置小组成员和车站工作人员应共同做好说服劝解，以诚恳道歉为主，耐心细致地做好解释和相关法律法规的宣传工作，稳定情绪、化解怨气。在处置过程中列车长使用巡检仪全程拍取现场视频。

（三）动车组列车严重晚点乘务组织应急处置

遇动车组列车严重晚点，造成图定乘务交路为折返站乘务员入公寓休息，但实际停留时间不足 4 h 的情况时，应采取应急乘务换乘的组织模式。

1. 本段内换乘

由客运段指挥中心根据列车晚点情况，下达应急乘务换乘的派班通知，做好有关事项交接和人员安排。

2. 跨段组织换乘

（1）列车长依据晚点情况及人员状况，不晚于乘务换乘站折返开车前 5 h 向换乘站所在地集团公司客调提出换乘申请，同时报告列车车型、编组、定员和乘务人员类别、数量等基本情况。

（2）集团公司客调接到申请后，应迅速通报集团公司客运部。客运部根据列车晚点情况确定换乘事宜，安排本局客运段担当换乘任务。集团公司客调根据客运部安排，于换乘站折返开车前4h向双方客运段等相关乘务担当单位发布换乘调度命令，明确换乘车次、地点、时间及换乘单位、乘务人员类别、数量等事项。

（3）担当换乘任务的客运段接到命令后，立即组织乘务人员做好出乘准备，携带"GSM-R"手机、无线交互手持终端、对讲机等通用的设施备品，于换乘站折返开车前50 min到达站台，与原担当班组进行移动补票设备、票据、服务备品、应急设施，以及沿途停站时刻和上水、吸污作业等重点事项交接。换乘班组值乘终到后，原担当客运段安排车间干部带队接车并再次办理相应交接手续。

（4）如换乘客运段无该车型的动车组时，可由原担当班组安排一人随车休息，必要时协助换乘班组工作。

（5）相关集团公司应妥善安排，保证乘务人员退乘入公寓休息，并为后续便乘提供必要条件。原担当班组及换乘班组完成单趟值乘任务后，后续乘务交路由各自客运段安排，可便乘返回本段，也可担当本段后续列车乘务任务。

（6）餐服、保洁人员应随同客运班组由负责换乘集团公司整体安排换乘，原餐服组应安排一人随车负责结账、管理等相关工作。

六、动车组列车在客运办理站长时间滞留，遇紧急情况需临时开启车门时的应急处置

（1）列车在客运办理站长时间滞留时，遇旅客提出取消行程、应急送餐或下交疾病旅客等紧急情况需临时开启车门时，列车长应及时与司机、随车机械师沟通，视情况做出打开车门决定并明确开门位置，通知司机转报列车调度员（车站值班员），同时通知车站客运值班员开门决定及开门位置。动车组重联时，由前组列车长负责。

联系用语如下：

列车长："×××次机械师、司机，需开启×车左/右侧车门。"

机械师："×××次机械师明白。"

司机："×××次司机明白。"

（2）列车长组织列车员或随车机械师手动打开指定位置车门，客运乘务人员会同乘警做好开门处的秩序维护及盯控，防止其他旅客下车。滞留站站台为低站台时，使用列车应急梯组织旅客乘降，车站、列车工作人员做好旅客安全防护，并做好下车后的后续处置。列车长确认下车人数，做好站车交接。

（3）餐食配送完成或旅客乘降完毕后，列车长组织列车员或随车机械师手动关闭车门，并由列车长通报司机、随车机械师，同时通知车站客运值班员，司机同时转报列车调度员（车站值班员）。

联系用语如下：

列车长："×××次机械师、司机，×车左/右侧车门已关闭。"

机械师："×××次机械师明白。"

司机："×××次司机明白。"

七、动车组站台紧急停车的应急处置

（1）动车组停站或初起动，列车工作人员发现危及旅客安全或行车安全时，应立即呼叫司机停车。呼叫用语为"×××次司机，请立即停车。×××次列车长（列车员）报告"。

（2）停车后呼叫者告知司机停车事由，紧急事件处理完毕后，呼叫者通知列车长，列车长与车站客运值班员共同确认后通知司机紧急事件处置完毕，同时按规定程序通知司机关闭车门，司机报告列车调度员（车站值班员）按规定程序开车。

八、动车组未完全停靠站台的应急处置

（1）办理客运作业的动车组因故未到动车组停车位置标停车导致未完全停靠站台时，列车长接到司机报告后，通知车站客运值班员，客运值班员确认站台安全后通知列车长，列车长通知司机重新对标停车。若列车无法再行移动时，由司机通知列车长、随车机械师，列车长组织列车员或随车机械师手动打开已停靠站台侧车厢的车门组织乘降。

（2）办理客运作业的动车组因故越过动车组停车位置标停车导致未完全停靠站台时，不得集控开门、不得擅自移动，司机应立即通知列车长、随车机械师，经检查确认列车部分车厢停靠站台时，列车长组织列车员或随车机械师手动打开已停靠站台侧车厢的车门组织乘降。如需重新对标停车时，列车长通知车站客运值班员，客运值班员确认站台安全后通知列车长，列车长通知司机，司机报告列车调度（车站值班员），经列车调度员（车站值班员）同意后，采取退行或换端方式办理。

九、动车组列车吸污的应急处置

（1）途中遇有动车组列车30%以上的卫生间集便箱满载停用，预计无法维持使用至下一图定吸污站点时，由列车长视情况，按照公布的高铁吸污站名单选择应急吸污站，原则上选择本次列车停靠车站，提前1h向吸污站所属局高铁客服调度员或客运调度员提出应急吸污请求，具体内容包括车次、车站、吸污车厢号。

（2）列车长接到应急吸污通知后，转报司机、随车机械师。作业车站确认吸污完毕，通知列车长。

十、动车组列车出现给水管（吸污管）未拔紧急停车的应急处置措施

（1）动车组列车停站或初起动，客运工作人员发现给水管（吸污管）未拔须紧急叫停列车时，按前动车组站台紧急停车的应急处置措施叫停动车组列车。直接使用频道1（频率：467.200 MHz；全路统一的站车专用无线通信频率），呼叫司机停车。

（2）动车组列车停车后，由车站客运工作人员迅速将给水管（吸污管）拔下，处置完毕并检查列车具备发车条件后，呼叫者向客运值班员报告处置完毕，客运值班员按规定程序组织开车。

（3）告停车原因及拉管情况。由车站值班员（车务应急值守人员）会同客运人员按

规定组织后续处理。

十一、动车组换乘应急处置

（一）动车组故障确需换乘

动车组故障确需换乘时，故障动车组列车长接到司机传达的组织旅客换乘动车组的命令后，列车长组织列车工作人员检查车内情况，坚守岗位。列车工作人员向旅客通告换乘的通知，告知注意事项，做好后续服务工作。如图5-7所示为组织旅客换乘。

图 5-7　组织旅客换乘

1. 区间动车组换乘

（1）救援动车组到达指定位置后，司机和列车长配合对准换乘车门。故障动车组和救援动车组列车长组织列车员或随车机械师手动打开换乘车门，相互配合放置渡板或应急梯，并做好安全防护，组织旅客有序换乘。无法对准换乘车门时应使用应急梯换乘。

（2）隧道内应急照明装置应实施远动开关，在隧道内换乘时，列车长通知司机向列车调度员申请开启应急照明，遇远动开关无法开启的，可通过控制箱就地开启应急照明。遇双洞单线隧道，本线换乘时要防止旅客误入邻线隧道，邻线隧道换乘时列车长组织列车员或随车机械师手动打开邻近疏散通道侧车门，有序引导旅客通过横通道进入邻线隧道组织换乘。

（3）换乘完毕后将渡板或应急梯收回原配置动车组。故障动车组列车长指派胜任的列车工作人员共同进行换乘确认及全列巡视，共同确认旅客换乘完毕，隧道内换乘时还应确认隧道内无滞留旅客及遗留行李，确认完毕后通知救援动车组列车长办理交接，救援动车组列车长组织列车员或随车机械师关闭车门，并通知司机。司机接到列车长通知后报告列车调度员，按规定程序开车。

2. 站内动车组换乘

（1）在站内组织故障动车组旅客换乘时，车站应优先安排在同一站台的两个站台面进行换乘。不能在同一站台换乘时，组织旅客通过天桥或地道换乘，严禁跨越股道换乘。换乘站应加派人员，组织引导，上下电梯有专人防护，旅客走行路线途中有工作人员接续引导。换乘动车组到达前，必要时可组织旅客到车站候车区域等候换乘动车组。

（2）故障动车组在站内不能停靠站台时，换乘处置程序比照区间动车组换乘处置程序办理。

（二）引导旅客调整出行方案

因临时更换车底定员不足导致部分旅客无席位时，车站应引导旅客调整出行方案。为旅客办理改签、退票手续，不收退票费；导致旅客席位由高等级调整至低等级时，由列车长编制客运记录，铁路部门为旅客办理退差手续，旅客席位由低等级调整至高等级时，不补收票价差额。

（三）处理故障动车遗失物品

旅客换乘完毕后，故障动车组列车工作人员应做好车厢巡视检查，按规定处理遗失物品。

（四）高铁快运集装件处理

高铁快运集装件由车站组织搬运换乘，有换乘条件时组织换乘，无换乘条件时做好看管和交接。

十二、动车组列车发生旅客误乘、越站、席别重号等的应急处置

（一）发生旅客误乘、越站的应急处置

因中间站站停时间短，为防止旅客越站，列车应提前通知下车旅客做好准备，到车门处等候下车。

（1）发生旅客误乘、越站，列车员应做好安抚工作，稳定旅客情绪，密切关注旅客的动态，防止发生旅客使用紧急制动装置造成二次停车，同时，立即向列车长报告。

（2）列车长接到旅客误乘、越站的信息，应主动为误乘、越站旅客提供帮助，查询到前方停车站下车返回的车次、时间，妥善安排临时席位，编制客运记录把旅客移交在前方停车站，尽可能地安排最近列车免费送回。

（二）发生旅客席位重号的应急处置

（1）如上车旅客的车票发生重号，列车长要及时将席别重号情况报告段安全生产指挥中心，由段安全生产指挥中心将信息报告客运部。客运部应及时查明原因，指导列车做好后续工作。

（2）列车长应及征求旅客意见，确认旅客是否继续乘车。如旅客要求继续乘车，列车有能力可安排旅客席位，无能力安排时应告知旅客，做好道歉和服务工作。

十三、动车组列车车底临时更换旅客席位调整应急处置

（1）列车长接到动车组列车车底临时更换的调令后（列车始发站应打印全列"席位换乘通知单"，短编组列车4份、长编组列车8份，由车站客运人员提前交列车长），应

将席位调整方案通知相关车厢列车员，列车员要掌握席位调整方案，做好解释、安抚和服务工作。

（2）原则上每个需席位调整的高等级车厢有一名车站客运人员在车门口协助做好旅客车票核验工作，主动将旅客引导至正确车厢位置。

（3）因临时更换车底定员小于原车底，导致部分旅客无席位时，对坚持旅行的旅客，应做好站车交接工作，如列车餐车有席位的，列车长应优先将调整后无席位的旅客安排在餐车。

（4）始发站和中间站应打印全列"未置换席位信息"，短编组列车4份、长编组列车8份交列车长，便于列车长全面掌握调整后无席位旅客的具体情况，做好相应服务工作。各中间站组织检票放客时，应由专人负责引导调整席位的旅客在相应车厢位置候车。

（5）遇有高等级席位调整至低等级席位时，由列车工作人员使用站车交互程序中的"换座退乘"功能，查询席位降级相关信息，核对实际席位使用情况后，为旅客办理退乘申请手续，系统收到申请后，启动相应退款流程。使用电子支付且未领取报销凭证的，系统将应退票款自动返还至原支付账户；使用现金购票或已领取报销凭证的，需到车站人工窗口办理领款手续，交回报销凭证。

（6）遇旅客已检票上车后因车底故障需更换车底时，车站和列车应加强席位调整工作的配合，组织旅客换乘时，原则上应优先组织需席位调整车厢的旅客进行换乘，保证换乘秩序。

十四、旅客被反锁厕所内的应急处置

（1）了解情况：发现旅客反锁在厕所时，列车工作人员在经旅客同意后，从外使用钥匙开启厕所门，如无法用钥匙正常开启，应立即报告列车长，列车长通知机械师到现场处理。

（2）及时处置：如厕所门无法使用钥匙从外正常打开时，由机械师进行拆卸，列车工作人员要告知厕所内旅客保持安全距离防止受伤。

（3）后续安抚：列车工作人员要安抚旅客情绪，对因车门故障给旅客带来的不便表示歉意。机械师对厕所门进行复位，如无法现场复位时，应悬挂"设备故障牌"并引导旅客就近如厕。

十五、发现旅客携带危险品的应急处置

（1）列车工作人员在列车上发现危险品及不能判明性质的可疑物品，应立即通知列车长和乘警（安全员）到场，交由列车长和乘警（安全员）妥善处理。

（2）对发现的危险品及可疑物品给予性质识别和妥善处理。对发令纸、鞭炮类等易燃易爆品应在乘警协助下当场立即浸水处理。列车乘警（列车无乘警时由列车长）按站车交接程序向车站公安派出所移交危险品。无公安派出所的车站由列车长编制客运记录交车站处理。对携带危险品的旅客由公安部门依照法律规定给予相应的处罚。

十六、发生恐怖分子实施爆炸未遂或未起火的应急处置

（1）列车工作人员发现涉爆物品或爆炸未起火时，在确保自身安全的情况下，立即报告列车长、乘警到场处理，同时迅速疏散旅客到邻近车厢。

（2）发现涉爆可疑分子后，由乘警（安全员）负责及时封闭车厢或设置多道封控线；发现涉爆物品，用防爆毯进行安全保护，拍照固定，划定警戒区，及时向公安机关报告。

（3）列车长组织全体乘务人员协助检查出入封控线的人员，防止涉爆分子脱逃和无关人员进入，并等待公安增援警力的到来。涉爆可疑物品或爆炸发生没有起火时，客运班组积极配合乘警组织职工、旅客撤离到安全地点。在专业排爆人员到来之前，不得擅自处置涉爆可疑物品及防爆装置。向段安全生产指挥中心（应急办）报告问题概况。

（4）列车工作人员需注意观察犯罪分子特征，了解周边及知情人员信息，提供线索，以便公安人员侦破。

十七、发生恐怖分子实施爆炸起火或纵火破坏的应急处置

（1）运行中旅客列车途中发生爆炸起火、纵火可能导致无法控制时，结合动车组旅客列车发生火灾、爆炸事故时的处置流程做好旅客列车发生火灾、爆炸事故应急处置工作。

（2）列车长组织应急小组成员赶赴事故车厢，组织列车各防火小组成员依照各小组的职责分工进行灭火工作；调查查堵嫌疑人，信息上报，保护现场，协助取证，对可疑旅客进行专人盯控。

十八、列车车厢内发生恐怖分子暴力劫持人质的处置

（1）暴力劫持人质事件发生后，第一发现人要迅速使用对讲机通知列车长、乘警（安全员），并向邻近车厢传递信息。

（2）邻近车厢列车员协助事发车厢对旅客进行秩序维护和有序疏散，发动男性旅客，使用可以便利工具（安全渡板、灭火器和防暴器材等）进行防护和抵抗，防止事态扩大。

（3）列车长接到通知后立即赶到现场处置，并向所属局客调、段安全生产指挥中心汇报。乘警（安全员）接到报告后，及时向乘公安机关就近警情报告，请求警力支援。指挥班组人员做好旅客安抚工作，避免因现场秩序混乱造成旅客挤伤、误伤等伤亡。

（4）其他列车工作人员做好配合工作，积极疏散旅客、抢救伤员，保护现场。

十九、列车车厢内发生恐怖分子暴力殴打、砍杀的处置

（1）在暴力恐怖事件发生第一时间第一责任人要组织车内的其他男性旅客协助开展自卫。通过对讲机等快捷通信工具向当班列车长报告后，以保护人身安全为主，组织旅客迅速疏散，尽最大可能降低旅客和自身的人身伤害。

（2）列车长立即发布集结命令，快速集结"三乘"人员，按照组织机构的分工，严密布控，通信组立即向上级报告问题概况，说明需要增援情况。乘警（安全员）接到报

告后，及时向公安机关报告，请求警力支援，立即组织人员携带武器、装备、警械等防暴器材开展制止控制工作。

（3）其他列车工作人员按照分工做好旅客情绪安抚工作，尽量避免因现场秩序混乱造成旅客跳车、挤伤、误伤等伤亡，动员广大旅客积极配合反恐袭击预案，开展自救、互救活动，消除恐怖事件引发的心理恐慌。

二十、动车组列车发生旅客纠纷或斗殴事件的应急处置

（1）遇旅客之间发生纠纷时，在场列车工作人员要及时劝解，防止事态扩大。及时报告列车长。

（2）列车长接到报告，会同乘警（安全员）赶赴现场，做好调解工作，制止打架斗殴，如有人员受伤时及时送就近医院救治。列车工作人员协助列车长收集旁证材料。

（3）乘警（安全员）及时联系前方停车站（经调解可交旅客下车站）公安部门，到站后将旅客斗殴双方交由公安人员负责处理。

【任务实施】

一、任务准备

分组：全班学生分为若干组，每组12人，包括1名列车长、3名列车员和8名旅客。

二、实施过程

虚拟现实之"模拟高速铁路动车组列车乘务类、治安类突发事件应急处理"。

1. 场景设计

（1）每组学生自行设计本组的模拟场景。

（2）每组至少设计3组场景，在3组场景中，组内成员轮流扮演乘务人员和旅客。

（3）设计的场景围绕动车组列车乘务类、治安类突发事件应急处理开展，可以在场景中设计各种情景，乘务人员应根据不同的情景进行不同的应对，通过生动鲜活的模拟加强对动车组列车乘务类、治安类突发事件应急处理的理解和掌握。

2. 模拟练习

（1）每组学生根据自己设计的场景进行练习。

（2）老师在学生练习的过程中，进行观察和指导。

（3）练习时间可根据课程具体情况合理安排。

3. 表　演

（1）老师根据自己的观察，指定具有代表性的小组上台表演；学生也可主动要求上台表演。

（2）每组表演完成后，老师可让台下的学生发表观后感，以及对表演的评价。

【强化提升】

请结合教材相关内容、查阅网络文字资料、读取视频资源，完成以下任务工单。

高速铁路动车组列车乘务和治安类突发事件应急处理基础知识工单

1. 知识强化

（1）车站验票系统网络故障处置：列车长获悉情况后，及时向_____、_____汇报。

（2）发生昆虫袭扰旅客的应急处置：列车广播找_____，将受伤旅客转移到_____席位或_____，进行简单救治，走访车厢旅客和_____，了解昆虫来源。

（3）列车发生旅客疑似食物中毒事件，列车长应立即向司机、客运（客服）调度和段安全生产指挥中心报告（报告内容：_____、_____、_____、_____、_____、_____人数、_____人数以及_____人数、_____、_____、采取的急救、现场控制等措施）。

（3）应急隔离：在乘警（安全员）的配合下，立即_____所在车厢，按照要求对_____进行隔离。

（5）因恶劣天气（含_____、_____、_____、_____等）造成动车组晚点_____min及以上时，列车长通过客运管理信息系统查询相关晚点信息。

2. 技能训练

（1）所需工具、检具：

（2）小组成员分工：

（3）任务计划：

逻辑建议：①实战计划—②小组成员构成与分工—③所需工具、检具—④实战过程及结果。

【课程思政】

列车晚点突发情况应急处置

2017年3月8日,齐齐哈尔—北京的某次旅客列车开车后不久即下起了大雪。在车上添乘的干部考虑到天气预报也说有大雪,便与车长商量在哈尔滨停车时上了20大箱的方便面。列车继续开行后不久他们发现雪越下越大,在沿途停车时就决定又上了20大箱的方便面。当列车运行到四平前一站时,大雪造成的线路中断完全阻止了列车的前行,外部的一切救援也完全不可能。好在列车上的人们有了一定的思想准备,再加上有40大箱的方便面垫底,列车乘务组开会布置了从安抚旅客、治安巡逻、车内照明电路改造、食品计划供应等切实有效的措施,从而使因大雪被阻了十几个小时的列车上的所有人员安然无恙,得到了旅客的赞扬和主管部门的表彰。

大雪无情人有情。在面对突如其来的大雪灾难时,列车发生晚点情况,列车乘务人员在出乘之前应做好应急预案,尤其要提前预想好列车突发情况,考虑旅客的切身需求,在关键时候才能度过危机,这次事件很好地体现了铁路员工的应急能力。通过此次案例的学习,让学生以优秀铁路人为榜样,弘扬劳模和工匠精神,增强行业向心力。

 【任务考评】

项目	考核内容		考核评分		
	内容		配分	得分	批注
工作准备 (25%)	能够正确理解工作任务内容、范围及工作指令		5		
	能够查阅和理解技术手册,确认技术标准及要求		5		
	能正确使用防护用品		5		
	准备工作场地及器材,能够识别工作场所的安全隐患		5		
	确认设备及工具量具,检查其是否安全及正常工作		5		
实施程序 (60%)	设计的场景完整、真实		20		
	各小组成员参与度高		20		
	模拟练习时工作过程正确、流畅,态度热情		20		
完工清理 (15%)	对工具及设备进行清洁		10		
	按照工作程序,填写完成作业单		5		
考核评语			考核成绩		
	考核人员: 年 月 日				

组内学生互评				
评价项目	评价内容			得分
	优秀（90~100）	良好（80~89）	加油（0~79）	
沟通交流能力	能够有效地运用多种交流形式	基本能运用多种交流形式	很难运用多种形式交流	
合作交往能力	尊重他人，能与他人良好合作交流	基本上能做到与他人合作交流	不能与他人良好地沟通交流	
观察事物能力	观察能力强，细致全面，观察深刻	按要求观察，能发现事物的一些特征	无目的观察，不能把握事物特征	
动手操作能力	能积极主动按项目指引完成操作	能按要求完成操作	不能完成操作	
想象创造能力	能够有拓展性地完成工作任务	能够想到新的方式完成任务	按照课本要求完成基本工作	
小组评语			互评成绩	
	评价人签字：	年 月 日		

企业导师评价			
评价项目	评价内容	评价成绩	备注
工作准备	任务领会、资讯查询、器材准备	□A □B □C □D □E	
知识储备	系统认知、原理分析、技术参数	□A □B □C □D □E	
计划决策	任务分析、任务流程、实施方案	□A □B □C □D □E	
任务实施	专业能力、沟通能力、实施结果	□A □B □C □D □E	
职业道德	纪律素养、安全卫生、器材维护	□A □B □C □D □E	
其他评价			
导师签字		日期	年 月 日

注：在选项"□"里打"√"，其中 A：90~100；B：80~89；C：70~79；D：60~69；E：不合格。

项目六

高速铁路动车组列车卫生管理

项目描述

在始终把人民群众生命安全和身体健康放在第一位的背景下,密闭的动车组车厢空气质量如何,列车卫生是否彻底等始终是旅客最关心的问题,本项目是高速铁路动车组列车卫生管理,包含以下3个任务:

任务一　动车组列车日常卫生管理
任务二　动车组列车给水工作管理
任务三　动车组列车厕所卫生工作

通过3个任务的学习,能够按照标准和要求完成动车组列车的卫生管理工作。

思政导读

党的二十大报告指出,当代中国青年生逢其时,施展才干的舞台无比广阔,实现梦想的前景无比光明……广大青年要坚定不移听党话、跟党走,怀抱梦想又脚踏实地,敢想敢为又善作善成,立志做有理想、敢担当、能吃苦、肯奋斗的新时代好青年,让青春在全面建设社会主义现代化国家的火热实践中绽放绚丽之花。

任务一 动车组列车日常卫生管理

【任务导入】

任务名称		动车组列车日常卫生管理		
姓 名		班 级		成 绩
组 别		组 长		场 地
日 期		学 时		指导教师
任务目标	知识目标	1. 掌握动车组列车途中随车保洁员工作流程； 2. 掌握动车组列车餐车途中和终到的保洁工作流程； 3. 掌握动车组列车车内卫生清扫要求及方法		
	能力目标	1. 能够按照动车组列车途中随车保洁员工作流程作业； 2. 能够按照动车组列车餐车途中和终到的保洁工作流程作业； 3. 能够按照动车组列车车内卫生清扫要求作业		
	素质目标	1. 在劳动中享受尊严、实现人生价值，修炼心灵； 2. 真正认识并认同劳动的价值与意义，激发为美好生活在劳动中经历风雨的内源动力，刻苦学习，迎接明天的挑战		
情景案例	谢万霞是上海铁路局合肥客运段一名洗涤工。暑运以来，她和同事承担着 31 对普速列车上的床单、被套和 63 对高铁动车组枕头片等卧具的清洗任务，平均每日清洗 5 万余件卧具，能够铺满 8 个足球场。每天从早上 6 点开始，持续到傍晚 7 点，谢万霞与同事要将洗净的列车卧具送上车，并把使用过的列车卧具收回，进行分拣、清洗、熨平、折叠装袋。由于车间内无法安装空调，室温有时高达 50 ℃ 以上，在散发着 140 ℃ 高温蒸汽的熨平机前，出于安全考虑不允许戴手套，最大的"自我保护"就是快，将熨平后蒸汽余温尚存的床单，折成一个标准的"白方块"，一刻不停的双手每天烫得红肿。在蒸汽湿热的环境中，她中午只有 1 小时的休息时间，而在这有限的时间内她要吃个饭、洗个澡，换套干净的工作服，去除身上的汗味。请思考： 1. 谢万霞的卫生工作都包括哪些内容？ 2. 在我们身边有没有像谢万霞一样勤劳的感人事迹？			

【知识讲解】

一、动车组列车途中随车保洁员工作流程

（一）随车保洁员参与车班的集中点名（按规定时间提前 5 min 到位）

员工集中→点名→检查工具（车厢配 3 个簸箕、3 个扫把、3 个地推、3 瓶清洁剂、6 块抹布，人手 3 块抹布、1 双手套）、整理着装、化妆，私人物品集中放置在统一的箱内，排队随乘务组到站台接车。

（二）接车作业（旅客上车前约 30 min）

每组车底配备随车保洁员 2 人，分别负责 1 至 4 号（9 至 12 号）、5 至 8 号（13 至 16 号）车厢工作。接车后，检查每车厢备品、工具、卫生等情况，按规定投放垃圾，补充卫生未达标的部位及备品补充工作，配合乘务组做好其他准备工作。

（三）车上作业（旅客上车期间始发站约 10 min、中途站 30 s）

停止作业，在不影响旅客上下车的盥洗室边站立。车上作业如图 6-1 所示。

图 6-1　车上作业

（四）开车后作业（旅客就座后约 5 min）

快速巡检管辖车厢、清理杂物、污垢。

（五）途中保洁作业

熟悉列车途中运行时刻、旅客进餐时间段、途中可投放垃圾的站点，以便途中不同重点地分阶段保洁。

（1）巡查保洁：每个区段巡视检查车厢不少于 1 次，长大区间巡视检查车厢不少于 2 次，清理垃圾杂物，卫生间、盥洗室随查随清洁，检查并补充备品。每次巡视完毕后保洁员可在不影响乘客的地方休息 10 min。

（2）到站前保洁：站前 15 min 清理卫生间及车厢垃圾并将已装满的垃圾袋扎口待卸。

（3）终到站前 40 min 进行卫生大清理，清洁卫生间、补充备品、用清洁车从车厢一端开始垃圾清理，垃圾箱垃圾袋整理、补充等。

（六）终到站作业（10 min）

清理保洁工具，与库内保洁或地勤保洁班长办理相关手续。整理自身携带物品，与乘务组整队离站。

（七）具体工作要求

（1）在旅客相对集中的三餐进餐时间（8:00、12:30、18:30）后及时用清洁小推车收集餐盒、杂物等，收集时防止油污交叉污染，地面有污迹时及时用随带抹布擦拭干净。

（2）熟悉备品种类及安装使用方法（清洁袋、卫生卷纸、一次性卫生坐垫、卫生间备品、大中小号垃圾袋的使用、洗手液、芳香盒等），随时检查备品并及时补充。备品集中放置在 3 号车厢的备品柜内，在 1、3、5、7 车厢垃圾箱隔板上放置少量备品，便于随时取用。

（3）服从管理、礼貌待客。清理垃圾时要礼貌询问，未经旅客同意不得擅自将旅客的物品丢弃。服从列车长的管理，树立列车整体观念，发现异常情况及时报告列车长或乘务员。

（4）原则在 7:40、11:30、18:00 用 10 min 完成进餐并及时到岗。

（5）在异地要按时休息、按时起床，不随意外出，按时到公寓参加乘务组的出乘学习，并与乘务组一起列队站台接车。

（八）异地折返点作业（约 20 min）

到站不得下车，配合折返站保洁员做好保洁，提供补充的备品。

二、动车组列车餐车途中和终到的保洁工作流程

（1）途中餐车的卫生做到随脏随扫随时清理，清理的部位为：水池、热水炉、吧台、服务台、内微波炉、冷冻柜、冷藏柜、展示柜、小推车等，达到卫生质量标准。如图 6-2 所示为途中保洁工作。

图 6-2　途中保洁工作

（2）动车终到前，负责将餐车自餐桌座椅外侧挡板处起至另一侧通过台门止，包括吧台内外四壁及吧台储藏柜、冰柜等所有设备设施内外的卫生清理干净，达到动车出库卫生标准。

（3）在旅客相对集中的三餐进餐时间（8:00、12:30、18:30）后及时收集餐桌上的餐盒、杂物等，收集时防止油污交叉污染，地面有垃圾、污迹时及时清理并用拖把或抹布擦拭干净。

三、动车组列车车内卫生清扫要求及方法

（一）卫生设备清扫要求

1. 小便间的清扫

首先打开小便器外罩上部的检查门，按一下配电盘上的专用冲洗开关冲洗按钮，对小便器进行连续约 15 s 的冲洗。然后对小便间其他部位外表面用抹布进行擦洗，对地面用拖把擦洗。

不允许用水冲洗地面。注意不要扔杂物到地漏中，避免堵塞车下水封。如发现地漏处有杂物，请及时清理干净。

2. 卫生间的清扫

对卫生间坐便器首先进行 1~2 次冲洗，将便池内部冲洗干净。然后用抹布对坐便器、台面等外表面进行擦洗，地面用拖把进行擦洗。

洗拖把脏水倒入车外，严禁在车内洗拖布。

不允许用水冲洗地面。注意不要扔杂物到地漏中，避免堵塞车下水封。如发现地漏处有杂物，请及时清理干净。

3. 洗脸盆清洗

洗盆排水设过滤器，应随时清理杂物以免堵塞，清理杂物时注意清理完成后过滤器应放回原处，避免丢失。

洗盆请用陶瓷专用清洗剂清洗。

洗盆台面为玻璃钢制品，清洗请参照本书玻璃钢制品表面清洗办法执行。

洗盆台面柜边面贴有装饰膜，清洗请参照本书装饰膜表面清洗办法执行。

4. 电茶炉处清理

电茶炉和饮水机接水盘为不锈钢制品，不锈钢表面用工业酒精或中性清洗剂擦洗，严禁用有机溶剂擦洗。

应随时清理接水盘后部排水口处杂物以免堵塞。

（二）车内装修清扫要求

1. 玻璃钢制品表面清洗

玻璃钢制品（窗口墙板、内端门上罩板、侧拉门罩板、卫生间、小便件、洗脸间表面），表面有脏污附着的情况，请按照下列方法除去：

（1）用干净的软布蘸取中性洗涤剂擦拭。局部的脏污可以用软刷蘸取洗剂轻擦来除去脏污。但如果力度过大进行摩擦，有可能造成光泽不均、划痕等，请小心。尼龙刷帚、金属刷子、金属刷帚等会对表面造成伤痕，请绝对不要使用。

（2）油类的脏污用干净的软布蘸取无铅汽油轻轻擦拭；使用无铅汽油的时候，要充分换气，在确认没有焊接作业等的烟火源头之后再使用；如果大力擦拭，会有可能光泽不均，请小心。

（3）铅笔等造成的局部脏污，使用没有混入砂的柔软、干净的橡皮除去。如果大力擦拭，有可能使玻璃钢制品表面留有痕迹，请小心。

2. 装饰膜表面清洗

全车只有大件行李存放处、乘务员室以外的各间壁表面、走廊通过台顶板表面、门板表面为贴膜表面，贴膜表面的轻度污渍，用柔软抹布蘸取清水擦拭即可。

3. 三聚氰胺表面清洗

行李架后挡板、乘务员室大件行李存放处腔壁板为三聚氰胺表面，三聚氰胺表面清洗要求如下：

（1）采用柔软的抹布蘸取清水擦拭。

（2）避免让重物和尖物直接撞击，以损伤其表面，影响表面装饰性。

（3）避免接触强力化学品、含丙酮的清洁剂。

（4）避免阳光直射、受潮。严禁蹬踏、摩擦。

（5）每隔 6 个月用温水加 5% 的洗衣粉清洗一次。

4. 地板布清洗维护方法

（1）PVC 地板革具有一定的耐酸碱性，当表面不慎沾有酸、碱、油脂时，要及时用抹布擦拭干净。

（2）用湿抹布或拖把清洁卫生。

（3）尽可能减少与锐利物品接触，避免表面留有划痕。

（4）尽可能减少与燃烧的烟蒂接触，避免留下疤痕；如留下疤痕，请用肥皂水或一般清洁剂擦拭。

（5）PVC 地板革表面有蜡层，正常使用时不需要特殊维护。

5. 车窗玻璃和车内设备清洁

车窗玻璃采用 3M 玻璃清洁剂进行清理。在进行车内设备清洁时，对无涂装的不锈钢件用工业酒精或中性清洗剂擦洗。与车内其他部位部件表面材质相同的部件，所用清洗剂和要求参照表面材质相同的部件。如图 6-3 为玻璃清洁。

6. 座椅清洗

（1）请勿使用酒精等有机溶剂擦拭小桌板，当发生污渍时，用湿布轻轻擦拭即可。

（2）清洁侧扶手时，用湿布轻轻擦拭即可。

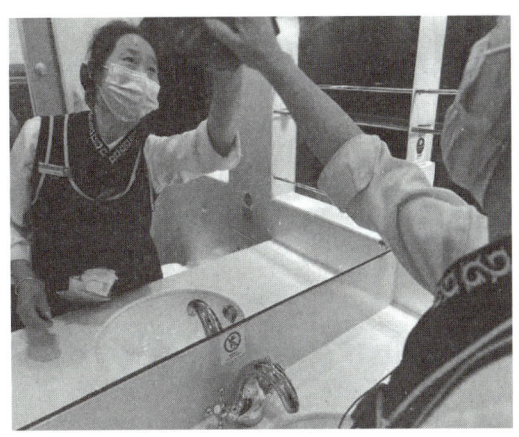

图 6-3 玻璃清洁

（3）座椅外套不可水洗，当粘有污渍时，将座椅移至维修场所，可用少许酒精擦拭，待酒精挥发后，再安装到列车上。

（4）座椅外套换洗或更换时，更换方法参见《维护检修说明书》。

7. 其 他

（1）对车内油漆件、无涂装的不锈钢表面及铝材表面用工业酒精或中性清洗剂擦洗，严禁用有机溶剂擦洗。

（2）与车内其他部位部件表面材质相同的部件，所用清洗剂和要求参照表面材质相同的部件。

（3）要求采用白细布等材料类抹布。

（4）在车辆清洁过程中，要求用湿抹布擦洗后，再用干布擦拭，并及时冲洗抹布。

【任务实施】

一、任务准备

分组：全班学生分为若干组，每组12人，包括1名列车长、3名列车员和8名旅客。

二、实施过程

虚拟现实之"模拟动车组列车日常卫生管理"。

1. 场景设计

（1）每组学生自行设计本组的模拟场景。

（2）每组至少设计3组场景，在3组场景中，组内成员轮流扮演乘务人员和保洁人员。

（3）设计的场景是动车组列车乘务人员和保洁人员在列车运行途中和站停时的作业与服务。可以在场景中设计各种情景，乘务人员和保洁人员应根据不同的情景进行不同的应对。

2. 模拟练习

（1）每组学生根据自己设计的场景进行练习。

（2）老师在学生练习的过程中，进行观察和指导。

（3）练习时间可根据课程具体情况合理安排。

3. 表演

（1）老师根据自己的观察，指定具有代表性的小组上台表演；学生也可主动要求上台表演。

（2）每组表演完成后，老师可让台下的学生发表观后感，以及对表演的评价。

【强化提升】

请结合教材相关内容、查阅网络文字资料、读取视频资源，完成以下任务工单。

动车组列车日常卫生管理基础知识工单

1. 知识强化

（1）随车保洁员参与车班的集中点名（按规定时间提前_____min 到位）：员工集中→_____→检查工具（车厢配_____个撮箕、_____、_____、_____，_____，人手_____、_____）。

（2）途中餐车的卫生做到随脏随扫随时清理，清理的部位为：_____、_____、_____、_____、_____、_____、_____、_____等，达到卫生质量标准。

2. 技能训练

（1）所需工具、检具：

（2）小组成员分工：

（3）任务计划：

逻辑建议：①实战计划—②小组成员构成与分工—③所需工具、检具—④实战过程及结果。

【课程思政】

待旅客如亲人

　　从同学们自身出行途中对列车清洁卫生的感受与需求,引申出铁路列车清洁卫生的要求,以及列车清洁卫生应遵循"窗明几净、四壁无尘、器洁镜明、物见本色、严格消毒、消灭死角"的原则,强调列车乘务工作中对于卫生环境要求的重要性,讲明卫生对于旅客满意度的影响,促进学生形成以顾客为中心、待旅客如亲人的服务理念。

　　本次教学引入爱岗敬业的思政内容,主要引导学生学会爱岗敬业、推己及人、以诚待人、勤勉奉公,逐渐形成文明规范的服务意识,能按照岗位作业标准、《铁路旅客服务质量规范》里的要求主动为旅客提供服务,全面服务、重点照顾。

【任务考评】

项目	考核内容		考核评分		
	内容		配分	得分	批注
工作准备（25%）	能够正确理解工作任务内容、范围及工作指令		5		
	能够查阅和理解技术手册,确认技术标准及要求		5		
	能正确使用防护用品		5		
	准备工作场地及器材,能够识别工作场所的安全隐患		5		
	确认设备及工具量具,检查其是否安全及正常工作		5		
实施程序（60%）	设计的场景完整、真实		20		
	各小组成员参与度高		20		
	模拟练习时工作过程正确、流畅,态度热情		20		
完工清理（15%）	对工具及设备进行清洁		10		
	按照工作程序,填写完成作业单		5		
考核评语			考核成绩		
	考核人员： 　　　　　　　　　　　　　年　月　日				

组内学生互评				
评价项目	评价内容			得分
	优秀（90~100）	良好（80~89）	加油（0~79）	
沟通交流能力	能够有效地运用多种交流形式	基本能运用多种交流形式	很难运用多种形式交流	
合作交往能力	尊重他人，能与他人良好合作交流	基本上能做到与他人合作交流	不能与他人良好地沟通交流	
观察事物能力	观察能力强，细致全面，观察深刻	按要求观察，能发现事物的一些特征	无目的观察，不会把握事物特征	
动手操作能力	能积极主动按项目指引完成操作	能按要求完成操作	不能完成操作	
想象创造能力	能够有拓展性地完成工作任务	能够想到新的方式完成任务	按照课本要求完成基本工作	
小组评语				互评成绩
评价人签字：			年　月　日	

企业导师评价				
评价项目	评价内容	评价成绩		备注
工作准备	任务领会、资讯查询、器材准备	□A □B □C □D □E		
知识储备	系统认知、原理分析、技术参数	□A □B □C □D □E		
计划决策	任务分析、任务流程、实施方案	□A □B □C □D □E		
任务实施	专业能力、沟通能力、实施结果	□A □B □C □D □E		
职业道德	纪律素养、安全卫生、器材维护	□A □B □C □D □E		
其他评价				
导师签字		日期		年　月　日

注：在选项"□"里打"√"，其中 A：90~100；B：80~89；C：70~79；D：60~69；E：不合格。

任务二　动车组列车给水工作管理

【任务导入】

任务名称		动车组列车给水工作管理			
姓　名		班　级		成　绩	
组　别		组　长		场　地	
日　期		学　时		指导教师	
任务目标	知识目标	1. 掌握列车给水原则及方案； 2. 了解动车组列车非正常情况给水作业处理			
	能力目标	1. 能够按照列车给水原则及方案补水； 2. 能够处理动车组列车非正常情况下给水作业			
	素质目标	1. "用心"去做好企业分配的每一份任务； 2. 培养良好的职业素养，好的态度是决定成败的关键因素			
情景案例	1月9日凌晨4点多，天还没亮，尚有倦意的汪美端已经起床。她给一家人做好早饭，就匆匆赶往厦门北站的"水总管"工作岗位上。 "G2380列车进站，给水员请加水。"9日5时30分，对讲机里传来指令，汪美端和同事开始在铁路股道上忙碌，15分钟内完成8节车厢的注水任务。汪美端熟练地整理着数十斤重的水管，随后快速插入列车水箱，随着"哗"的一声响动，自来水喷涌而入，水箱的数显水位表读数开始跃动。 春运期间的厦门北站异常繁忙，需要加水的列车数量从此前的一天四五十趟增加至当前的六七十趟。高铁列车一般是8节车厢，重联动车组是16节，而普速列车有18节车厢，这意味着给水员们的工作量将在这几天翻番。"忙点儿好，忙就是我们铁路人的'年味儿'。" 2022年9月，年近四十的汪美端入职成为一名给水员，而她从事这个工作的原因之一就是要给孩子"树榜样"。原来，汪美端的大女儿2021年9月步入高三，作为一名艺考生，每天都要早起练习绘画。对于新的作息规律，处在青春懵懂期的孩子对此有些抵触情绪。"咱们打个赌，你能做到的，妈妈也能做到！"就这样，母女俩定下了一年之约，汪美端也从一名家庭主妇变成"水总管"。 请思考： 1. 旅客列车给水工作包括哪些内容？ 2. 在列车给水工作时，应具备哪些能力？				

【知识讲解】

一、给水工作的简介

客车给水有关人员应严格遵守各项规章制度,认真负责地做好本职工作,不准以任何借口拒绝给客车供水。坚持"安全第一、预防为主"的方针,客车给水人员要注意来往车辆,加强瞭望,按照固定线路行走,严禁扒车、钻爬车底、顺道心行走、抢越线路,防止发生伤亡事故。

(一)客车给水有关人员应符合以下条件

(1)身体健康,从业体检合格,能承担室外劳动作业。

(2)熟悉车辆种别、水箱构造、容量、设备布局、操作方法、水压、流量、电气化安全等知识以及给水方案、列车到开时刻、编组等情况。

(3)铁路运输、劳动安全培训合格。

(二)客车给水员的职责范围

(1)负责按照给水方案进行各次旅客列车的给水工作。

(2)爱护给水设备、备品,给水车辆满水后,应及时关闭上水阀,做好节水工作。

(3)监督各次列车到站"一锁二不倒"(直排式客车锁厕所,不倒污水、垃圾)卫生执行情况,并及时反馈信息。高铁列车加水如图6-4所示。

图6-4 高铁列车加水

(三)给水设备要求

客车给水站按照列车运行5~6 h或距离200~300 km的原则确定,给水站由国铁集团公布。客车给水站给水设备的能力,应满足同一时间最高聚集客车列数的给水需要。

(1)水井数量应满足图定旅客列车最大编组需要。设置水井间距以25 m为宜。

(2)给水量较大的车站还应配置一井双栓(仅停靠动车组列车线路一井一栓),一栓一管。

(3)客车给水站的水栓应设置检查井。

(4)给水管路的适当位置设置水表。

(5)根据需要设置防寒设施。

给水站水井使用一个栓头时，栓口设计流量不应小于 2.5 L/s；双头栓同时上水时，每个栓头设计流量不应小于 2.0 L/s。客技站、库内给水设备的能力应满足列车在站停或整备作业时间内全列满水的需要；客车给水系统不得接引其他用水，确保水压、流量的稳定性。

铁路运输企业应组织有关部门对客车给水设备每年进行春、秋两次大检查、大整修，按照分工负责制的要求保证设备、备品完整好用，所需费用应纳入年度维修财务预算。

二、旅客列车给水原则及方案

（一）动车组列车给水原则

（1）当日第一趟车始发时应辆辆满水。

（2）单程运行时间 10～14 h 的，途中安排重点车厢补水 1 次。16 辆编组的，优先安排紧邻餐吧车的前部 2 辆、后部 2 辆车厢补水；8 辆编组及重联的，每组优先安排紧邻餐吧车的前部 1 辆、后部 1 辆车厢补水；部分车型紧邻餐吧车且车厢没有厕所的，向邻近车厢顺延。

（3）单程运行时间在 14 h 以上的，途中（运行 7 h 前后）安排 1 次全列满水。

（4）车底连续套跑 10 h 以上的，中间（运行 6 h 前后）安排 1 次折返站全列满水。

（5）动车组上水的同时安排吸污作业，吸污车站、车厢数与上水作业相同。动车组列车途中上水、吸污作业停站时间 6 min。

（6）关于加强动车组途中上水、吸污安全卡控，动车组途中上水、吸污时，车站客运人员要确认上水、吸污等作业完毕后，将对讲机转至行车频道通知动车组列车长，动车组列车长须得到车站客运人员的确认后，方可按要求报告司机（或机械师）关闭车门。站车联控用语规定如下：

车站客运人员："××次××站客运作业完毕。"

列车长应答："××次客运作业完毕，列车长明白。"

（二）其他给水原则

（1）紧邻高速铁路正线且无隔离的到发线不得安排上水作业。

（2）入库整备且库内具备给水条件的，应在库内给水，出库保证辆辆满水。

（3）列车终到后折返停留无法供水，且整备保洁工作有用水需要，终到站应安排餐车、座车、卧车各 1 辆满水，每组动车安排 2 辆满水。具体位置由列车担当局集团有限公司确定，在上水方案中公布。

（4）运行图编制前 1 个月，按照客车给水原则，结合旅客列车停站方案，担任务的当局集团有限公司要制定各次旅客列车给水站及停时方案，报运行图编制部门。

（5）运行图编制后，跨局集团有限公司旅客列车担当局集团有限公司编制客车给水实施方案（包括给水车次、给水站、给水车厢号、交接车厢号等），由国铁集团审核后，单独公布。两局集团有限公司担当的列车应协商一致，两局集团有限公司不能协调解决的，由国铁集团决定。给水方案应按照节约、高效、保质原则，既要满足旅客列车用水需要，又要合理安排给水频次。跨局集团有限公司旅客列车按照客车给水实施方案进行清算。

（6）遇有列车或编组长期调整时，担当局集团有限公司与给水局集团有限公司协商一致后，由担当局集团有限公司以铁路局集团有限公司电重新公布调整车次的给水方案，跨局集团有限公司旅客列车报国铁集团备案，同时在给水系统中调整方案。遇临时调整时，由列车担当单位申请客调命令布置。

三、动车组列车非正常情况给水作业处理

（1）给水站未给水时应向列车说明情况，列车在上报月度上水数据备注栏内注明。按方案安排给水，但长期不能给水且难以解决的，站车应报上级协调解决。

（2）遇到动车组列车需要途中临时补水时，列车长必须提前与所在局客运调度员、前方给水站联系，告知车次、缺水车厢号、缺水程度等，给水站接到调度指令后，应提前组织给水人员重点给水。

（3）遇列车长时间滞留非给水站或给水站设备故障无法给水时，根据列车需要，由所在局客调安排停靠车站为旅客和餐车送水。

（4）列车应做好节约用水、爱护设备等宣传。运行途中列车乘务员加强巡视，发现浪费用水、损坏设备等行为及时劝阻。列车乘务员应做好防堵、防冻、解冻工作，不得随意关闭总阀，影响客车给水和正常使用。

四、严格考核统计

国铁集团定期公布各铁路运输企业、列车担当单位、给水车站给水联系电话，公布的联系电话应保证 24 h 有人接听。如有变化，应及时通知相关单位，报铁路局集团有限公司、国铁集团备案。

各客运乘务单位每月 8 日前将上月担当的各次列车给水情况上报。"沿途给水情况记录簿"按照车次、班组、日期装订，按月存档，保存期 1 年。

（1）动车组列车上水工作纳入月度上水考核，并按规定上报。动车组列车随车不增设台账，列车长应利用既有乘务日志本（册）做好上水情况记录，退乘后回单位按要求填记"沿途给水情况记录簿"并报"旅客运输管理信息系统"。

（2）动车组列车不进行上水量核对，如遇途中长时间（1 h 以上）且大面积（短编组 3 辆及以上、长编组或重联 5 辆及以上）断水的，列车前一上水站未上水，上水辆数均记作 0，其他情况均视作按方案上水。

（3）对未按规定为动车组列车给水，造成严重影响服务质量的单位，将追究有关单位领导责任，并限期进行整改。

五、加强站车配合

（1）加强沟通协调。公布铁路局集团有限公司客运部、列车担当单位、给水车站给水联系电话，其中，列车担当单位、给水车站给水工作人员加强值班。

（2）遇重要问题，站车间、客运部间应加强沟通联系，妥善处理。

（3）遇动车组列车严重缺水，列车应提前电话通知上水（吸污）站，内容包括车次、缺水车厢号、缺水程度等，上水站应提前组织上水作业人员，在确保安全的情况下做好上水工作。

六、动车组注水口盖板管理

（1）列车始发时，上水人员要逐车确认注水口盖（挡）板作用良好，发现作用不良，应及时报告车辆部门。

（2）上水人员上水完毕后，应拔出注水管，关闭注水口盖（挡）板，并确认稳固。

（3）各单位要加强上水人员的业务培训，完善作业流程，加强作业卡控。

（4）动车组一级检修作业时车辆部门要加强车下"三板"（底板、裙板、各部盖板）的检查，确保安装紧固，锁闭良好。动车组在动车所内进行上水、吸污作业的须安排在一级检修作业前进行。

（5）要加强 TEDS 设备的维护、使用管理，确保设备性能良好，严格按照"双确认"要求准确预报故障。

（6）动车调度接到"动车组注水口、排污口盖板开放"故障预报时按下述规定处置：内嵌式挡板开放时可在前方办客站（非站台侧）或终到站处理；外掀式盖板开放时须立即停车处理。

【任务实施】

一、任务准备

分组：全班学生分为若干组，每组 12 人，包括 1 名列车长、3 名列车员和 8 名旅客。

二、实施过程

虚拟现实之"模拟动车组列车给水工作"。

1. 场景设计

（1）每组学生自行设计本组的模拟场景。

（2）每组至少设计 3 组场景，在 3 组场景中，组内成员轮流扮演相关角色。

（3）设计的场景是动车组列车给水工作，可以在场景中侧重重点环节，加深对动车组列车给水原则的认识与理解。

2. 模拟练习

（1）每组学生根据自己设计的场景进行练习。

（2）老师在学生练习的过程中，进行观察和指导。

（3）练习时间可根据课程具体情况合理安排。

3. 表　演

（1）老师根据自己的观察，指定具有代表性的小组上台表演；学生也可主动要求上台表演。

（2）每组表演完成后，老师可让台下的学生发表观后感，以及对表演的评价。

【强化提升】

请结合教材相关内容、查阅网络文字资料、读取视频资源，完成以下任务工单。

动车组列车给水工作管理基础知识工单

---

1. 知识强化

（1）单程运行时间____的，途中安排重点车厢补水 1 次。16 辆编组的，优先安排紧邻餐吧车的____、____车厢补水；8 辆编组及重联的，每组优先安排紧邻餐吧车的前____、____车厢补水。

（2）单程运行时间在 14 h 以上的，途中（运行 7 h 前后）安排____全列满水。

（3）遇到动车组列车需要途中临时补水时，列车长必须提前与____、____联系，告知____、____、____等。

2. 技能训练

（1）所需工具、检具：

（2）小组成员分工：

（3）任务计划：

逻辑建议：①实战计划—②小组成员构成与分工—③所需工具、检具—④实战过程及结果。

【课程思政】

"水总管"汪美端

"G2380 列车进站，给水员请加水。"2019 年 10 月 19 日 5 时 30 分，对讲机里传来指令，厦门北站的首班列车即将发车，汪美端和同事开始在铁路股道上前后忙碌。两个给水员要在 15 分钟内完成 8 节车厢的注水任务。汪美端熟练地整理着数十斤重的水管，随后快速插入列车水箱，拧开龙头，随着"哗"的一声响动，自来水喷涌而入，水箱的数显水位表读数开始跃动。

"G2380加水完毕,水管脱离!"在完成8节车厢的注水任务后,汪美端和同事还要再仔细确认水管是否均已脱离列车。在一阵鸣笛声后,列车缓缓出站。

春运期间的厦门北站异常繁忙,需要加水的列车数量从此前的一天四五十趟增加至当前的六七十趟。高铁列车一般是8节车厢,重联动车组是16节,而普速列车有18节车厢,这意味着给水员们的工作量将在这几天翻番。"忙点儿好,忙就是我们铁路人的'年味儿'。"汪美端说,"新十条"实施后的第一个春运,也是她担任给水员以来的第一个春运。

以新闻《水总管汪美端》为荣誉典型,以优秀工作者为榜样,在思想、情操、意志、体魄等方面进行自我锻炼,培养良好的心理素质,增强应对压力和挫折的能力,善于从逆境中寻找转机。

【任务考评】

项目	考核内容		考核评分		
	内容	配分	得分	批注	
工作准备（25%）	能够正确理解工作任务内容、范围及工作指令	5			
	能够查阅和理解技术手册,确认技术标准及要求	5			
	能正确使用防护用品	5			
	准备工作场地及器材,能够识别工作场所的安全隐患	5			
	确认设备及工具量具,检查其是否安全及正常工作	5			
实施程序（60%）	设计的场景完整、真实	20			
	各小组成员参与度高	20			
	模拟练习时工作过程正确、流畅,态度热情	20			
完工清理（15%）	对工具及设备进行清洁	10			
	按照工作程序,填写完成作业单	5			
考核评语	考核人员：　　　　　　　　　　　年　月　日		考核成绩		

组内学生互评				
评价项目	评价内容			得分
	优秀（90~100）	良好（80~89）	加油（0~79）	
沟通交流能力	能够有效地运用多种交流形式	基本能运用多种交流形式	很难运用多种形式交流	
合作交往能力	尊重他人，能与他人良好合作交流	基本上能做到与他人合作交流	不能与他人良好地沟通交流	
观察事物能力	观察能力强，细致全面，观察深刻	按要求观察，能发现事物的一些特征	无目的观察，不能把握事物特征	
动手操作能力	能积极主动按项目指引完成操作	能按要求完成操作	不能完成操作	
想象创造能力	能够有拓展性地完成工作任务	能够想到新的方式完成任务	按照课本要求完成基本工作	
小组评语	评价人签字：　　　　　　　　　　　　　　　年　月　日			互评成绩

企业导师评价			
评价项目	评价内容	评价成绩	备注
工作准备	任务领会、资讯查询、器材准备	□A □B □C □D □E	
知识储备	系统认知、原理分析、技术参数	□A □B □C □D □E	
计划决策	任务分析、任务流程、实施方案	□A □B □C □D □E	
任务实施	专业能力、沟通能力、实施结果	□A □B □C □D □E	
职业道德	纪律素养、安全卫生、器材维护	□A □B □C □D □E	
其他评价				
导师签字		日期	年　月　日

注：在选项"□"里打"√"，其中 A：90~100；B：80~89；C：70~79；D：60~69；E：不合格。

项目六　高速铁路动车组列车卫生管理

任务三　动车组列车厕所卫生工作

【任务导入】

任务名称		动车组列车厕所卫生工作			
姓　名		班　级		成　绩	
组　别		组　长		场　地	
日　期		学　时		指导教师	
任务目标	知识目标	1. 掌握动车组列车厕所管理规定； 2. 掌握动车组列车厕所特殊情况处理知识			
	能力目标	1. 能够管理动车组列车厕所； 2. 能够对动车组列车厕所特殊情况进行处理			
	素质目标	1. 在劳动中享受尊严、实现人生价值，修炼心灵； 2. 真正认识并认同劳动的价值与意义，激发为美好生活在劳动中经历风雨的内源动力，刻苦学习，迎接明天的挑战			
情景案例	集便动车组列车运行途中，连续发生集便器满箱报警影响旅客使用的问题，给旅客出行带来不便，为加强动车组列车吸污工作，要认真学习列车厕所卫生工作相关知识，统筹安排动车组列车吸污作业，强化动车组列车吸污作业确认制度，建立健全动车组列车吸污责任追究制度。 请思考： 1. 旅客列车厕所是如何管理的？ 2. 动车组列车厕所发生特殊情况时应如何处理？				

【知识讲解】

一、铁路客运站车厕所环境卫生管理责任分工

国铁集团负责制定铁路客运车站和旅客列车厕所环境卫生的管理办法，负责指导铁路局集团有限公司对客运站车厕所环境卫生管理工作进行监督和检查。铁路局集团有限公司负责制定铁路客运车站和旅客列车厕所环境卫生管理的相关办法、措施，并指导、

监督、检查、考核站段落实和执行。客运站段作为客运站车厕所环境卫生管理的责任主体，负责制定本单位客运站车厕所环境卫生相关管理制度并组织实施，保持客运站车厕所环境卫生始终处于良好状态。

二、动车组列车厕所管理

（一）动车组列车厕所质量要求

1. 库　内

（1）无异味。
（2）便器、导水沿凹槽（俗称"反扣"）、排便桶无积便、积垢，无尿碱、尿垢。
（3）厕所顶板、四壁、门窗、照面镜、灯罩洁净无污渍、积灰。
（4）不锈钢面、洗手盆、手纸盒、扶手表面无污痕、锈渍。
（5）地面无垃圾、积垢、死角、积冰、积水等。
（6）垃圾桶内无积垢、积渍。
（7）地漏不返臭味。

2. 途中及外段折返站

在库内保洁标准的基础上，还应实现：
（1）便器无积便、尿液。
（2）地面无垃圾、积冰、积水。

（二）动车组列车厕所作业要求

1. 备品用具

（1）厕所内配备专用厕刷。
（2）随车配备拖布、洁厕清洗剂、水桶、抹布。
（3）库内保洁班组配备便器导水沿凹槽钢丝刷、钢丝球、百洁布、洁厕清洗剂、抹布、洗衣粉、去污粉、胶皮手套等专用工具。

2. 库内保洁

（1）厕所便器及地面死角保洁。
① 清理厕所地面垃圾、污水等。
② 按照"一喷、二闷、三刷、四冲"的程序洗刷便器及卫生死角。
"喷"：用洁厕清洗剂喷淋便器表面、导水沿凹槽及辅助便桶。
"闷"：闷浸 3~5 min，使洁厕清洗剂与尿碱、污垢发生化学反应、软化分解。
"刷"：用便器专用钢丝刷或钢丝球反复刷导水沿凹槽，用百洁布洗刷便器表面，用长厕刷洗刷辅助便桶，将便迹、尿碱、污垢刷掉。
"冲"：对洗刷后的便器进行冲洗，检查清洁效果，对未彻底清除干净的部位补强清洁。
（2）厕所四周部位保洁。
① 按照"由上至下、由内至外"的次序清擦天棚、四壁、门窗、照面镜、灯罩

将专用料剂或洗衣粉水均匀喷涂到顶板、墙壁等处所,用百洁布打磨污渍,然后用抹布擦拭干净。

如图6-5所示为厕所四周保洁。

图6-5 厕所四周保洁

② 对不锈钢表面、手纸盒表面的严重腐蚀、污渍、锈渍,用百洁布沾去污粉或细水砂纸(沾水)进行打磨。

③ 对垃圾桶内外侧表面的严重腐蚀、污渍、锈渍,用百洁布沾去污粉或细水砂纸(沾水)进行打磨。

(3)重点部位周期性保洁。

直供电车底要在机车或地面停止车厢供电、供风之前完成洗刷便器作业。空调发电车供电车底利用供电、供风时完成便器保洁作业。

(三)动车组列车厕所途中作业

(1)列车运行中,列车员(随车保洁员)适时检查厕所便器及地面卫生,清理厕所地面垃圾、污水,用厕刷洗刷地面及便器残留便迹,清理垃圾桶内垃圾。

(2)检查厕所冲便设备、水龙头、卫生纸架(盒)、坐便垫圈纸盒等设备设施状态是否良好,若发生故障,及时报告当班列车长,通知车辆乘务员处理。

(3)检查厕所卫生纸、坐便垫圈纸等备品,按规定及时补充。

(4)列车到达中间大站或终到站前30 min,全面检查厕所便器及地面状态,清扫厕所,清理垃圾桶,检查设备状态。做好终到"三不带"。

(5)途中发现厕所集便箱满时,应及时锁闭厕所,并联系前方吸污点吸污或按规定采取应急排污措施。

保洁作业时,应使用适合的保洁工具和清洗剂,不损伤车辆设施。应文明作业,不用水直接冲刷墙板和电器装置。

(四)建立列车双所长制

动车组列车厕所分别由客运段段长担任列车厕所"卫生总所长",客运段车队队长担任本车队列车厕所"卫生所长";车辆段(动车段)段长担任列车厕所"设备总所长",对应客运车队指派专人担任列车厕所"设备所长"。车辆部、客运部为业务指导部门。

列车厕所"卫生(总)所长"对担当范围内厕所日常保洁质量负总责,主要负责安排管理和作业人员对厕所进行深度保洁和日常保洁作业、补充消耗品、检查出库、途中和终到厕所卫生质量、检查途中吸污作业质量、巡视设备设施状况、登记设备设施故障并联系维修等。

列车厕所"设备(总)所长"对配属动车组列车厕所设备设施运用状态负总责,主要负责组织人员对车辆厕所相关设备设施定期检修维护,遇临时故障及时抢修;合理提报设备设施更新改造计划,提供必要的库内保洁和整备条件等。

建立列车设备检修考核制度。设备管理单位要做好库内厕所设备检修维护,满足出库(所)质量标准和服务质量规范要求。客运和车辆部门要做好列车出库、途中设备设施检查巡视,对发现的设备故障签认登记,结合设备情况和故障种类,合理确定修复周期,修复后客运和车辆部门共同确认销号。各铁路局集团有限公司对出库(所)设备质量和故障修复不及时的,严格考核车辆设备管理部门和列车厕所"设备(总)所长";对客运发现问题未登记、未督促整改的,严格考核客运担当单位和列车厕所"卫生(总)所长"。

(五)列车厕所达标活动

重点解决厕所设备设施故障、作用不良问题,消除厕所水锈、尿垢等死角卫生和顽固性污渍,动态保持厕所卫生和消耗品配备数量,确保动车组列车厕所无异味、无死角。

三、动车组列车厕所特殊情况处理

(一)加强动车组列车应急吸污组织工作

途中遇有动车组列车30%以上的卫生间集便箱满载停用,预计无法维持使用至下一图定吸污站点时,由列车长视情况,按照公布的高速铁路吸污站名单选择应急吸污站,原则上选择本次列车停靠车站,提前1h向吸污站所属铁路局集团有限公司高速铁路客服调度员或客运调度员提出应急吸污请求,具体内容包括车次、车站、吸污车厢号。

高速铁路客服调度员或客运调度员接到列车长的应急吸污请求后,经值班主任(值班副主任)准许,及时向有关车站、吸污作业单位发布应急吸污作业的调度命令,抄送有关列车调度员,并通知列车长。列车长转报司机、随车机械师。不具备作业条件或来不及安排时,值班主任(值班副主任)立即报国铁集团调度,并由高速铁路客服调度员或客运调度员通知列车长。

吸污作业单位接到调度命令后,应立即组织人员进行吸污作业,作业完毕向站台客运值班员汇报,客运值班员按《铁路旅客运输服务质量规范》要求,确认吸污作业完毕并通知列车长。

如因列车晚点、股道运用、动车组检修等原因无法按计划安排当日终到吸污的，由吸污单位汇报高速铁路客服调度员或客运调度员，按相关规定处理。

(二) 动车组列车"双改单"后列车制动机试验办法

为规范动车组列车"双改单"后列车制动机试验工作，减少列车制动机试验期间因旅客使用厕所造成列车充风不足或延长充风时间等影响，特提出有关要求如下：

（1）采用双管供风的动车组列车因故改为单管供风后，在进行全列制动机试验前，客运乘务人员须根据车辆乘务员的通知，将设置集便装置的动车组列车厕所关闭，开车后启用。

（2）采用单管供风的动车组列车编挂有设置集便装置的动车组列车时，在进行全列制动机试验前，客运乘务人员须将设置集便装置的动车组列车厕所锁闭，开车后启用。

（3）"双改单"后的动车组列车以及编挂有设置集便装置动车组列车的单管供风动车组列车，运行中因列车管压力下降被迫停车时，机车司机要及时与车辆乘务员联系，车辆乘务员、列车长查明列车管压力下降原因，确认因使用集便装置动车组列车厕所而导致的，要及时充风，列车缓解后应尽快开车，客运乘务人员需根据情况，适当关闭厕所。

（4）设置集便装置的动车组列车应尽量安排在双管供风的列车中使用，在采用单管供风的动车组列车中编挂时，配属车辆段应发电报通知相关担当机务段，并将需关闭动车组列车厕所的车站名称书面通知担当客运段；临时加挂或换挂的，由随车车辆乘务员负责通知本列客运乘务员和本务机车司机。

(三) 应急情况下动车组列车集便式厕所开启直排功能

1. 直排方式

（1）集便器直排。将车厢内厕所集便器真空抽便改为便池直接向集便箱排污的应急措施。

（2）集便箱直排。将集便箱排污阀、进气阀打开向线路直接排污的应急措施。

2. 启用流程

（1）当集便箱超容量后导致座车或卧车的厕所超过半数不能正常使用时，列车长、检车长商定后分别向列车运行所在局客调、辆调报告，调度部门应积极协调相关车站、车辆段，就近安排在具备条件的车站，采用地面固定或移动吸污方式进行吸污作业。

（2）无法安排地面固定或移动吸污作业的，列车调度员发布调度命令，原则上就近安排在有砟轨道的车站停车实施直排作业。列车到站停车后，由车站将调度命令转交司机（列车调度员已向司机直接发布时除外）、车辆乘务员和列车长。

（3）接到调度命令后，车辆乘务员按规定设置防护后下车逐车开启集便箱向线路直排功能，同时对应开启集便器直排功能，保持厕所直排状态，直至终到站或吸污站恢复正常状态。

（4）车辆乘务员处理完毕后应及时通知司机、列车长，司机报告车站值班员或列车调度员。确认行车凭证正确，具备发车条件后，司机按规定起动列车。

（5）开启集便箱直排功能后，所在车站应及时通知工务部门清理排出的污物。列车运行过程中厕所管理应比照非集便式厕所，遇站停及长大桥梁、隧道等按规定锁闭厕所（列车长时间滞留时除外）。

（6）启用厕所直排功能时，客运乘务员应加强宣传和厕所冲刷，取得旅客理解和配合，保持环境卫生。

（7）集便器、箱开启直排功能使用说明书由集便器生产厂家提供，各铁路局集团有限公司可在铁路车辆信息系统上下载，各车辆段要据此制定作业指导书，并做好演练和车辆乘务员培训工作。

【任务实施】

一、任务准备

分组：全班学生分为若干组，每组 12 人，包括 1 名列车长、3 名列车员和 8 名旅客。

二、实施过程

虚拟现实之"模拟动车组列车厕所卫生工作"。

1. 场景设计

（1）每组学生自行设计本组的模拟场景。

（2）每组至少设计 3 组场景，在 3 组场景中，组内成员轮流扮演相关角色。

（3）设计的场景是动车组列车厕所卫生工作，可以在场景中侧重重点环节，加深对动车组列车厕所卫生工作原则的认识与理解。

2. 模拟练习

（1）每组学生根据自己设计的场景进行练习。

（2）老师在学生练习的过程中，进行观察和指导。

（3）练习时间可根据课程具体情况合理安排。

3. 表　演

（1）老师根据自己的观察，指定具有代表性的小组上台表演；学生也可主动要求上台表演。

（2）每组表演完成后，老师可让台下的学生发表观后感，以及对表演的评价。

【强化提升】

请结合教材相关内容、查阅网络文字资料、读取视频资源，完成以下任务工单。

动车组列车厕所卫生工作基础知识工单

1. 知识强化

（1）列车厕所作业要求是什么？

（2）列车厕所途中作业是什么？

（3）动车组列车应急吸污组织工作是什么？

（4）应急情况下客车集便式厕所怎么开启直排功能启用？

2. 技能训练

（1）所需工具、检具：

（2）小组成员分工：

（3）任务计划：

逻辑建议：①实战计划—②小组成员构成与分工—③所需工具、检具—④实战过程及结果。

【课程思政】

一次停车

2016年7月底，我遇到了成为列车长后的最大挑战。我所值乘的列车因梧州地震，在三水南站停留了许久，旅客纷纷前来质问，把我包围起来。"什么时候才能开车？""这车停着不走，你们也不想想办法吗？"

问题一个接着一个，我忙得团团转。那天，我几乎把所有应急预案都实践了一次。

心里说不焦灼是假的,但是我是列车长,我必须镇定、沉稳、专业,让旅客信任我,信任整个乘务班组。

"非常抱歉,列车是因为地震而暂时停车……"我和组员微笑着一遍又一遍地为旅客解释停车缘由,安抚旅客情绪。最终,整个班组用耐心、细致的服务换来了旅客的体谅和认可。4个多小时后,列车终于开动了。之后,我们每次聚在一起回想起那天的经历,彼此都忍不住红了眼眶。

通过上面案例的学习,让学生明白工作原则是底线,提升自身的综合素质,在工作中要充分发挥主观能动性。工作中遇到异常情况时,非常考验自身的专业技能,所以在平时要多练专业技能,尤其是一些应急预案的知识流程学习,这些学习在关键时刻非常有用。除此以外,还需要锻炼自身的应变能力、沟通能力。

【任务考评】

项目	考核内容		考核评分		
	内容		配分	得分	批注
工作准备（25%）	能够正确理解工作任务内容、范围及工作指令		5		
	能够查阅和理解技术手册,确认技术标准及要求		5		
	能正确使用防护用品		5		
	准备工作场地及器材,能够识别工作场所的安全隐患		5		
	确认设备及工具量具,检查其是否安全及正常工作		5		
实施程序（60%）	设计的场景完整、真实		20		
	各小组成员参与度高		20		
	模拟练习时工作过程正确、流畅、态度热情		20		
完工清理（15%）	对工具及设备进行清洁		10		
	按照工作程序,填写完成作业单		5		
考核评语	考核人员： 年 月 日		考核成绩		

组内学生互评				
评价项目	评价内容			得分
	优秀（90~100）	良好（80~89）	加油（0~79）	
沟通交流能力	能够有效地运用多种交流形式	基本能运用多种交流形式	很难运用多种形式交流	
合作交往能力	尊重他人，能与他人良好合作交流	基本上能做到与他人合作交流	不能与他人良好地沟通交流	
观察事物能力	观察能力强，细致全面，观察深刻	按要求观察，能发现事物的一些特征	无目的观察，不能把握事物特征	
动手操作能力	能积极主动按项目指引完成操作	能按要求完成操作	不能完成操作	
想象创造能力	能够有拓展性地完成工作任务	能够想到新的方式完成任务	按照课本要求完成基本工作	
小组评语	评价人签字：　　　　　　　　　　　　年　月　日		互评成绩	

企业导师评价			
评价项目	评价内容	评价成绩	备注
工作准备	任务领会、资讯查询、器材准备	□A □B □C □D □E	
知识储备	系统认知、原理分析、技术参数	□A □B □C □D □E	
计划决策	任务分析、任务流程、实施方案	□A □B □C □D □E	
任务实施	专业能力、沟通能力、实施结果	□A □B □C □D □E	
职业道德	纪律素养、安全卫生、器材维护	□A □B □C □D □E	
其他评价			
导师签字		日期　　　　　　年　月　日	

注：在选项"□"里打"√"，其中 A：90~100；B：80~89；C：70~79；D：60~69；E：不合格。

参考文献

[1] 王慧，马海漫. 高速铁路动车乘务实务[M]. 成都：西南交通大学出版社，2019.
[2] 车卫红，徐琳. 铁路客运组织[M]. 北京：人民交通出版社，2019.
[3] 蓝志江，雷莲桂. 高速铁路乘务工作实务. 北京：北京交通大学出版社，2019.
[4] 王越. 铁路客运组织[M]. 2版. 北京：人民交通出版社，2019.
[5] 闫莹娜，王慧，王钰. 高速铁路客运乘务实训教程[M]. 成都：西南交通大学出版社，2017.
[6] 潘和永，郭红芳. 铁路客运乘务实务[M]. 上海：上海交通大学出版社，2020.
[7] 雷莲桂，赵岚. 高速铁路客运乘务实务[M]. 北京：中国铁道出版社，2020.
[8] 王慧，马海漫. 高速铁路客运组织[M]. 2版. 成都：西南交通大学出版社，2019.